7 Bauten + Projekte
1989–1997

Architekten  JOHANNES KISTER
REINHARD SCHEITHAUER
SUSANNE GROSS

# 7 Bauten + Projekte   1989 – 1997

Herausgegeben
von Kristin Freireiss

VERLAG DER BUCHHANDLUNG
WALTHER KÖNIG, KÖLN

# Inhalt

KRISTIN FEIREISS  Vorwort 7

WOLFGANG PEHNT  Kern und Schale, und daneben das Messer
Das Werk der Architekten Kister Scheithauer Gross 8

BAUTEN UND PROJEKTE  MediaPark, Köln 12

VOLKER VON COUBIÈRE  Realer Ort in der virtuellen Welt 28

Coenaculum, Köln 52

Fachbereichsgebäude Architektur und Design der Hochschule Wismar 62

Bibliothek der Universität Potsdam 66

Erweiterung Architekturfakultät der Bauhaus-Universität, Weimar 70

Bebauung Breslauer Platz, Köln 74

Parkhaus mit Büronutzung, Köln 80

Biologicum der Martin-Luther-Universität, Halle-Wittenberg 88

Wallraf-Richartz-Museum, Köln 94

Rautenstrauch-Joest-Museum, Köln 99

Diözesanmuseum, Köln 104

St. Theodor, Köln 110

Ausstellungsgebäude in Groß St. Martin, Köln 114

Synagoge, Dresden 120

U-Bahnhof Wiener Platz, Köln 124

Bezirksrathaus, Köln-Mülheim 138

KRISTIN FEIREISS

# Vorwort

Mein Lieblingsbuch als Kind hatte nur zehn Doppelseiten, aber wenn man sie umblätterte, tauchten aus der Fläche wie durch Zauberei dreidimensionale Bilder auf; plötzlich entstanden Räume – das Schloß von Dornröschen oder die Höhle von Ali Baba und den 40 Räubern.

An so ein Buch habe ich denken müssen, als ich die Projekte von Kister Scheithauer Gross sah. Wie schön müßte es sein, die räumliche Qualität ihrer Bauten zu vermitteln! Kein Wunder, das Leitmotiv aller ihrer Arbeiten ist die Erfahrung des Raums, die oft zum Raumerlebnis wird. Die Raumatmosphäre z. B. des Mediaparks – das erste der sieben im Buch vorgestellten realisierten Projekte – ist durch die Fotografie nicht leicht zu vermitteln. Gerade aber um diese Raumkomposition als Grundlage der Architektur, wie es August Smarsow formuliert[1], geht es dem Kölner Architektenteam.

Architektur, die sich im Gehen und im Erleben erschließt, als eine Abfolge von Raumvolumina. Für Johannes Kister ist damit nicht der fließende Raum gemeint, sondern „ein Verständnis von Raum zwischen Körpern im Fluß". Die damit verbundene Doppeldeutigkeit als Erlebnis von Zwischenräumen und geometrisch definierten Innenräumen ist beabsichtigt.

Keine leichte Aufgabe – wie gesagt –, dies im Medium Buch zu vermitteln, unmöglich ist es aber nicht!

Gerade die ausführliche Fotodokumentation des Mediaparks, das komplexeste Werk der Architekten, gewährt Raumeinblicke, die das Ganze erahnen lassen.

Wolfgang Pehnt ist in seinem Essay, dem eigentlich nichts hinzuzufügen ist, so liebevoll analytisch auf die einzelnen Projekte eingegangen, daß ich beim Mediapark verweilen möchte, da sich in diesem Bau alle konzeptionellen und gestalterischen Elemente, die das Œuvre von Kister Scheithauer Gross bestimmen, wiederfinden lassen.

Beim Mediapark war aufgrund der Vielfalt der Nutzung ein vertikales Konzept von einzelnen Körpern im Volumen realisierbar.

„Konstruktion und Detail" so formulieren die Architekten, „dienen allein diesem thematischen Ansatz". Sie haben nur im Zusammenhang mit dem räumlichen Gesamtkonzept eine Bedeutung.

Das Architekturverständnis; bei dem das Zeigen von ‚ehrlichen' Details eine Qualität für sich darstellt, teilen die Architekten nicht.

In der konzeptionellen Auseinandersetzung mit dem Raum spielt Susanne Gross, vor einigen Jahren als Partnerin dem Männerduo beigetreten, eine ebenso eigenständige wie integrative Rolle. Für sie ist der Gesamtbaukörper nicht das Produkt der darin versammelten Räume, sondern umgekehrt: „Zuerst ist die äußere Form, das Gefäß, da." Ein Gefäß, das, wenn es die Grundstückszuschnitte erlauben, oft eine einfache, die städtebauliche Situation entwirrende Funktion hat.

Im Werk von Kister Scheithauer Gross gibt es noch viel zu entdecken: zum Beispiel die Wechselwirkung, Überschneidung und Durchdringung von Innen und Außen, den unkonventionellen bis dramatischen Umgang mit Licht (natürlich und künstlich), das Innen, das sich nachts nach Außen kehrt, das Spiel mit Treppen, Stegen, Brücken als raumgestaltendes plastisches Element.

Möglicherweise werden auch noch einige der nicht realisierten Projekte im Buch gebaut. Mich würde es freuen und im übrigen: 7 ist eine Glückszahl.

[1] „Das Wesen der architektonischen Schöpfung"
Antrittsvorlesung an der Universität Leipzig 1893 – August Smarsow

WOLFGANG PEHNT

# Kern und Schale, und daneben das Messer

Das Werk der Architekten
Kister Scheithauer Gross

Mit dem Kölner MediaPark dauert es länger, als die Optimisten hofften. Den Abzug der Baukräne von der größten und ehrgeizigsten Baustelle der Stadt Köln hatten zukunftsgläubige Lokal- und Landespolitiker schon für 1992, dann für 1994, dann für 1996 prophezeit. Die Konjunkturflaute, die Konkurrenz ähnlicher, hochsubventionierter Projekte in anderen Städten, der Vorrang, den die neuen Bundesländer bei den Investoren und Banken genossen, die Insolvenzen, die sich aus risikoreichen ostdeutschen Abenteuern ergaben, hatten ihre Rückwirkung auf das Kölner Unternehmen. Kein Wunder, daß die Fertigstellung eines neuen Bauwerks, des Block 2, in Köln mit besonderer Erleichterung begrüßt wurde.

Auf dem kleinsten Tortenstück des radialen Lageplans, den der deutsch-kanadische Planer Eberhard Zeidler dem Campo in Siena nachempfunden hat, entstand architektonische Hardware von robustem Charme, bei programmgemäßem Branchenmix. Der Bauherr, eine Tochter der Stadtsparkasse Köln, hat sie für kulturelle Stiftungen vorgesehen, für ein zunächst von Stadt und Land unterstütztes Kommunikations- und Medienzentrum namens Komed und für Einrichtungen wie das August-Sander-Fotoarchiv und das Deutsche Tanzarchiv. Digital und virtuell geht es bei der Mehrheit dieser Einrichtungen zu.

Allzu kulturfromm wirkt die Belegschaft nicht. Denn auch die schrillen Typen des Hitsenders Viva durcheilen das Haus, auf der Suche nach den Aufnahmestudios unten oder den Redaktionsräumen und dem Talkstudio oben. Die Viva-Leute und mit ihnen die ersehnte Privatwirtschaft zogen auch in die oberen Gaslogen vor der parabelförmig eingebuchteten Außenwand an der Platzseite. Vor der anderen, der Rückseite des Gebäudes wird ein kleines Foyer im Untergeschoß, durch das die Studios zugänglich sind, von einem Glasaufsatz mit Tageslicht versehen. Den Fans erlaubt er, ihre Stars von oben, gewissermaßen im Grundriß, zu betrachten.

Den sehr verschiedenartigen Gästen und Bewohnern entsprechen unterschiedliche, miteinander verzahnte Schichten des Bauwerks. Die Architekten, damals noch Kister Scheithauer & Partner, fuhren auf ihrem Grundriß Karambolagekurs, wenn auch nicht ganz so wild, wie auf den farbig angelegten früheren Plänen angekündigt. Die Forderung der Realeigentümer nach leichterer Aufteilbarkeit des Bauvolumens erzwang die ordnende Revision. Doch auch in der ausgeführten Fassung sitzen Säle, Treppen und Aufzüge als diagonal gesetzte Rechtecke, Kreise oder Ovale unorthodox zwischen den auseinandergespreizten Büroflügeln der Peripherie.

Trotzdem ergaben sich Raumfolgen, die im Gebrauch nahezu selbstverständlich wirken. Fast unmerklich wird man aus der Eingangszone, die asymmetrisch an der parabelförmigen Einbuchtung liegt, ins Bauwerk geleitet. Zwanghafte Achsen sind vermieden. Dramatisch wird es in der Halle, die quer durchs ganze Bauvolumen schneidet. Im Betongefach und vor einer ausgekurvten Rigipswand – Anathema für alle Parteigänger konstruktiver Wahrhaftigkeit! – zucken Stahltreppen mit leuchtenden Glasstufen auf und ab. Es ist die Stelle im Hause, wo man das Vielfältige, manchmal auch Labyrinthische des Bauwerks als Einheit erfährt.

An den Längsfassaden wird Ordnung gegen Ordnungsverstoß ausgespielt. Zumeist sorgen paarige Fenster für horizontale Lagerung. Aber es gibt auch Schnitte, die über zwei und mehr Etagen gehen und Innereien – ein Treppenhaus etwa, einen innenliegenden Balkon – preisgeben. Noch das normale Außenfenster spielt ein doppeltes Spiel, nämlich das von Fläche und Tiefe. Feststehende Glasscheiben, die nur einen Teil des Fensterausschnitts füllen, gehen mit der Außenfläche bündig. Dahinter sitzen, zwei Handbreit tief, die eigentlichen Fenster, deren Seitenflügel, vor Wind und Schlagregen einigermaßen geschützt, zu öffnen sind.

Im Inneren herrscht eine muntere, manchmal bewußt dissonante Tonart, wie sie dem Sitz zeitgenössischer Musen und Medien angemessen ist. Ein Sender wie VIVA fragt ja auch nicht nach der Langlebigkeit seiner Programmnummern. Da dürfen im Gehäuse die Ewigkeitswerte ebenfalls vernachlässigt werden. In der Farbigkeit wählten die

Architekten Töne, die schmerzhaft dicht nebeneinander oder weit auseinander liegen: lila und veilchenblau etwa im Nordlicht-Saal, der seine Installationen ungeniert vorweist; oder sattes Grün und warmes Zimtbraun an ausgewählten Außen- und Innenflächen. Aber die Effekte leben nicht nur aus dem Farbtopf des Dekorateurs. Sie gehen immer auch mit Erfindung zusammen. Im großen Saal sind die Glaslamellen gestaffelt, so daß eine geschuppte, kristalline Haut entstand. In der hohen Gebäudehalle wurden transparente Tafeln vor die Sichtbetonwände geklammert, die Sfumato und Spiegelung zugleich erzeugen.

Kister, Scheithauer Gross (zu denen bis vor kurzem Rudolf Simmerer als Partner gehörte) zählen zu den jüngeren Architektenbüros, die eine erkennbar eigene Handschrift entwickelt haben. Hätten sie bei nur einigen der Zweiten Wettbewerbspreise, auf die sie in Köln abonniert scheinen, ein wenig mehr Jury-Glück gehabt, wären sie heute ein auch in der ganzen Bundesrepublik bekanntes Büro. Ihre Position berührt sich mit anderen zeitgenössischen Positionen, ohne identisch mit ihnen zu sein. Kollisionen wie bei Günter Behnisch steuern sie lediglich bei den Grundrißformen im Inneren an. Aber die großflächige Transparenz, Weite und Offenheit, die den Behnisch-Leuten so wichtig ist, gilt ihnen nicht als ein höchstes Gut. Sie konzentrieren sie lieber auf kleinere Felder und begrenzen sie dort.

So wenig vorhersehbar sich in den Grundrissen dieses Teams die eingelagerten Kreise, Ovale, Tropfenformen oder verzogenen Rechtecke von Sälen, Ausstellungsräumen oder Konferenzzimmern aufführen, nach außen werden sie streng durch die Konturen der Bauwerke gefaßt. Das erlaubt den Architekten, dem relativen Chaos und der relativen Ordnung zugleich nachzugehen. Das eine, die Entfesselung des Inneren, schließt das andere, die Rücksichtnahme auf den Stadtgrundriß, nicht aus. Das Garagenhaus an der Kölner Cäcilienstraße repariert mit Erfolg die weitläufige Straßenkreuzung, soweit sie sich überhaupt durch Architektur reparieren läßt – und durch Architektur an nur einer von vier Ecken. Die Fußgänger werden von einer Kolonnade aufgenommen, die ihnen ein trockenes Dach und den Blick in Schaufenster bietet. Wäre das Projekt der Architekten für das Rautenstrauch-Joest-Museum schräg gegenüber – ein weiterer Zweiter Preis – realisiert worden, so hätten sie auch dort die Kante des überdimensionierten Straßenzuges nachgezogen. Der Entwurf knüpfte zudem an das Motiv miteinander verketteter Höfe an, das zwischen Schnütgen-Museum und Stadtbibliothek vorwaltet.

Auch an die Gegenposition zu Günter Behnisch, an das steinerne Berlin von Senatsbaudirektor und Staatssekretär Hans Stimmanns Gnaden, mag man vor Bauten von Kister Scheithauer Gross hier und da denken. Bei der Platzfront des Köln-Mülheimer Bezirksrathauses geht die Zurückhaltung bis zur Konventionalität. Wo Büros sich addieren und gleiche Zwecke sich stapeln, sehen die Architekten keinen Anlaß, künstliche Aufregung zu inszenieren. Aber anders als bei ihren Berliner Kollegen ist bei den Gebäuden der Kölner von vornherein klar, daß sie nicht als rundherum massiv gemauertes Bauwerk gedacht sind. Man ahnt, daß die Fassaden jederzeit aufreißen können. Die Fiktion der steinernen Mauer wird als Fiktion deutlich.

Auch die „Tektonik" der Berliner Schule ist nur illusionär. Allenfalls trägt sich eine Fassade selbst. Fast immer ist sie Vorhangwand, ein steinerner statt ein gläserner Curtain Wall. Nur wird die Illusion in Berlin höchstens halblaut eingestanden, dank offen gelassener Fugen oder sichtbarer Metallbolzen, mit denen die dünnen Steinfurniere auf ihrer Unterkonstruktion befestigt sind. Beim Kölner Büro bleibt Illusion offen eingestandene Illusion. Dafür sorgt die Konfrontation der geschlossenen Wandpartien mit den großen Ausschnitten, den Super-Portalen oder Mega-Fenstern, die sich in ihren Entwürfen finden: beim Kölner Parkhaus, wo die Auffahrtsrampen durch einen großen Ausschnitt lugen, oder dem Coenaculum in Köln-Rodenkirchen, wo der innere Saalkörper auf äußere Sichtbarkeit drängt und an den Fassaden Störungen produziert. Beim Bezirksrathaus in Köln-Mülheim dräut der zentrale ovale Baukörper, den die Volkshochschule einnimmt, hinter dem riesigen Außenfenster, als warte er darauf, ihn zu durchstoßen.

Denn sobald Kister Scheithauer Gross an die Schnittstellen zwischen Öffentlichkeit und internem Betrieb, zwischen Publikum und Personal rühren, finden sie immer Möglichkeiten, die Fassaden aufzubrechen und lustvolle Einblicke in das reichere Innenleben der Bauten zu gewähren. Man merkt ihnen die Erleichterung an, wenn das Bauprogramm ihnen die Gelegenheit dazu gibt. Der gewollte Konflikt zwischen der festen, konturensetzenden Außenform und der flottierenden Binnenform oder dem Kreuz und Quer der Treppenläufe und Brücken ist geradezu ein Merkmal ihrer Entwürfe geworden.

Umschließende und umschlossene Bauteile scheinen in ständigem, bald leisem, bald lautstarkem Dialog begriffen. Beim Projekt des Rautenstrauch-Joest-Museums zelebrierten die Architekten den in der Ausschreibung geforderten Veranstaltungssaal als das Allerheiligste des Komplexes. Wie ein seltenes naturkundliches Präparat sollte er in einer gläsernen Vitrine schweben – oder wie ein Zeppelin im transparenten Hangar, ein Fisch im Aquarium, eine Frucht im Gelee. Bei Block 2 im Kölner Media-Park wurde der Widerspruch von Innen und Außen verschärft durch den Kontrast zwischen Zeidlers pseudo-sienesischem Lageplan, der abendländische Hochkultur zitiert, und der tagesaktuellen Medienwelt, die sich im Inneren des Hauses tummelt. Die Architekten haben diesen Konflikt zu einem Ausgangspunkt ihres Entwurfs genommen und ästhetisch ausgereizt.

Wie im Großen, so im Detail. Erwartungen werden mehrfach konterkariert. Was die verläßliche Stütze einer Fensterwand schien, hört ein paar Meter über dem Erdgeschoßniveau plötzlich auf. Im Mülheimer Bezirksrathaus gibt es eine Treppe, die in klassischer Renaissance-Manier konvex im unteren und konkav im oberen Teil gerundet ist. Aber der untere ist vom oberen Teil durch eine Glaswand getrennt. Der untere Teil gehört zu einer Treppenanlage, die ins Obergeschoß führt, der obere zum Bibliotheksbereich, und beide laufen anders weiter, als das klassische Vorbild es suggeriert. Wer auf seiner Renaissance-Treppe beharrt, wird sich den Kopf einrennen. Sie wird dem Besucher gezeigt und zugleich wieder entzogen.

Wie kommen Architekten unterschiedlicher Herkunft und unterschiedlichen Temperaments zu einer gemeinsamen Sprache? Ihr Ausbildungsweg und das Vorbild ihrer Lehrer kann es nicht gewesen sein. Scheithauer hat bei James Stirling in Düsseldorf studiert, Kister bei Gottfried Böhm in Aachen, und Susanne Gross, die mit Kister verheiratet ist, bei Ernst Kasper in Düsseldorf. Das sind Namen, die für sehr verschiedenartige Œuvres stehen. Und die Eindrücke, die Gross und Kister während ihrer Mitarbeit bei Joachim Schürmann und Scheithauer bei Peter Kulka sammeln konnten, weisen wieder in andere Richtungen. Ein Name, der ihnen aus der zeitgenössischen europäischen Szene imponiert, ist der des niederländischen Architektenstars Rem Koolhaas: So rabiat zeitgenössisch, so nonchalant-unbürgerlich müßte man auch in Deutschland bauen können.

Im Büro sorgen die Gespräche, der Blick auf den Zeichentisch des anderen und die Offenheit der geräumigen Hinterhofetage am Kölner Hahnentor für die Gemeinsamkeit der Absichten. Von den drei Partnern, so hat es sich im Lauf der Arbeit ergeben und als praktisch erwiesen, ist jeweils einer für ein Bauvorhaben zuständig. Die anderen sind zur Kritik eingeladen. Es liegt am Projektbearbeiter, ob er ihre Argumente akzeptiert oder nicht. Im übrigen hat sich die Gruppe formiert, weil eine Basis im Denken und Planen bereits vorhanden war. Trennungen und Zugewinne in der Partnerschaft halfen, das Profil zu verdeutlichen. Ursprünglich arbeiteten Kister und Scheithauer zusammen mit drei mehr oder weniger gleichaltrigen Partnern unter dem schönen Gruppennamen „Kölner Bucht".

Johannes Kister lehrt heute an der Fachhochschule in Dessau, die in einem Flügel des Bauhausgebäudes logiert. Ein Freund des Bauhauses, der Architekt und Theoretiker Paul Klopfer, hat vor drei Generationen den Unterschied zwischen „tektonischem" und „stereotomischem" Bauen definiert. Tektoniker verstehen ihre Gebäude als Gerüst, dessen Teile tragen oder lasten. Stereotomiker fassen das Bauwerk als eine skulpturale Einheit auf, die sie durch Wegnehmen und Aushöhlen nutzbar machen. Dieses Prinzip, den Entwurf durch Subtraktion zu gewinnen, wurde nirgendwo deutlicher als beim Projekt für das neue Wallraf-Richartz-Museum am Gürzenich (einem anderen Zweiten Preis!). Portal, Loggia und Lichthöfe sind aus dem Baukubus wie mit dem Messer aus dem Bildhauerton geschnitten.

Nicht zufällig haben Kister, Scheithauer und auch Susanne Gross Erfahrung mit bildhauerischer Arbeit. Ein guter Teil ihrer Projekte wirkt, als seien in ein gegebenes Volumen Hohlräume eingelassen, Spalten, Kavernen. Säle, Hallen, Sonderräume sitzen im Gestein wie Einschlüsse von Mineralien, wie Edelsteindrusen. So betrachtet nehmen auch die abschließenden Flächen einen anderen Charakter an. Es sind nicht mauerschwere Abschlüsse, sondern Schnittflächen, die wie beim Schnitt durchs Gestein teils auf massive Packlagen (der Normalgeschosse) treffen, sozusagen auf die geologische Normalität, teils auf Sonderräume und -nutzungen, in der Metapher also: auf Höhlen, Kavitäten und Einschlüsse.

Mit der Untergrundstation am Wiener Platz in Köln-Mülheim konnten die Architekten auch tatsächlich unter die Erde gehen. Die Bahn taucht hier, von der Mülheimer Brücke kommend, in die Tiefe. Treppen und Perron empfangen aber noch Tageslicht durch Oberlichter. Wo sonst Kastenräume mit Fliesen und allenfalls ein bißchen Dekoration verkleidet werden, haben Kister, Scheithauer und ihre Partner ein kleines Drama inszeniert. Es ist nicht das große Drama, wie es die Stockholmer mit ihren unterirdischen Felskathedralen oder die Washingtoner mit ihren römischen Kassettengewölben in Szene gesetzt haben. Schließlich verkehrt hier ja auch kein metropolitanes High-Tech-System, sondern die gute alte Straßenbahn in Tieflage.

Trotzdem herrscht eine Vielfalt, die sich von tektonischen Kräften inspirieren ließ: Faltungen der Wände, teleskopartig ausgezogene Binder über der Bahnsteighalle, Stützen mit unterschiedlich ausgebildeten Kapitellen, kreisrunde Oberlichter. Zwischen jenem Bereich, wo in offener Baugrube gearbeitet worden war, und der Partie, wo es im Schildvortrieb weiterging, wechseln auch die Formen. Schließlich wird die Bahn mit ihren Oberleitungen in zwei enge Rundröhren gesteckt, die an die Londoner Underground erinnern. Zu wenig fällt diesen Architekten nie ein; manchmal zuviel.

So ist das Werk geprägt von – gelegentlich auch ironisch ausgespielten – Gegensätzen: zwischen dem Äußeren und dem Inneren, zwischen den öffentlichen und den der Öffentlichkeit nicht zugänglichen Zonen, zwischen Kompaktheit und Durchlässigkeit, zwischen Wohlerzogenheit und Frechheit, zwischen dem Respekt vor dem gegebenen Stadt- oder Landschaftsraum, den das Team konturiert und befestigt und nicht auflöst oder verfremdet, und der Inszenierung des Innenraums. Von dem Innenraum zu sprechen, führt in die Irre. Denn die Interieurs dieses Teams sind ihrerseits mehrschichtig. Das innerste Volumen, das im Inneren steckt wie die Puppe in der Puppe, bildet – anders als die Puppe in der Puppe – Resträume heraus, die wiederum zu besonderem Gebrauch einladen, und verändert den umgebenden Raum.

Exemplarisch war das der Fall bei dem vierstöckigen, begehbaren Turmbau, den Kister, Scheithauer & Partner vorübergehend in der Kölner Stiftskirche Groß St. Martin für die Ausstellung „Glaube und Raum" aufstellten. Von diesem mit durchscheinenden Kunststofftafeln verkleideten Baugerüst ergaben sich unvertraute Blicke auf Wanddetails, Gewölbeanfänger und Pfeilerkapitelle. Die ehrwürdige romanische Basilika veränderte sich in der Gegenwart ihres zeitweiligen Gastes, und sie war nie so groß und weit wie in dem Augenblick, als er sie wieder verließ.

Auch der Entwurf für St. Theodor in Köln, ein Beitrag zu einem der ganz selten gewordenen Kirchenbau-Wettbewerbe, stellt ein Haus, eine Casa sancta, in ein anderes hinein. Das innerste Gehäuse ist der Messe vorbehalten, der es umschließende, gleichfalls überdeckte Raum den alltäglichen Vorgängen der Gemeinde. Seit Jahrzehnten war es zu einem Problem des Kirchbaus geworden, wie Kirche den Aktivitäten ihrer Mitglieder ein schützendes Dach geben kann, ohne dem Raum des Gottesdienstes seine Stille und Würde zu nehmen. Dieses Projekt macht einen Unterschied zwischen dem innersten Inneren und dem äußeren Inneren. Es betont die Andersartigkeit des Kernbaus, indem es ihn aus der zufälligen Achse des gegebenen Grundstücks herausdreht und in die „geistliche", nach Osten führende Achse einschwenkt. Zwischen Kern und Peripherie bilden sich damit Orte, in der sich das Leben der Gemeinde einnisten kann. Für diesmal hat die Lust der drei Kölner Architekten am Verschwenken und Verkanten eine metaphysische Dimension angenommen.

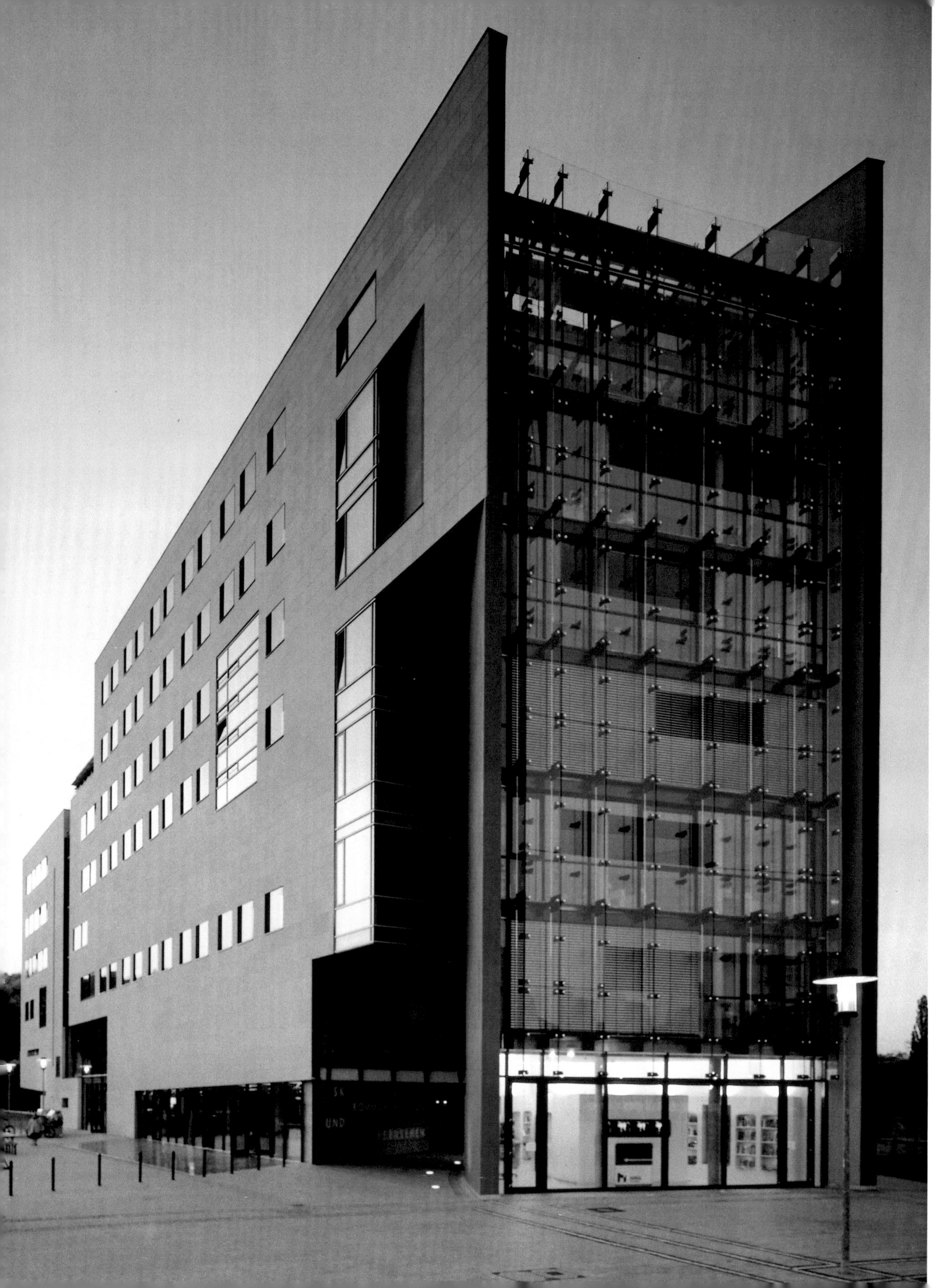

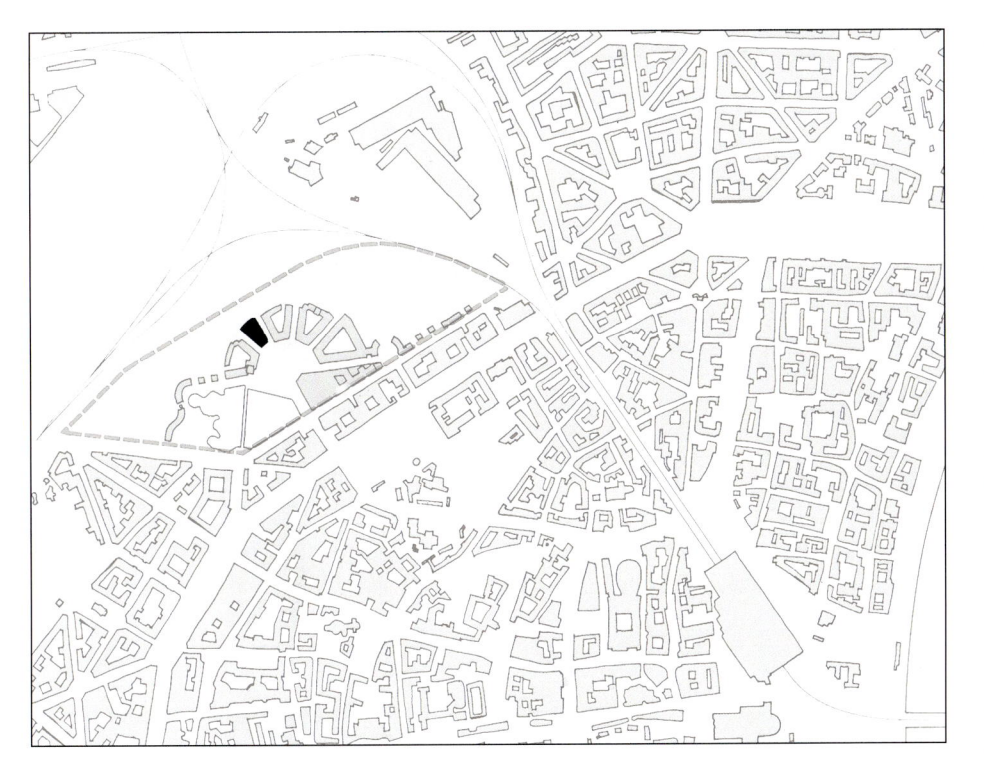

# MediaPark, Köln

Das innerstädtische Bahngelände St. Gereon ist nach einem städtebaulichen Wettbewerb in Baugrundstücke aufgeteilt worden, die sich mit ihrer Schmalseite um einen zentralen Platz gruppieren. Rückwärtig wird ein Park angelegt. Für die einzelnen Bauten sind Realisierungswettbewerbe durch die Mediaparkentwicklungsgesellschaft (MPK) ausgelobt worden. Unter anderen sind beteiligt: Jean Nouvel, Hermann Hertzberger, Miroslav Wolf, Otto Steidle, Eberhard Zeidler, Sandro von Einsiedeln, Erich Schneider-Wessling.

Der Block 2 wird genutzt durch: den Fernsehsender VIVA mit Produktionsstudios und Büroräumen für Redaktion und Geschäftsführung, die Stiftung Kultur der Stadtsparkasse mit dem August Sander-, Albert Renger-Patzsch-, Bernd und Hilla Becher- und Karl Blossfeld-Archiv. Neben den Archivräumen werden auf 700 m² Ausstellungsfläche Werke der Fotografie gezeigt.

Das Deutsche Tanzarchiv verfügt über eine Bibliothek und einen 300 m² großen Ausstellungsraum für Tanz.

KOMED (Kommunikations- und Medienzentrum) vereint eine Vielzahl von Partnern, die Dienstleistungen, Weiterbildung und Medienproduktionen der Öffentlichkeit anbieten. KOMED ist Teileigentümer des Gebäudes, welches Ausdruck findet in einem zimtfarbenen Haus im Haus, das als Inklusion in der gemeinsamen Halle durch eine sphärisch gekrümmte Wand in Erscheinung tritt.

Innerhalb des vorgegebenen städtebaulichen Konzeptes Media Park Köln war auf dem flächenmäßig kleinsten Grundstück ein Mediengebäude zu erstellen. Der Entwurf entwickelte sich aus dem Spannungsverhältnis zwischen der traditionellen Vorstellung, die dem städtebaulichen Konzept zugrunde liegt, und den funktionalen Inhalten der Medientechnologie mit ihren vielfältigen Bausteinen wie z. B. mehrgeschossige Studioräume und Konferenzräume, technische Nebenräume mit speziellen Anforderungen, Rundfunk- und Filmprojektionsräume, Ausstellungsräume für museale Präsentationen.

In der durch den Bebauungsplan festgeschriebenen Kontur sind die Funktionsbereiche in der Masse wie Kieselsteine eingeschlossen und durch Hohlräume voneinander isoliert. So zeigt die zentrale Halle keine in sich definierte Geometrie, sondern ist als ein 27 Meter hoher vertikaler Spalt zwischen zwei Gebäudeteilen zu verstehen. Erst die Fassade als Schnittstelle legt die Komplexität des Gebäudes gleich einer Projektionswand frei.

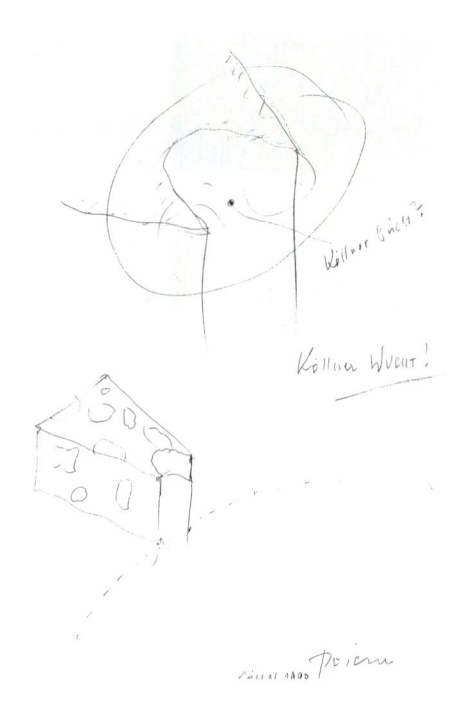

*Skizze von Gustav Peichl während der Preisrichtersitzung*

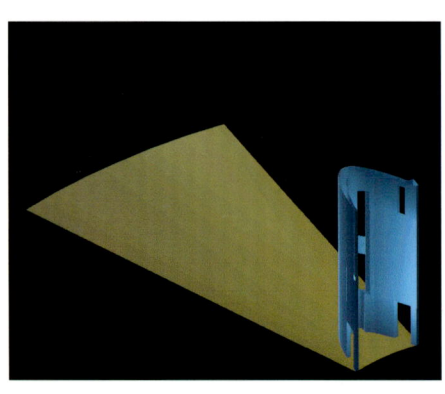

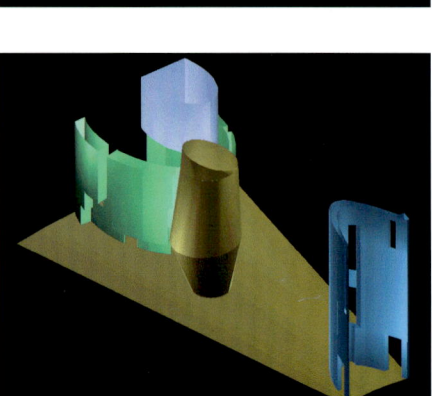

*Volumenmodell Vorentwurf*

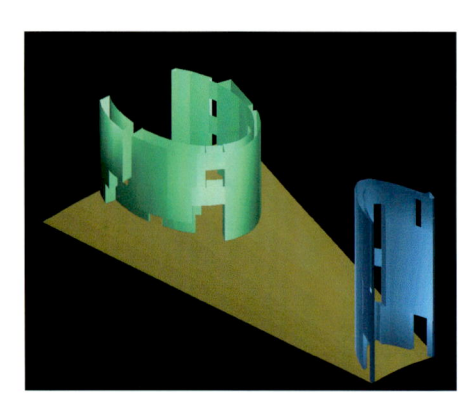

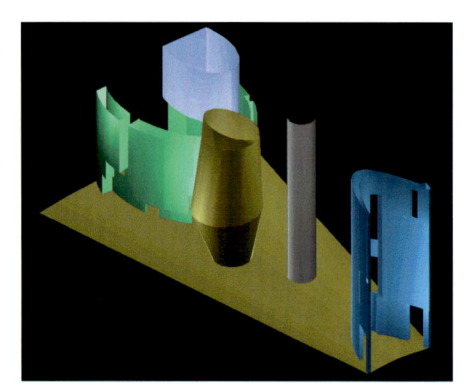

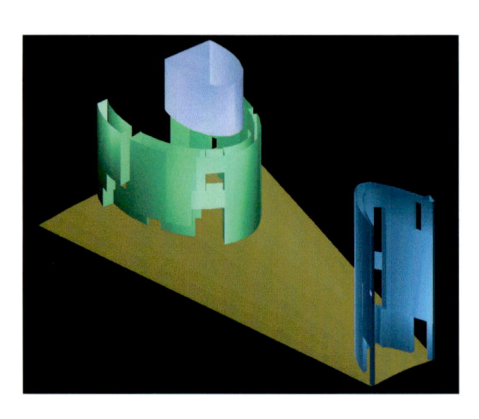

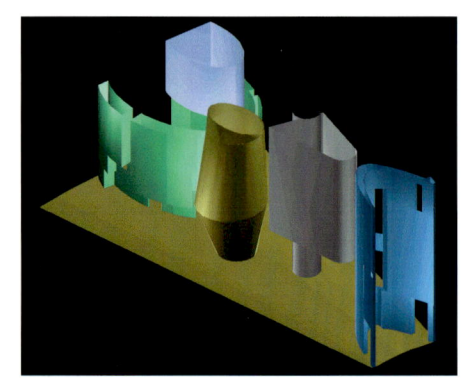

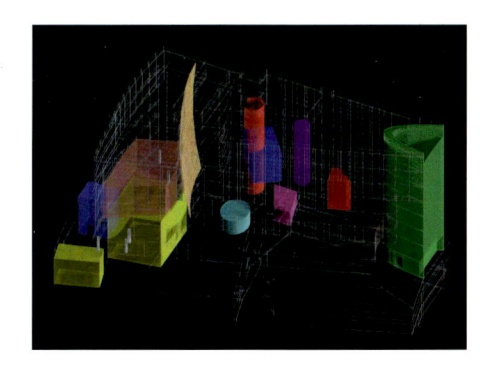

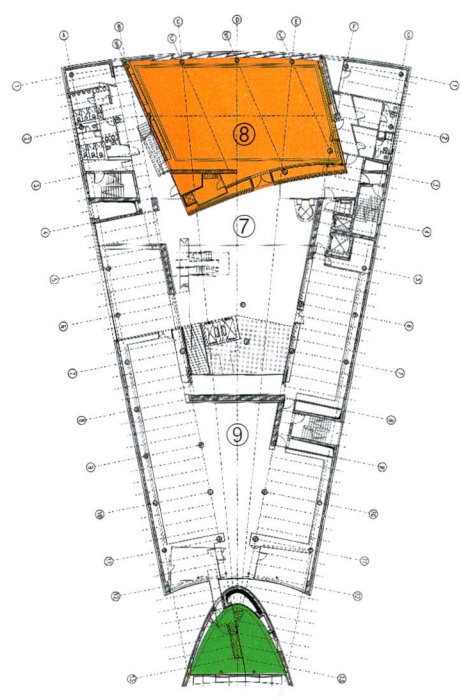

1 Eingang
2 Multimedia-Kiosk
3 Restaurant
4 Empfang
5 TV-Studio
6 Medienbibliothek
7 Foyer
8 Veranstaltungssaal
9 Ausstellungsräume
10 Verwaltung der
   Stiftung Kultur

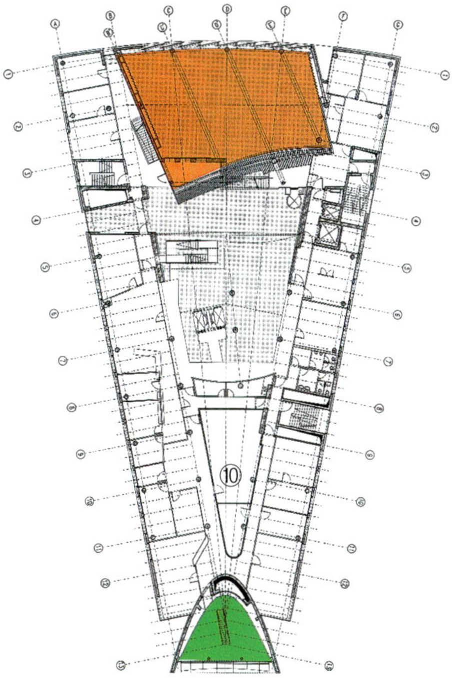

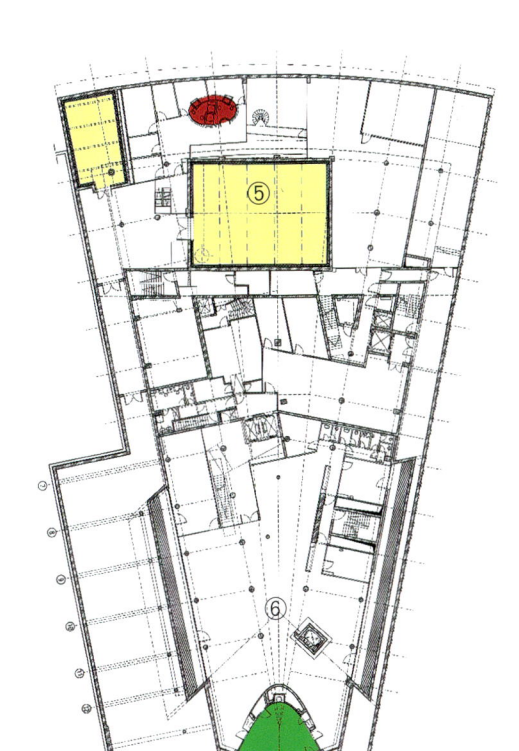

*1. Obergeschoß*

*2. Obergeschoß*

*Basement*

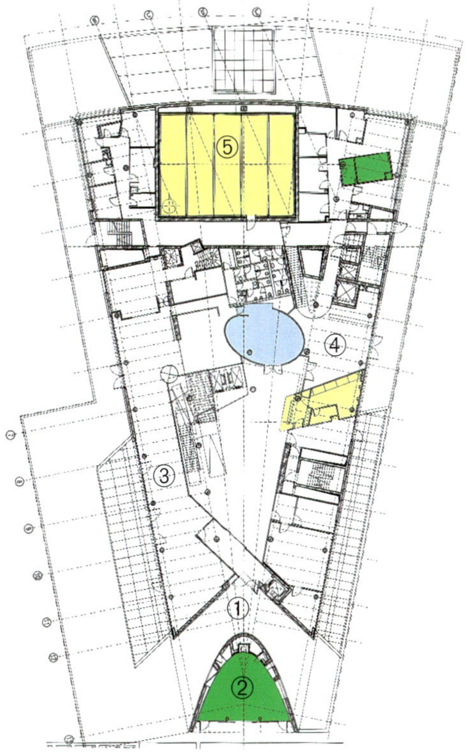

*Erdgeschoß*

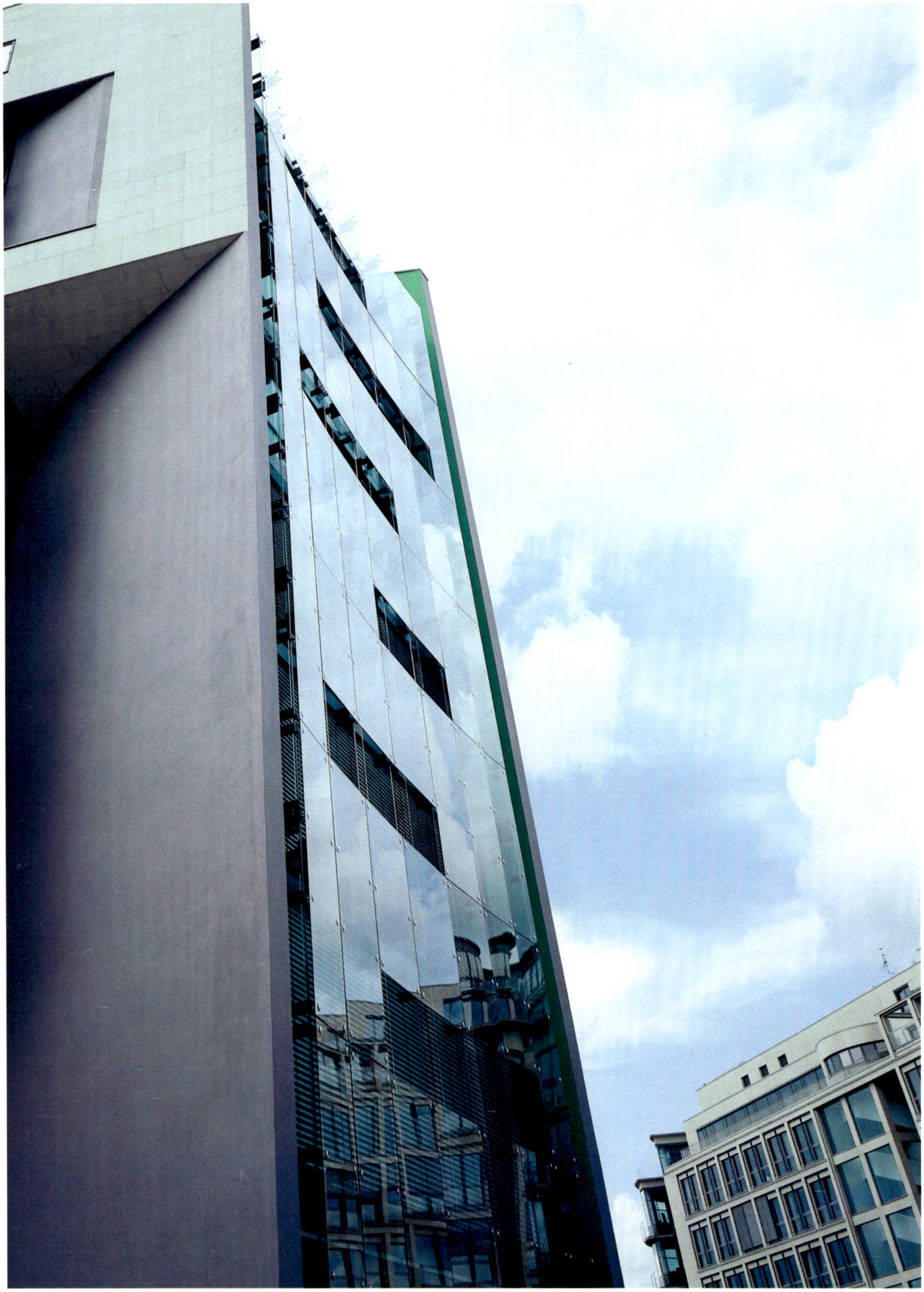

*5. Obergeschoß*

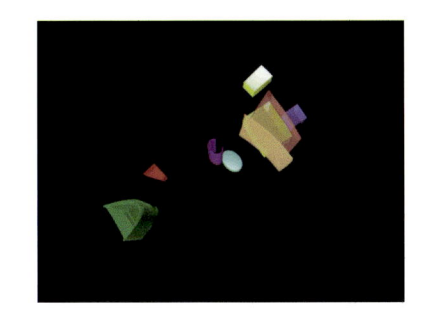

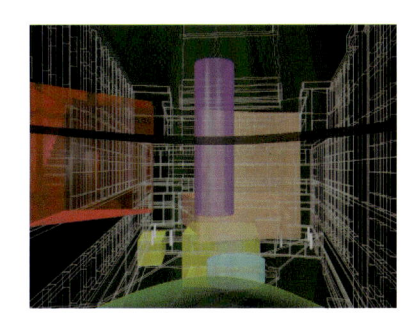

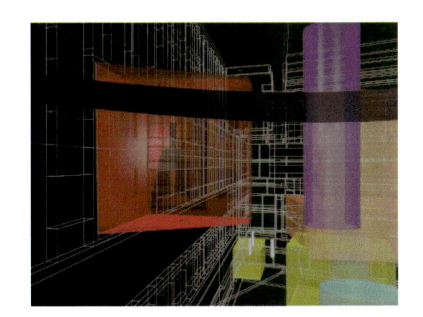

*6. Obergeschoß*

*Körper im Raum, CAD Simulation*

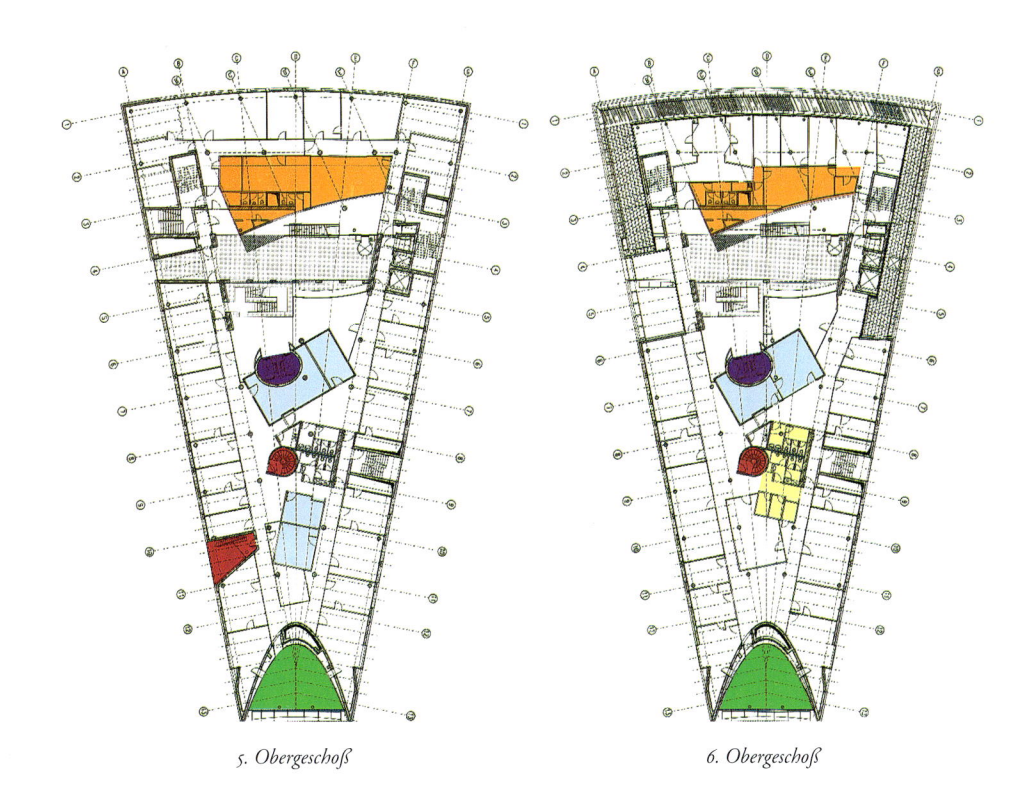

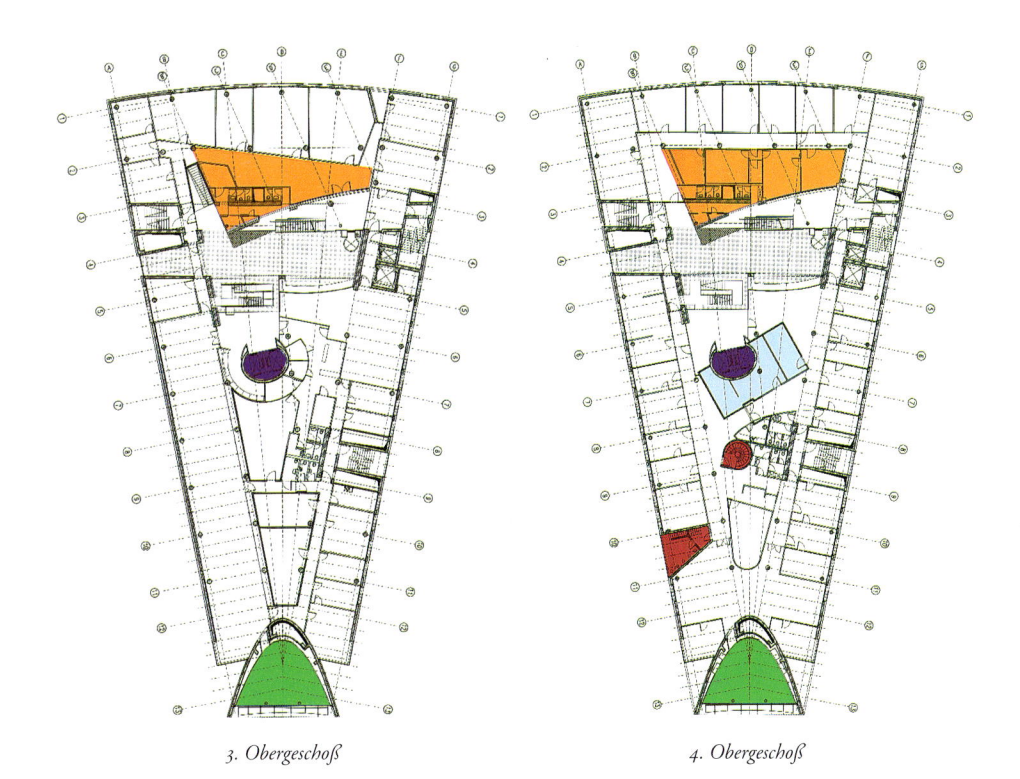

*3. Obergeschoß*

*4. Obergeschoß*

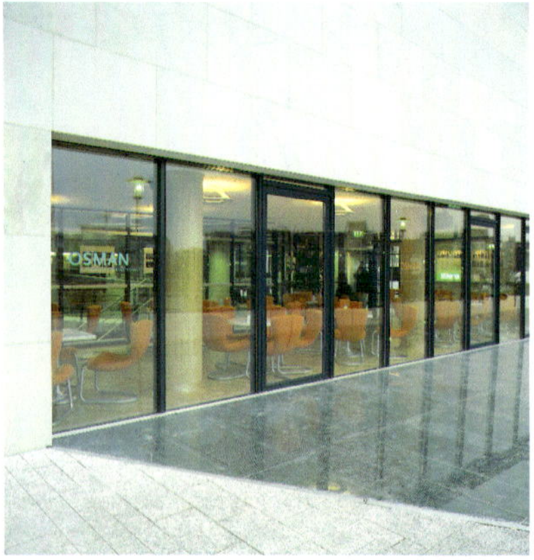
OSMAN

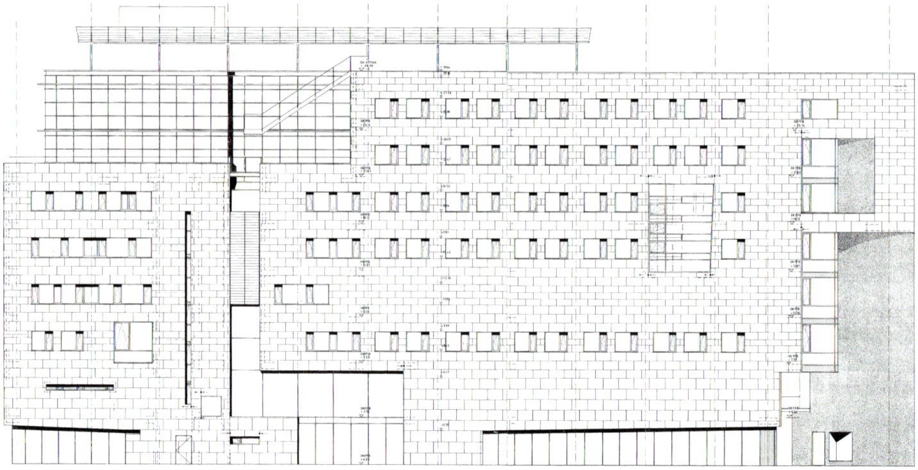

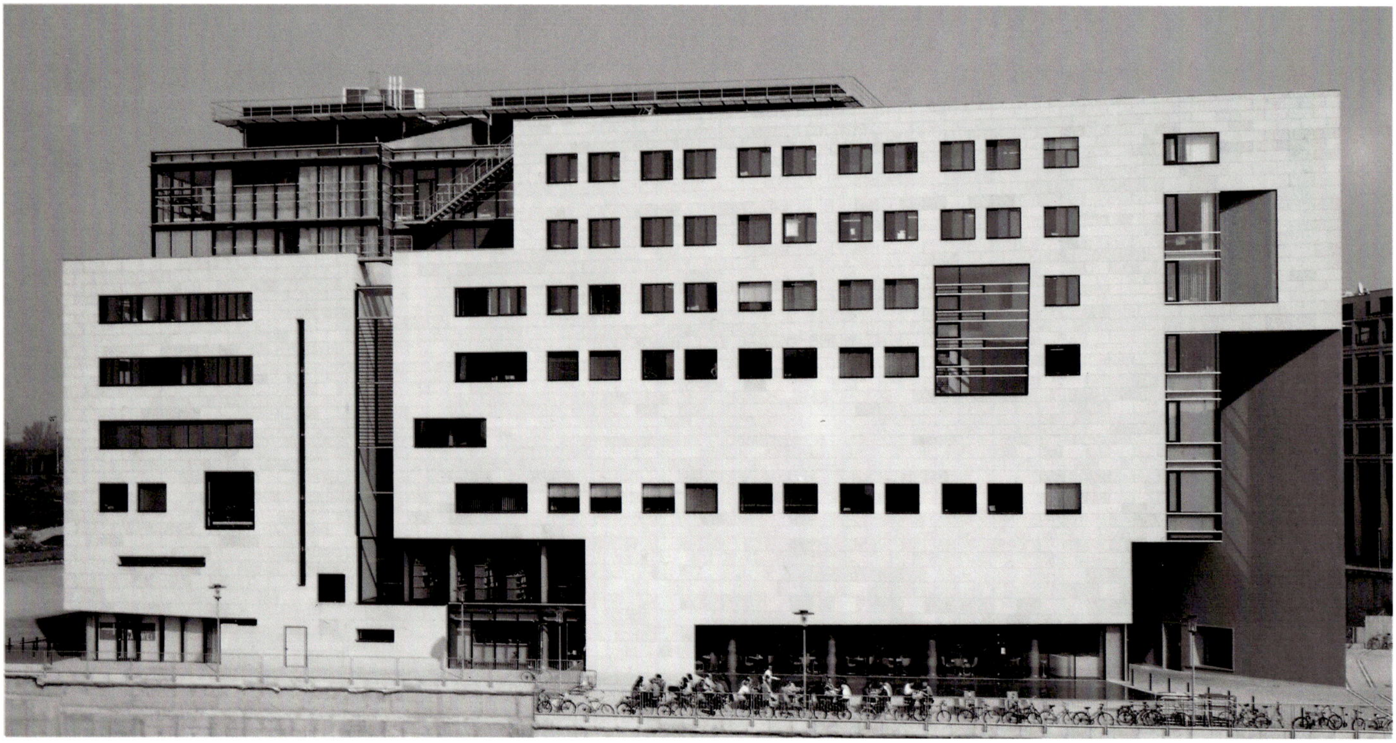

*Skylobby*

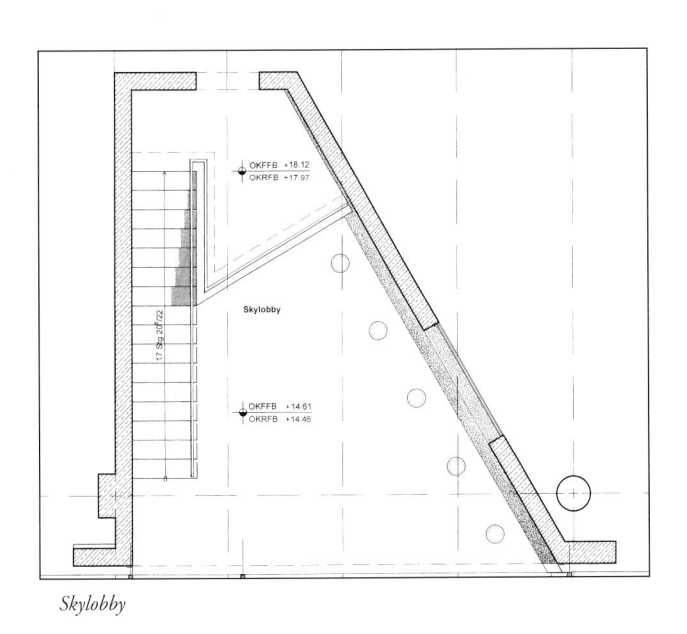

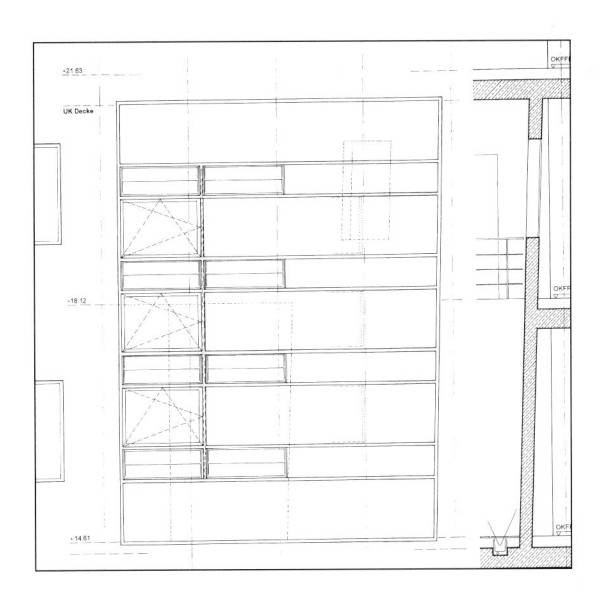

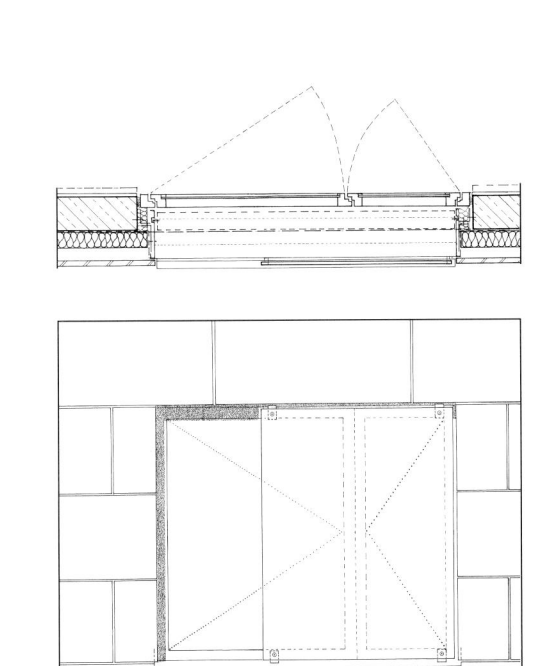

*Wind- und Regenschutz durch ESG Scheibe vor dem Öffnungsflügel*

20

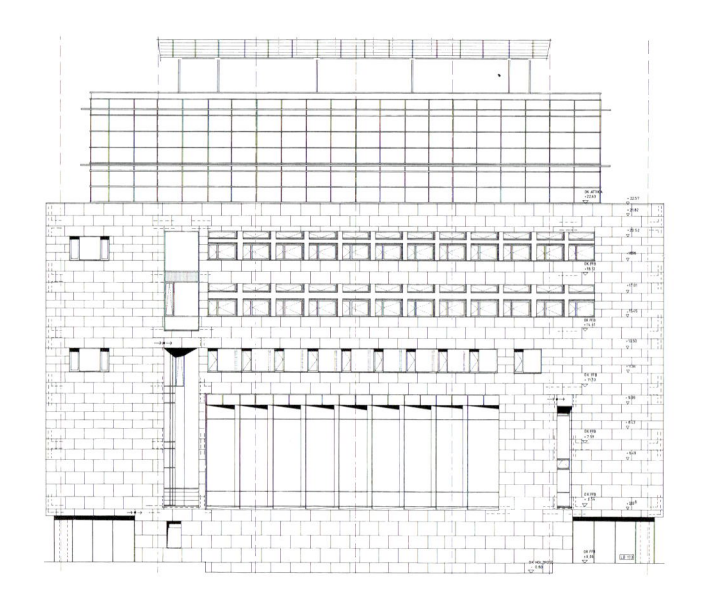

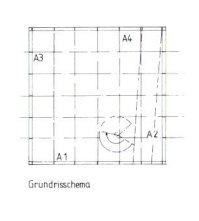

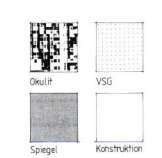

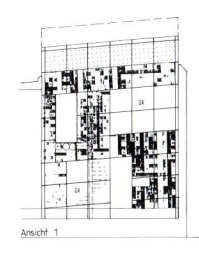

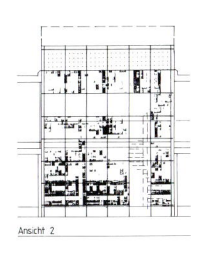

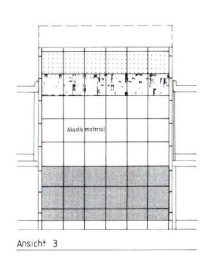

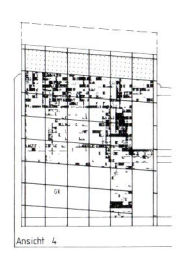

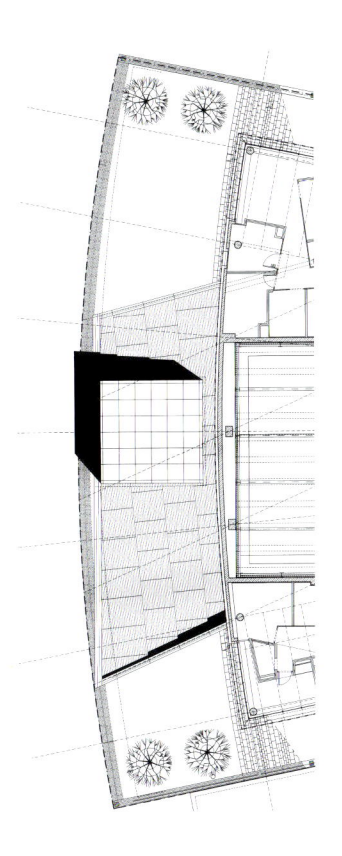

*Ein Aufenthaltsraum für die Studios in einem Kubus durchbricht die Holzterrassen*

21

22

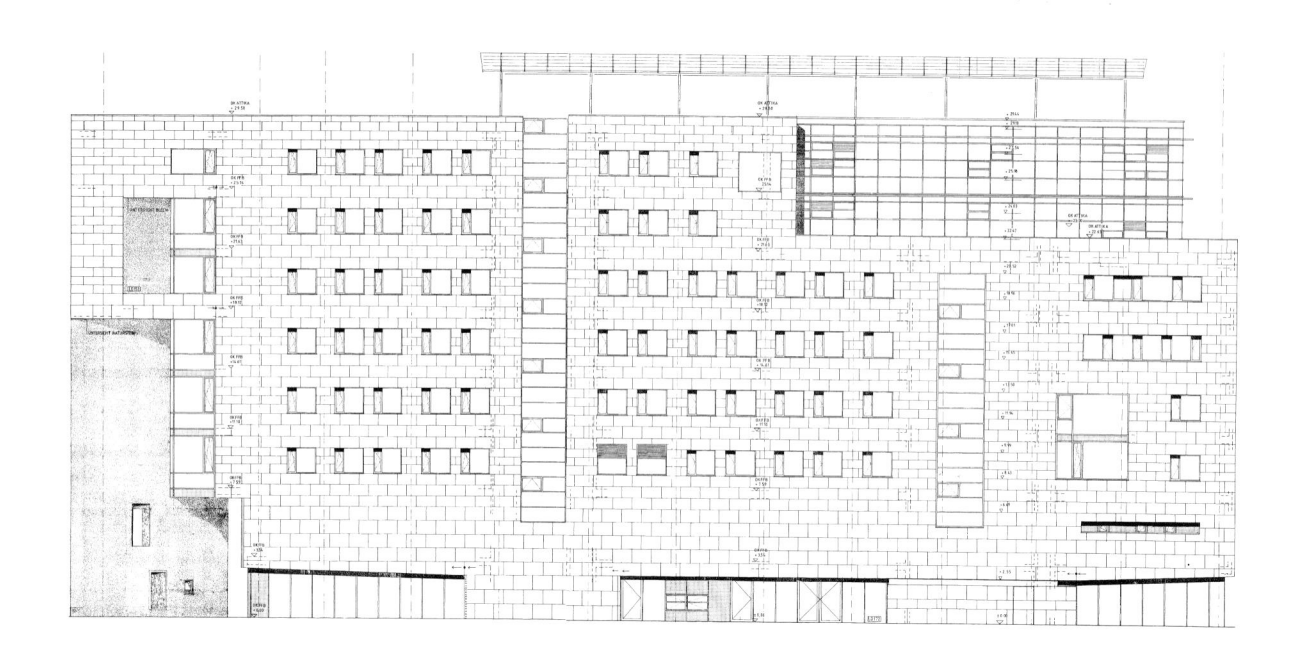

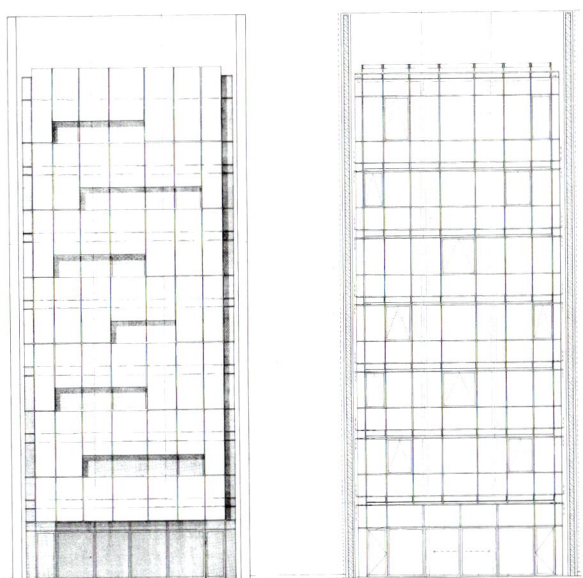

*Ansicht äußere Schale*  *Ansicht innere Schale*

*Front: doppelschalige Glasfassade; die vordere Ebene ist gebogen; vertikale Glasschwerter mit Multipoint Halterung*

*Eingangsbereich*

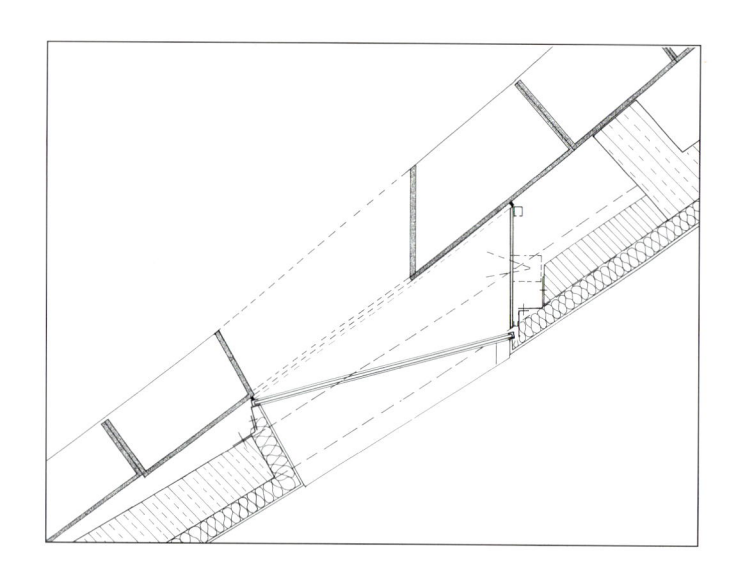

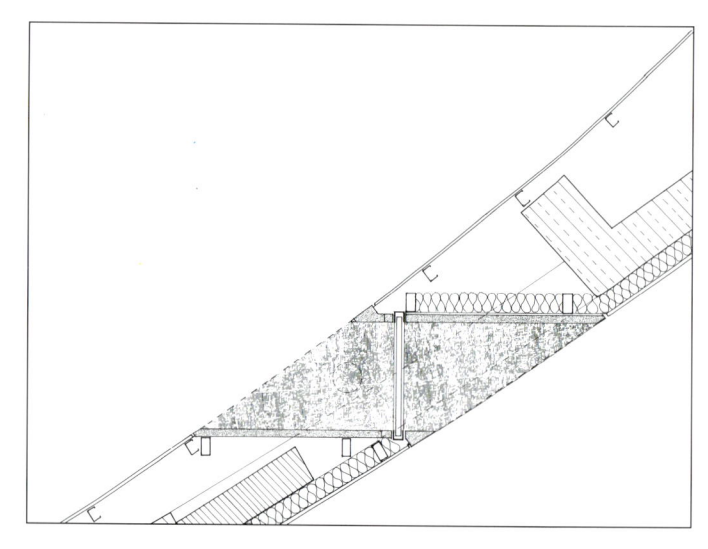

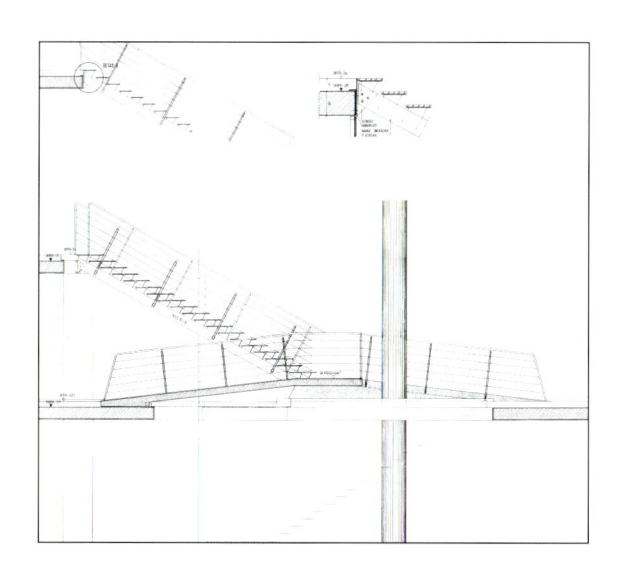

*Aufgang zum Foyer der Halle*

25

KOMED
OVAL ROOM
KOMED
OVAL ROOM
VIVA
FERNSEHEN
VIVA
FERNSEHEN

27

VOLKER VON COURBIÈRE

## Realer Ort in der virtuellen Welt

*KOMED im MediaPark –*
*Forum für Medienkultur und Medienwirtschaft*

„Aber unsere Flächen sind auf acht Etagen verteilt. Das kann ja nie funktionieren", moniert der Bauherr bei seinem ersten Blick auf die Pläne. „Da entsteht ein vertikaler Kommunikationsraum", erläutert der Architekt und der Bauherr denkt sich: „Diese Künstler ..."
Zweieinhalb Jahre später sieht das schon ganz anders aus. Der vorher belächelte „vertikale Kommunikationsraum" ist tatsächlich einer geworden. Man trifft sich auf den Treppen. Ruft sich von Treppe zu Treppe, von Etage zu Etage etwas zu. Kein Entkommen möglich. Begegnungen sind vorprogrammiert. Das Foyer in der ersten Etage hat sich zum Marktplatz entwickelt. Ob die Medien- und Kunstbuchhandlung M7, das Museum für Photographie der SK Stiftung Kultur oder bei Großveranstaltungen im KOMED-Saal der Stehempfang oder die Multimediamesse. Das Haus ist ein lebendiges Medien- und Kulturzentrum geworden.

Der Sprung von den Architektenideen über die Pläne bis zur Realisierung ist ein ständiger Prozeß der Verwandlung und des Streites (eines positiven natürlich). „Sie können doch nicht die Medien Bibliothek in den Keller schieben", stöhnte wieder der Bauherr. Kein Problem, verwandeln doch Glasbürgersteige den Kellerraum zum nahezu tagesbelichteten Souterrain – nachdem der Kostenkampf mit dem Generalunternehmen ausgefochten ist.

Wie ein Börseneffekt hat die Realisierung des Blocks 2 die positive Stimmung für den MediaPark in Köln angeheizt. Plötzlich wird auch anderen Investoren, Presse- und Medienunternehmen deutlich, was so anders sein kann an einem MediaPark, der eben kein Gewerbestandort für Medien sein will, sondern ein kultureller Kristallisationspunkt für die Medienwirtschaft in Köln. Als Idee und Vorbild zeigt sich nun das Gebäude, das in seiner Grundform einem Tortenstück gleicht. Musik-Fernsehsender VIVA, Museumsflächen, eine Kulturstiftung, 14 verschiedene Einrichtungen für Medienbildung, Kommunikation und Information. Macher und Nutzer unter einem Dach.

„KOMED?! – das hätte ich nicht gedacht." Eine typische Äußerung von Besuchern, nachdem sie „verführt" worden sind, einmal reinzuschauen. Neben dem Nutzermix spielt die Architektur eine wesentliche Rolle. Die „Understatement-Fassade" des eigentlich kleinsten Gebäudes im MediaPark läßt nicht vermuten, welche Vielfalt im Hause zu finden ist. Die Aufzüge, die im roten Schlund verschwinden, der Eingangsbereich, der sich zum Foyer bis in die siebente Etage einladend öffnet. Das Spiel der Materialien, das Gott-sei-Dank nicht ‚schickimicki' wirkt, aber Eleganz mit Pfiff verbindet. Die sichtbar gemachte Technik, die nicht Fabrikambiente vorgaukelt, sondern technisch Notwendiges ins Blickfeld rückt. „Das Haus ist für mich wie ein modernes Kunstwerk – man entdeckt immer wieder etwas Neues. Es wird nie langweilig!" betont ein Gast. Natürlich gibt es auch diejenigen, die nicht ganz schwindelfrei sind oder dies oder das nicht mögen. Das ist aber bei weitem die Minderheit und bei Kunstwerken nicht ungewöhnlich ...

Apropos Kunstwerk und Architektur. KOMED als junges gemeinnütziges Unternehmen, das nach öffentlichen Anschubfinanzierungen in kurzer Zeit sein Geld selber verdienen muß, brauchte ein Umfeld, das gewissermaßen für sich spricht. So wurde schnell die Architektur zum Marketing-Argument. Ob die Werbeagentur, die den KOMED-Saal als neue ‚Location' für das nächste ‚Event' bucht, der Verlag, der seine Buchvorstellung in architektonisch anspruchsvollem Ambiente und nicht mehr in 08/15-Hotels veranstalten will, der Fernsehsender, der sein Publikum nicht nur in Produktionshallen am Stadtrand karren will, sondern sich einen Kulturort in der Innenstadt wünscht.

Alle sind sich einig: Der normalerweise faule Kompromiß eines ‚multifunktionalen' Saals ist keiner. Der KOMED-Saal ist akustisch mit seinen acht Metern – trotz riesiger Fensterfronten – sowohl für Musik als auch für Sprache nutzbar. Das Spiel zwischen sichtbarer Technik (Lüftung, Traversen), Holzboden und geschwungenen Längswänden sorgt bei jedem Ereignis chamäleonartig für das entsprechende Flair. Ob Fernsehsendung, Barockkonzert, Presse-Event oder Kongreß: Architektur und medientechnische Ausstattung haben dazu beigetragen, daß der KOMED-Saal in nur wenigen Monaten nach der Fertigstellung einen hohen Bekanntheitsgrad genießt und schon häufig gebucht ist.

Auch für die Bildungs- und Informationsangebote der KOMED-Partner hat sich gezeigt, daß man gerne in das KOMED-Haus kommt. Vom einfachen Computer-Grundkurs über Bildungsurlaub zur Erstellung einer Multimedia CD-Rom bis zum Schauspieltraining vor der Kamera oder dem Hörfunkmoderationstraining, im ersten Halbjahr haben alleine 350 verschiedene Seminare in's KOMED gelockt.

*Die Wand als Kugelausschnitt
und Teil eines Hauses im Haus*

30

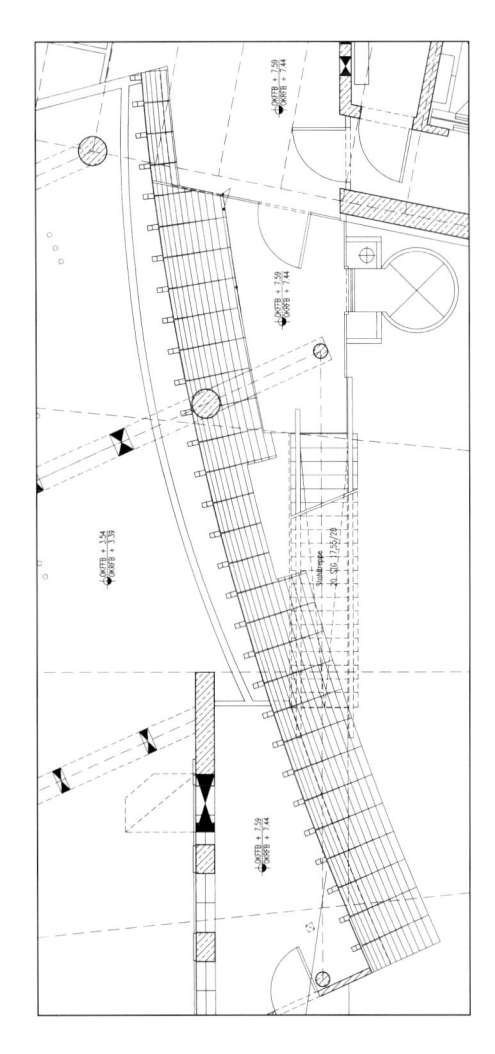

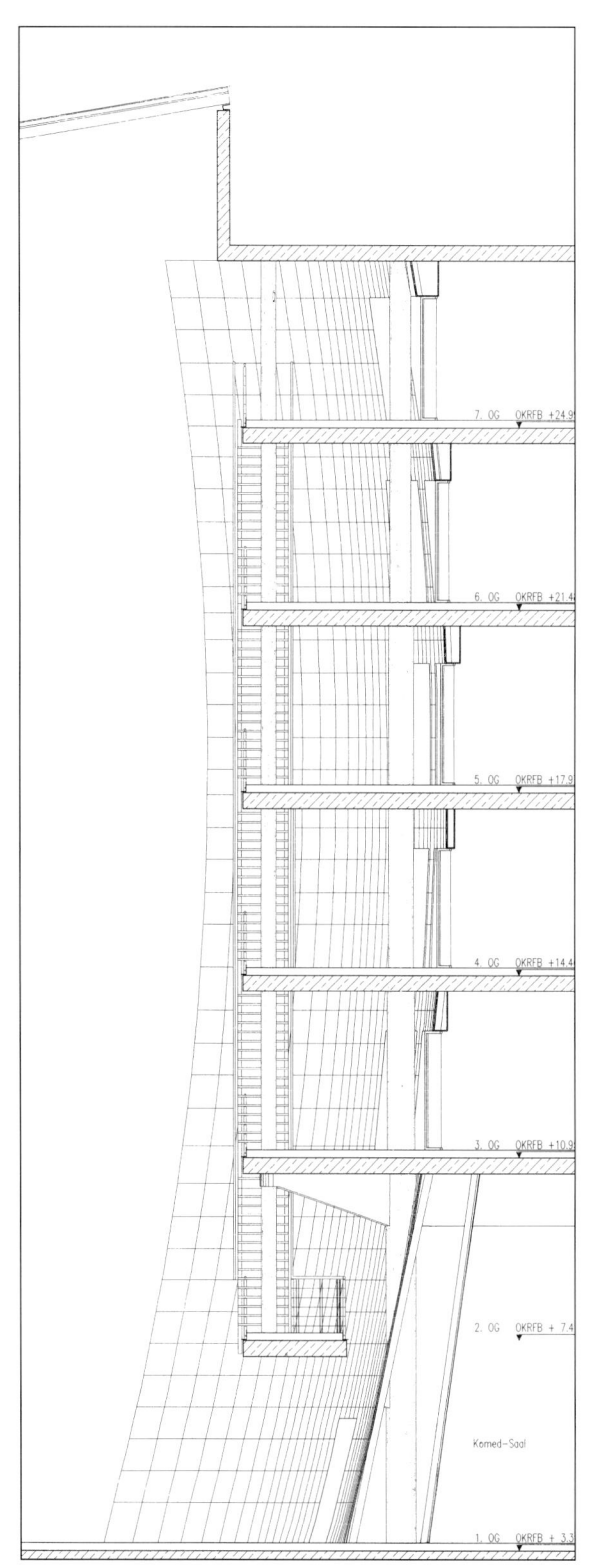

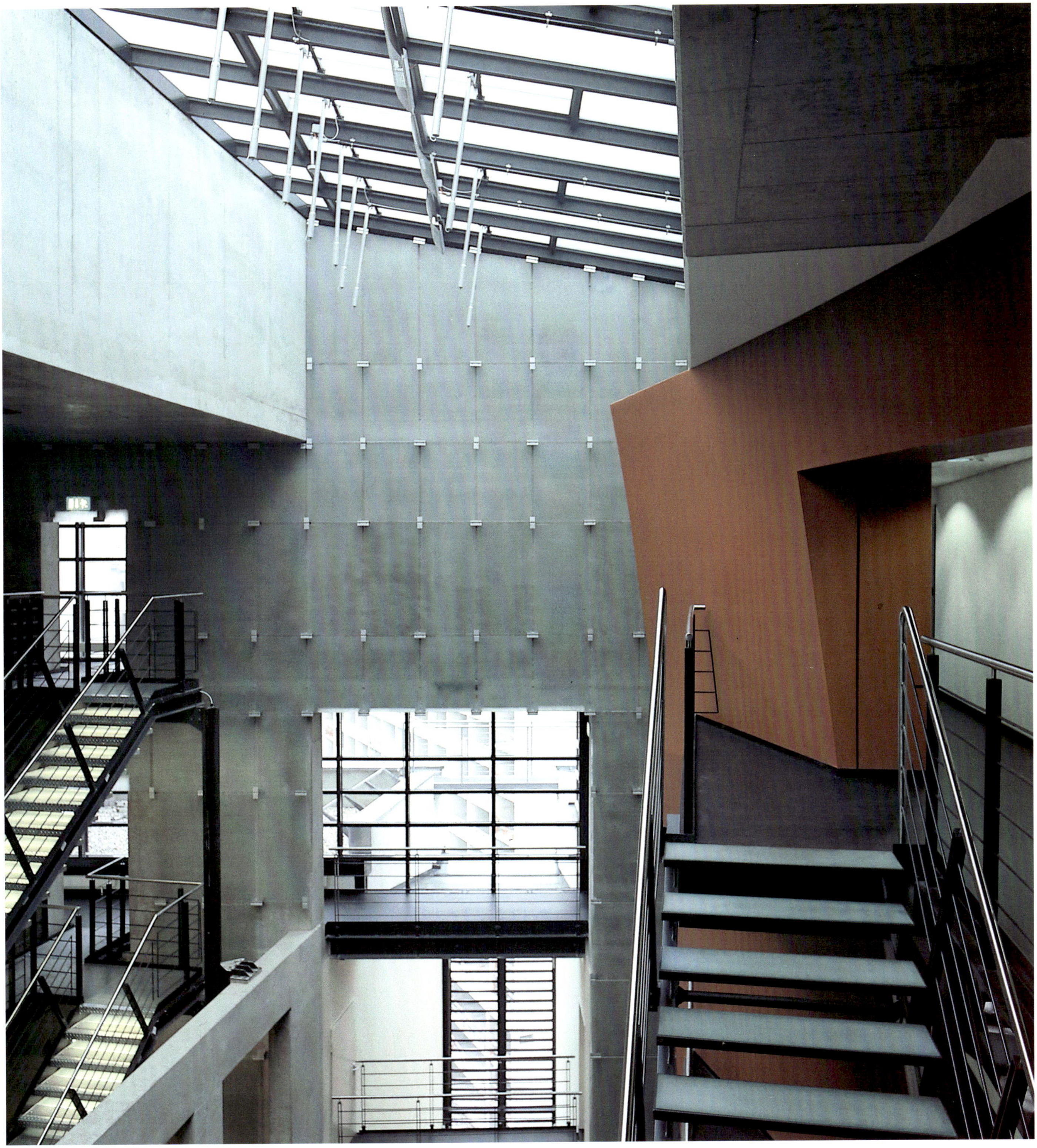

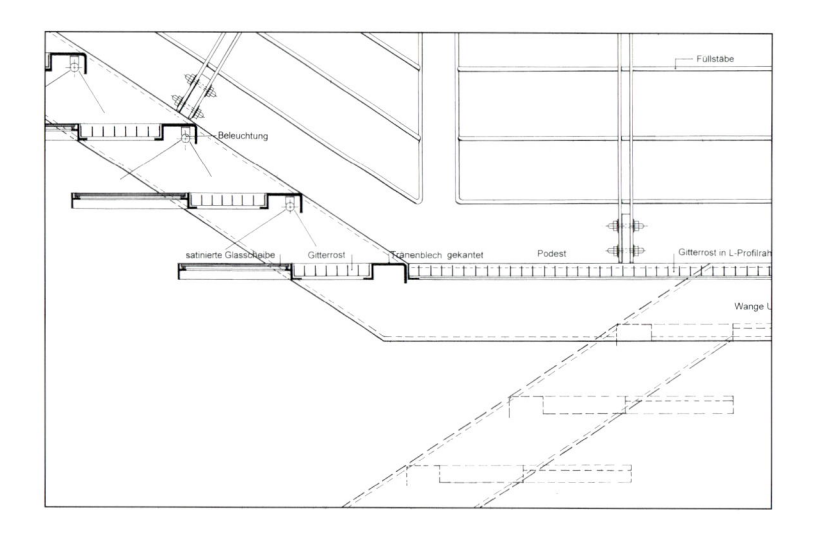

*Beleuchtung der Halle über die abgehängte Stahltreppe*

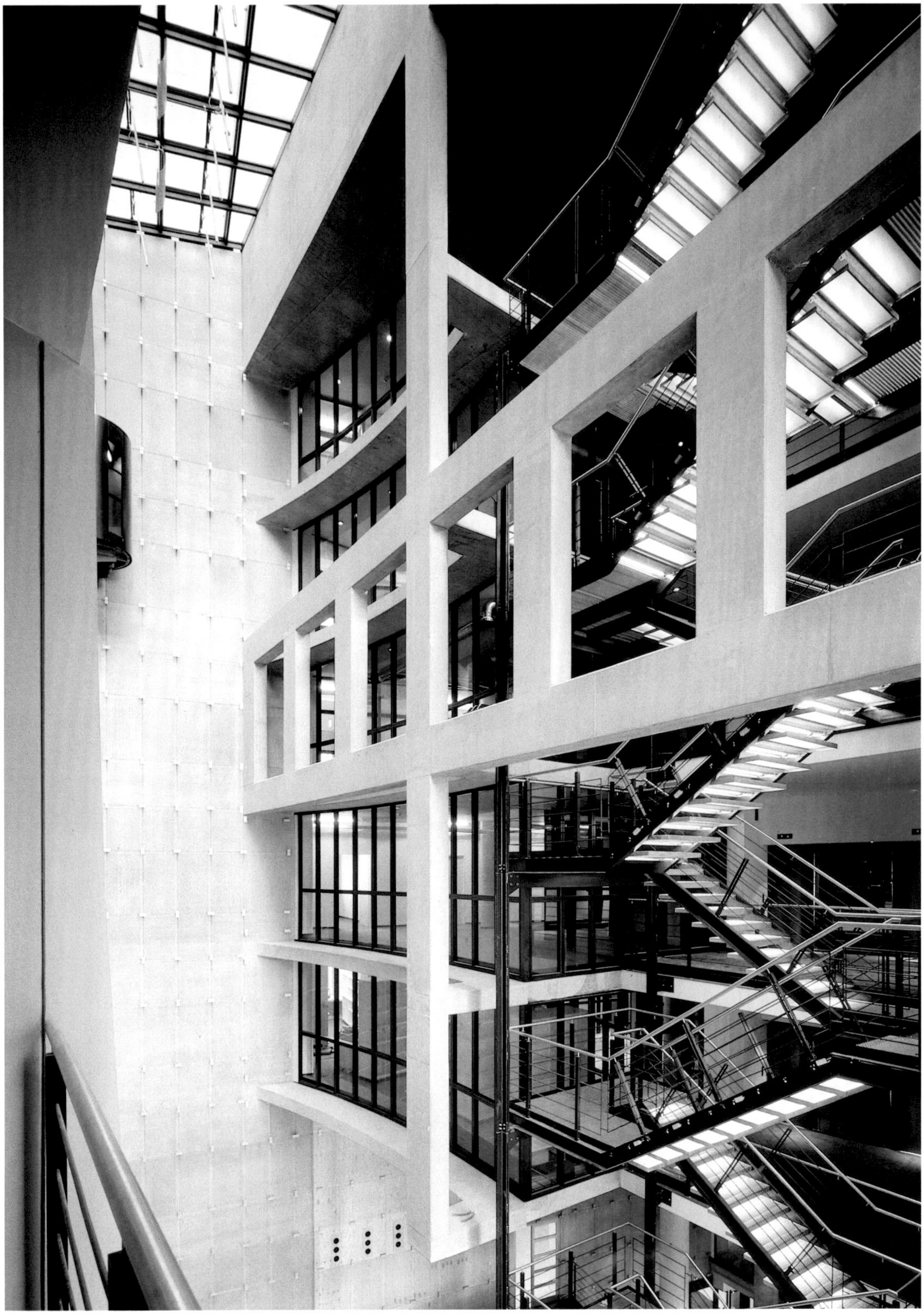

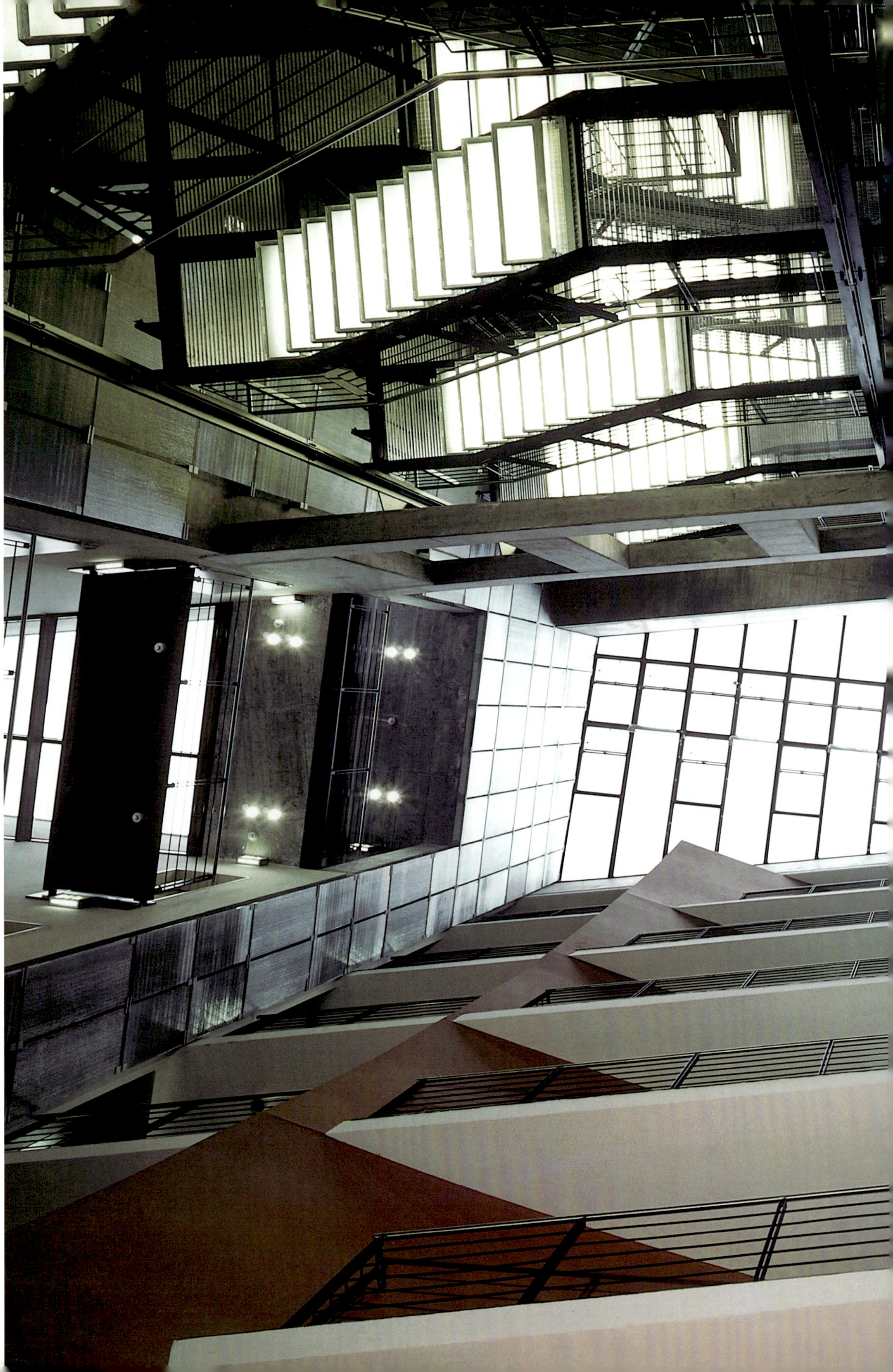

35

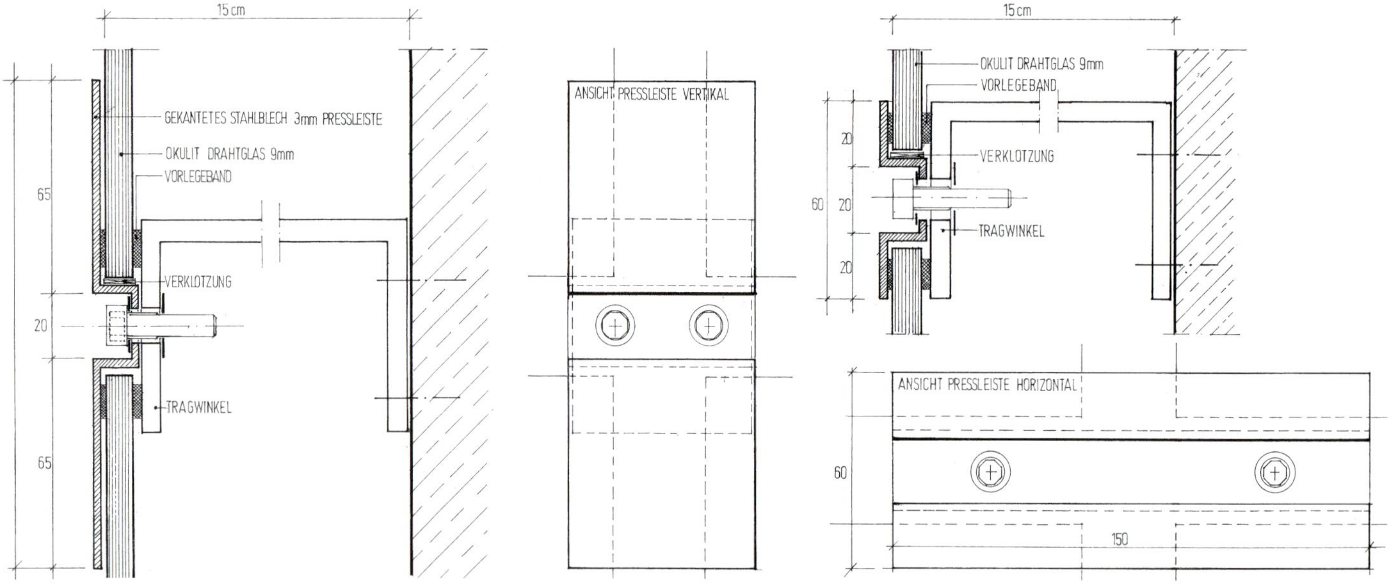
15 cm
GEKANTETES STAHLBLECH 3mm PRESSLEISTE
OKULIT DRAHTGLAS 9mm
VORLEGEBAND
VERKLOTZUNG
TRAGWINKEL
65
20
65
ANSICHT PRESSLEISTE VERTIKAL
15 cm
OKULIT DRAHTGLAS 9mm
VORLEGEBAND
VERKLOTZUNG
TRAGWINKEL
20
20
20
60
ANSICHT PRESSLEISTE HORIZONTAL
60
150

*Glasverkleidete Sichtbetonwände als Lichtleiter im Raum*

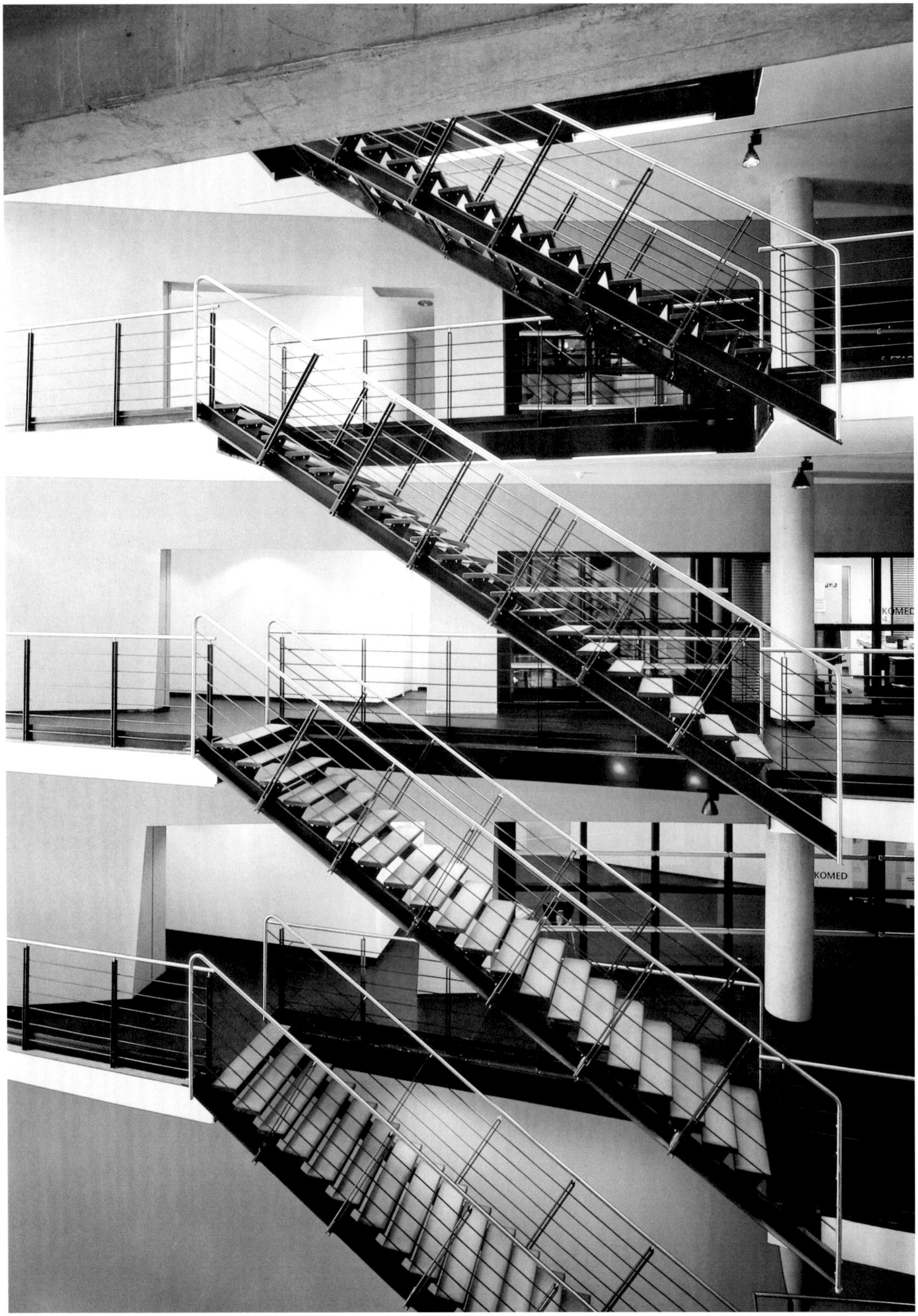
KOMED

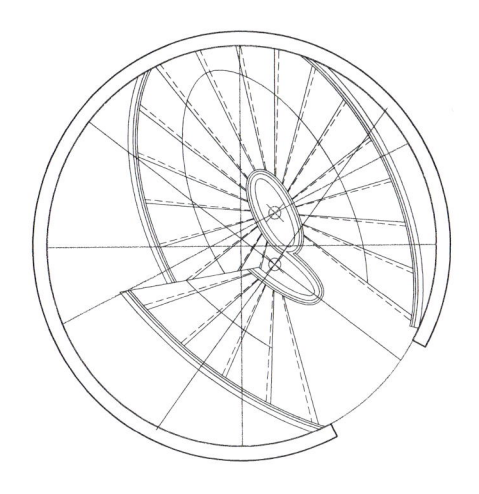

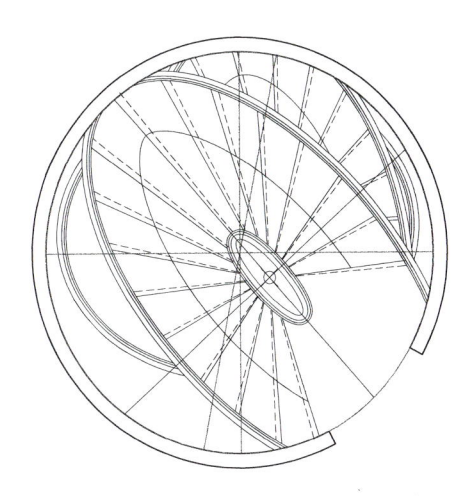

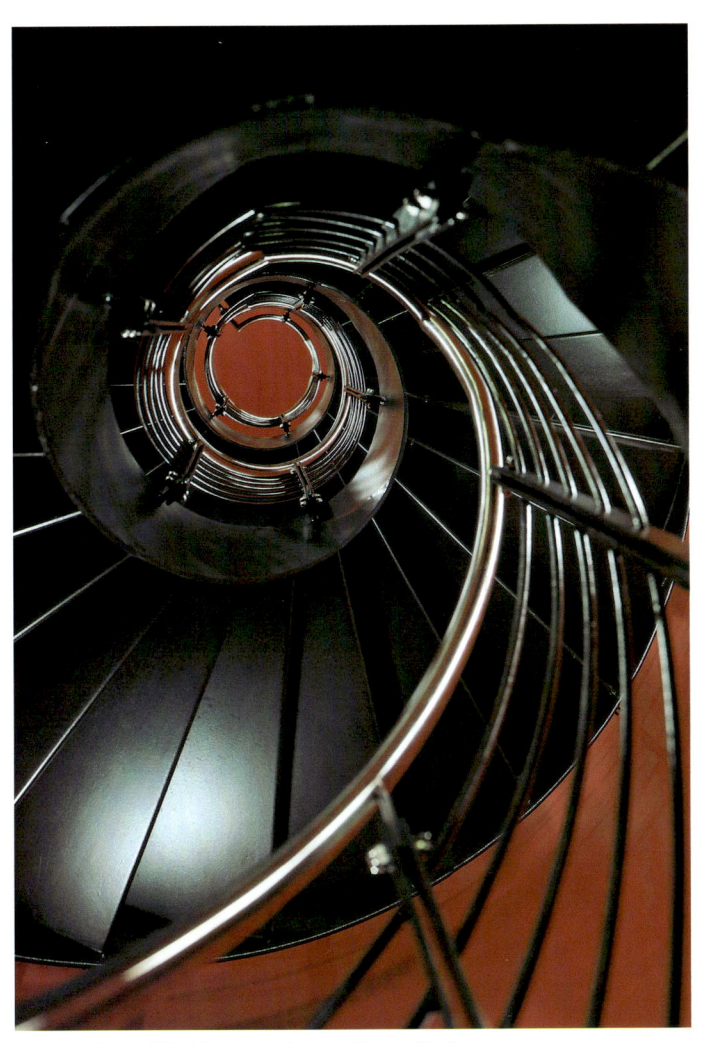

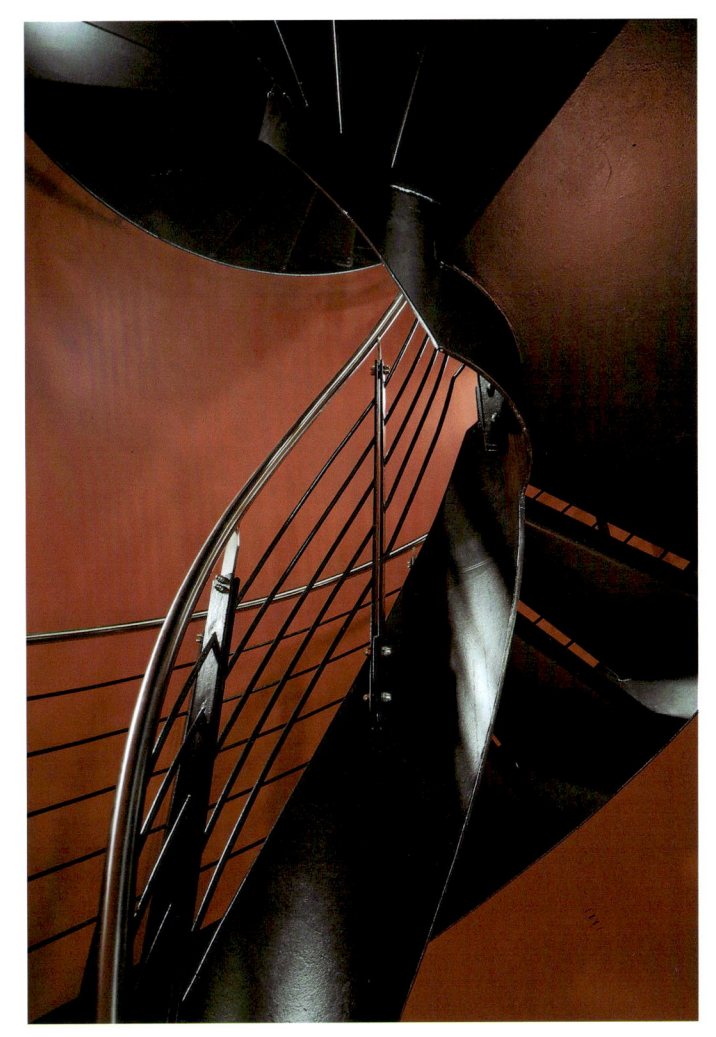

*Viergeschossige Wendeltreppe zur internen Büroverbindung*

40

KOMED
KOMED
KOMED
KOMED
KOMED
KOMED

*Holzlamellen regulieren die Akustik im Saal*

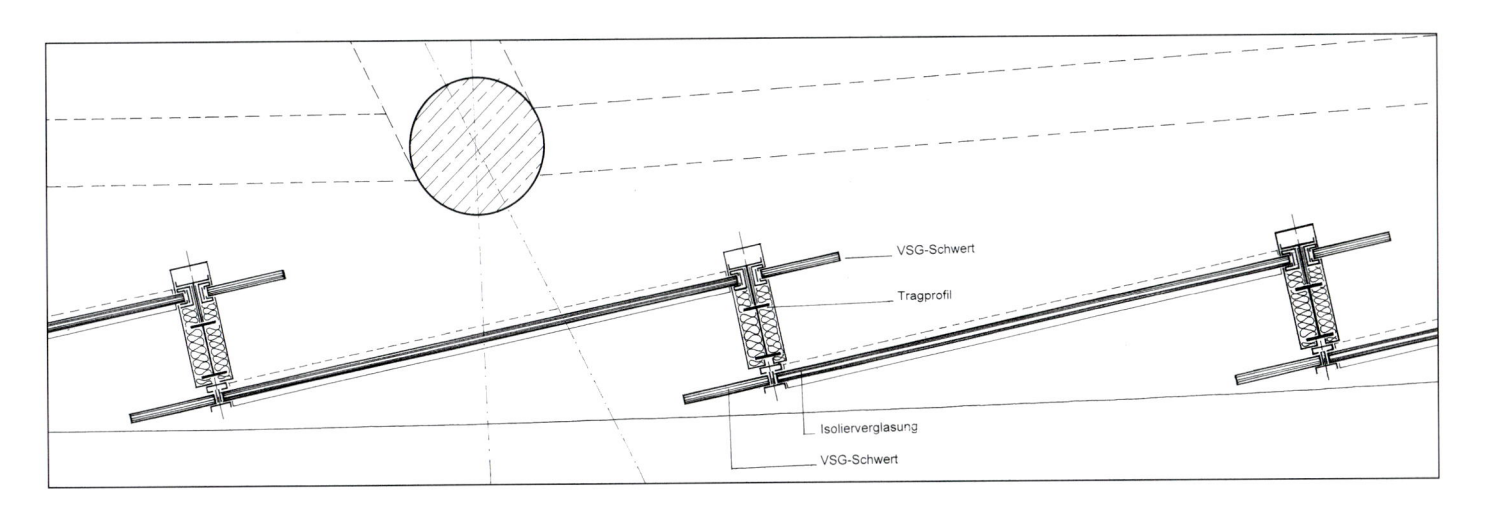

VSG-Schwert
Tragprofil
Isolierverglasung
VSG-Schwert

*Seminarraum*

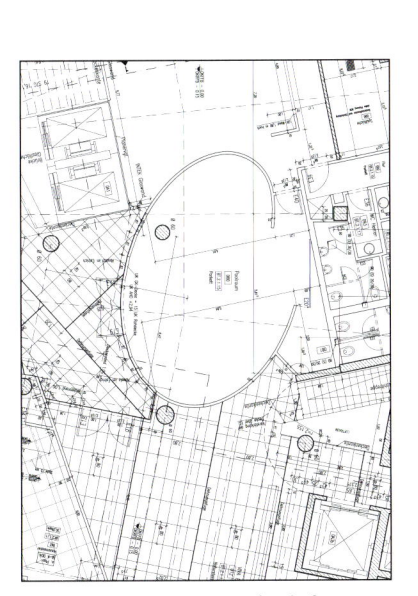

*Ovaler Seminarraum im Erdgeschoß*

*Seminarraum hinter gekrümmter Wand*

*Verglasung der Ausstellungsräume zur Halle*

*Ausstellungsräume für Fotografie*

*Bibliothek in der Parabel*

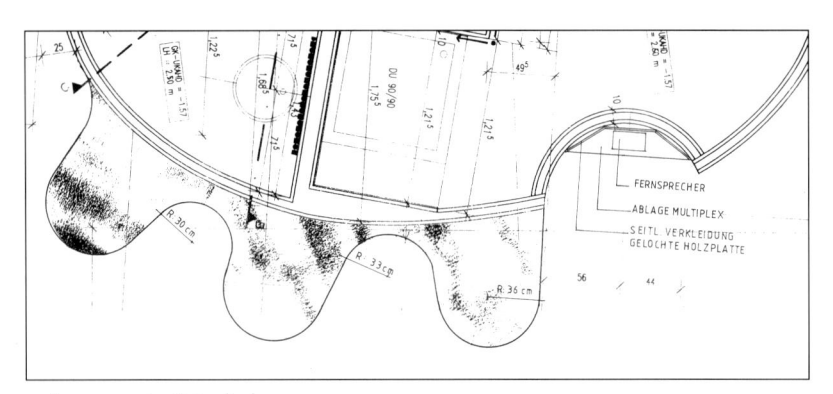

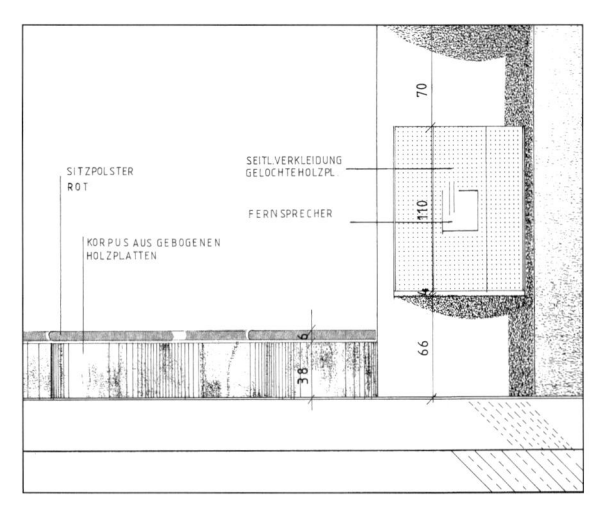

*Ausstattungsdetails Studioebene*

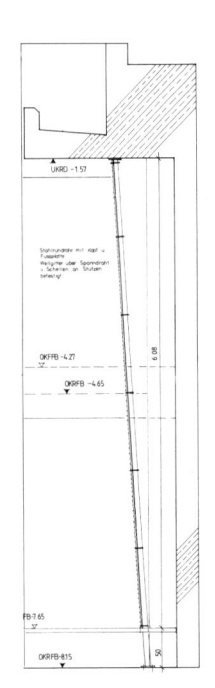

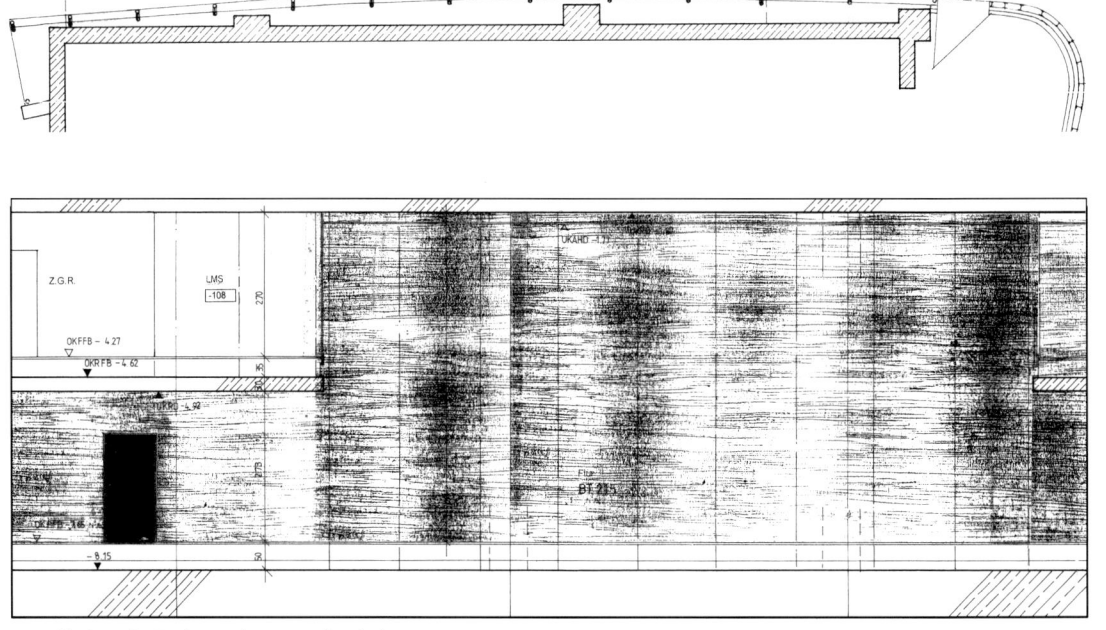

*Verkleidung der Studiowände mit Maschendraht*

*Studio 1 im Aufbau*

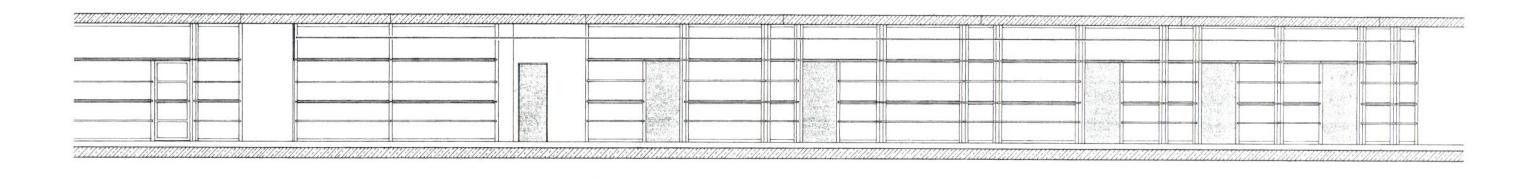

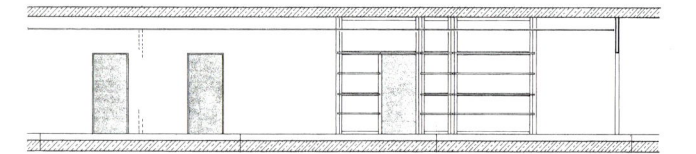

*Abwicklung der verglasten Flurwände*

*Redaktionsebene*

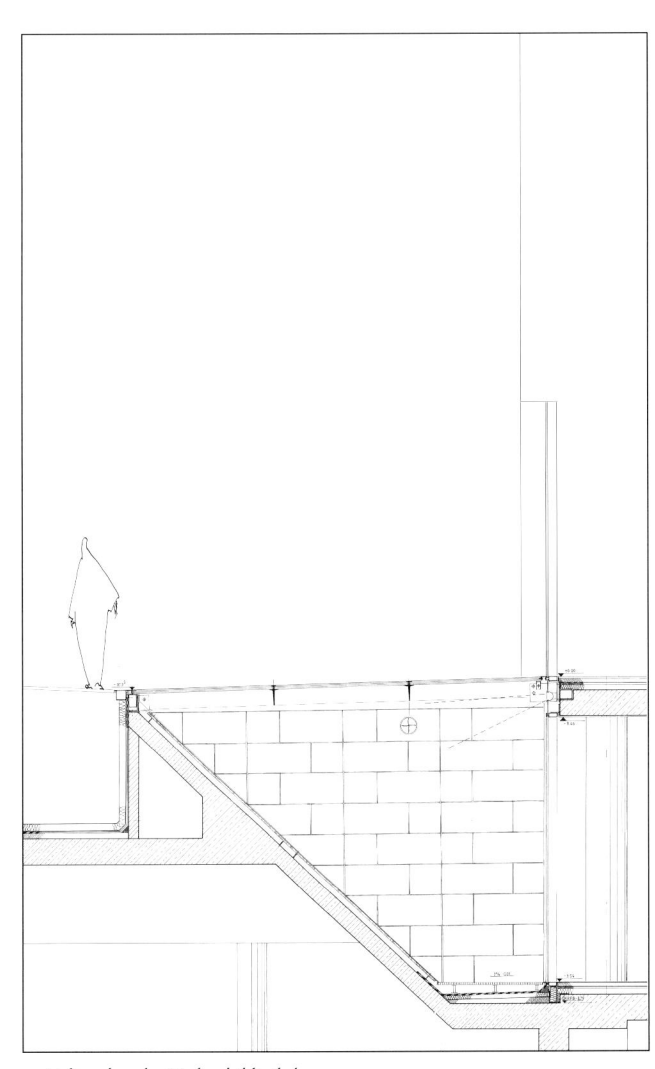

*Lichtgraben der Medienbibliothek*  *Begehbare Oberlichtverglasungen; Makrolonplatten lenken und streuen das Licht*

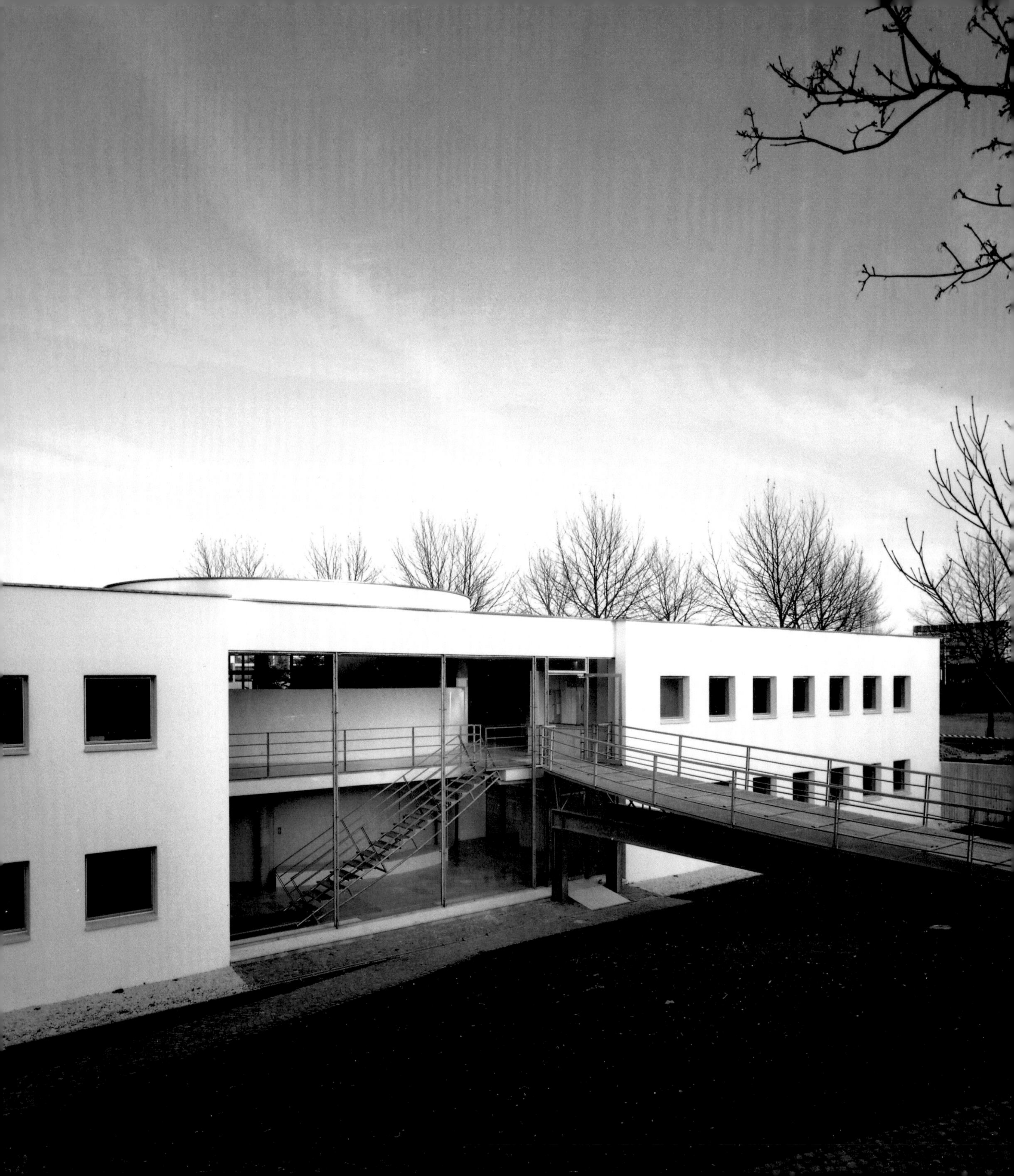

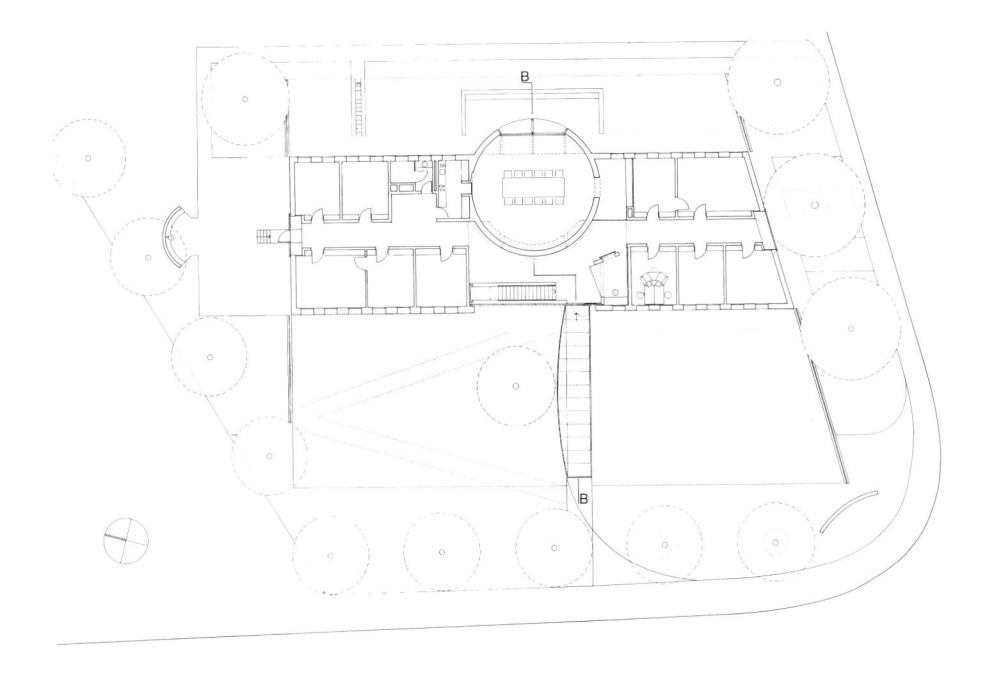

# Coenaculum – Geschäftsstelle der Diakonie, Köln

Die Diakonie der evangelischen Kirche ist Bauherr und Nutzer des Verwaltungsgebäudes an der Sürther Straße. Neben Büroräumen für die Geschäftsführung und die kirchliche Leitung bestand der Wunsch nach einem Saal, der auch für öffentliche Veranstaltungen dienen soll. Ein zweihüftiger, langgestreckter Baukörper wird im mittleren Bereich von einem zylindrischen Baukörper durchdrungen. Der Längsbau enthält Büroräume, im Zylinder sind – klausurartig geschlossen und doch über die vollflächig verglaste Halle als Körper freigelegt – die Versammlungsräume gelegen.

Das Gebäude ist wie durch seine Schwere abgesenkt und schafft sich einen definierten Ort. Eine mit Holz belegte Brücke führt über den abgesenkten Bereich auf den zylindrischen Mittelteil zu.

Besonderes Interesse galt der Fensterkonstruktion. Das Bürofenster ist eine mit umlaufender Schattennut in der Maueraussparung schwebende Glasscheibe. Das seitliche Flurfenster ist bündig mit dem Putz und schneidet den Baukörper in einer Ebene ab. Die großen Verglasungen des Foyers und des Saales sind zurückgesetzt und lassen die Maueröffnung wirken.

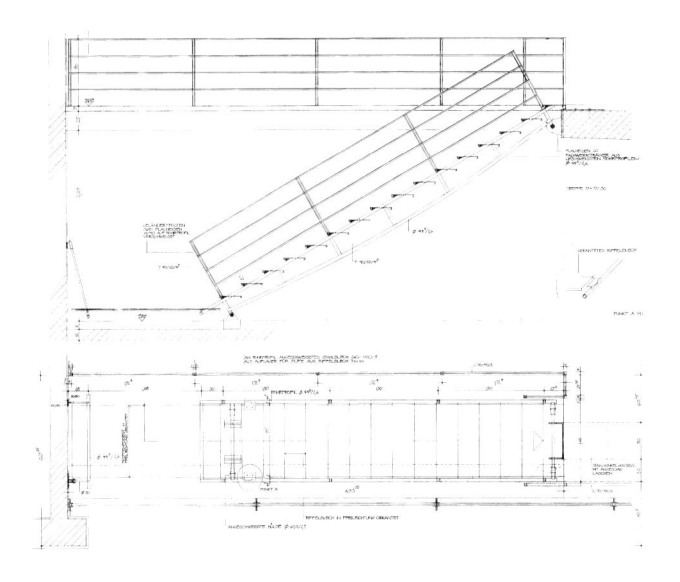

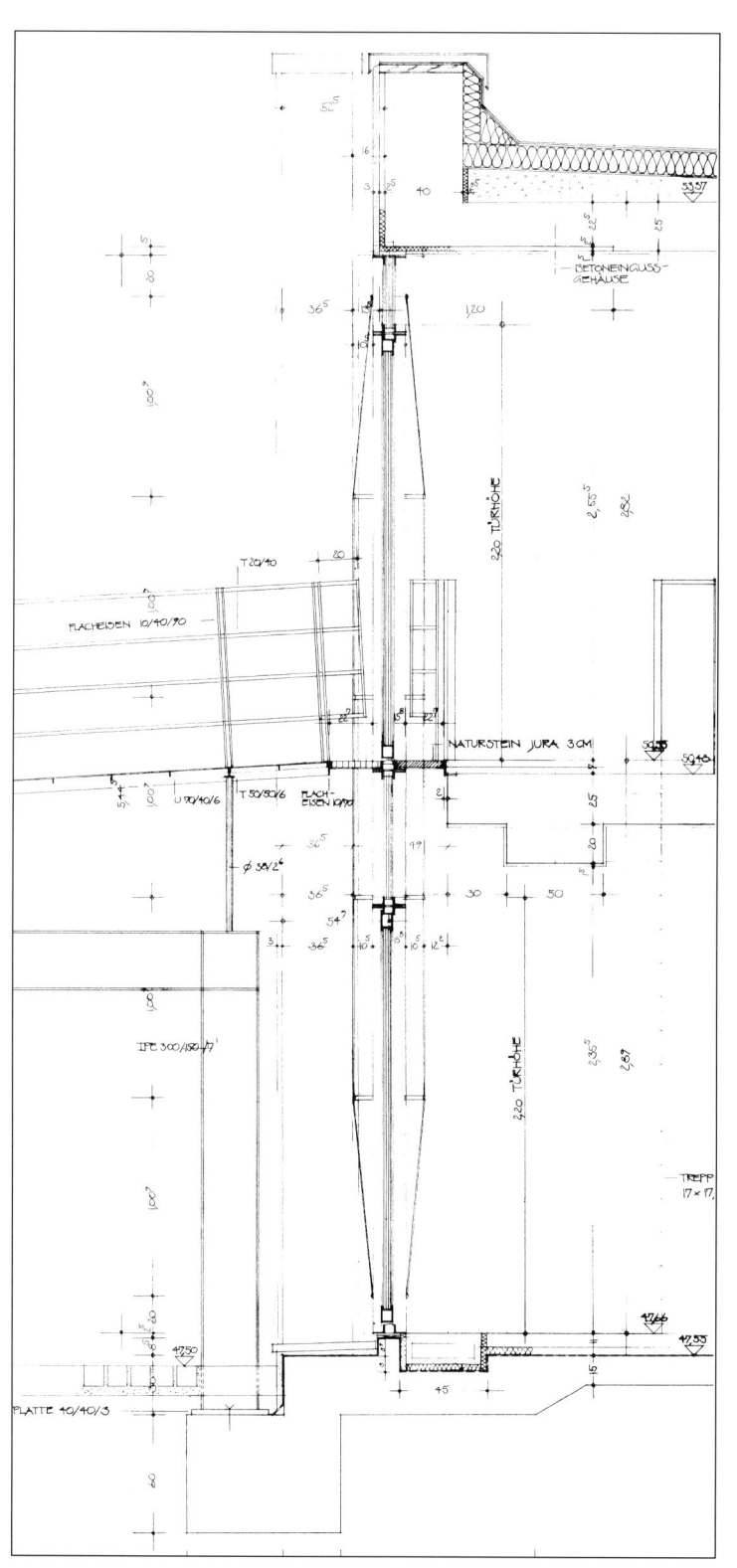

*Fassadenschnitt der Verglasung*

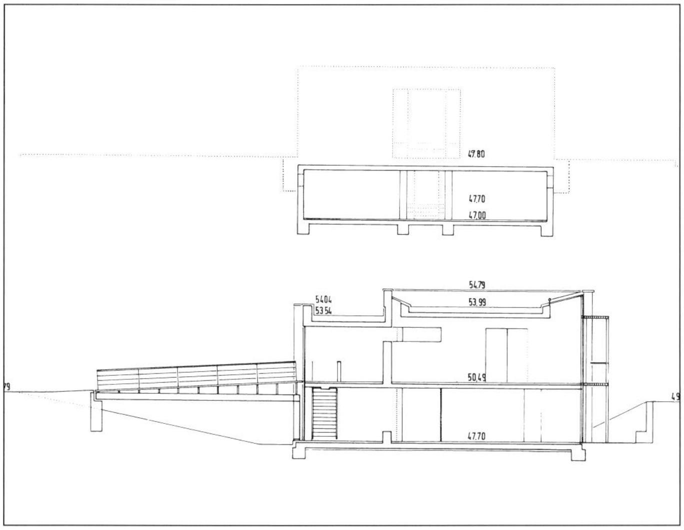
47.80
47.70
47.00
54.79
54.04
53.54
53.99
50.49
47.70

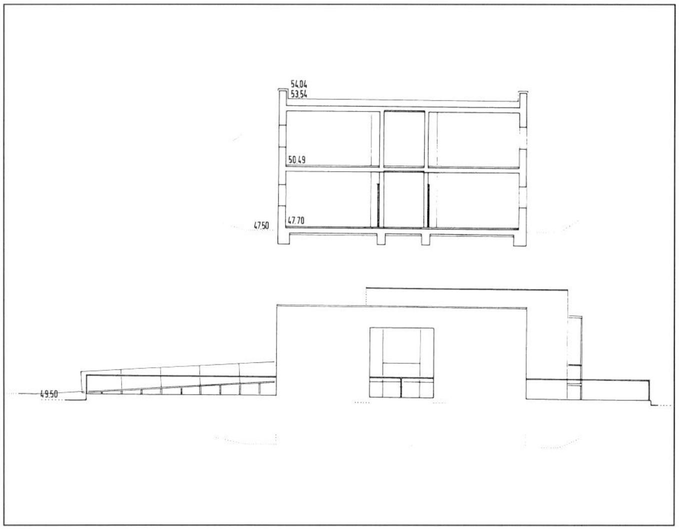
54.04
53.54
50.49
47.50
47.70
49.50

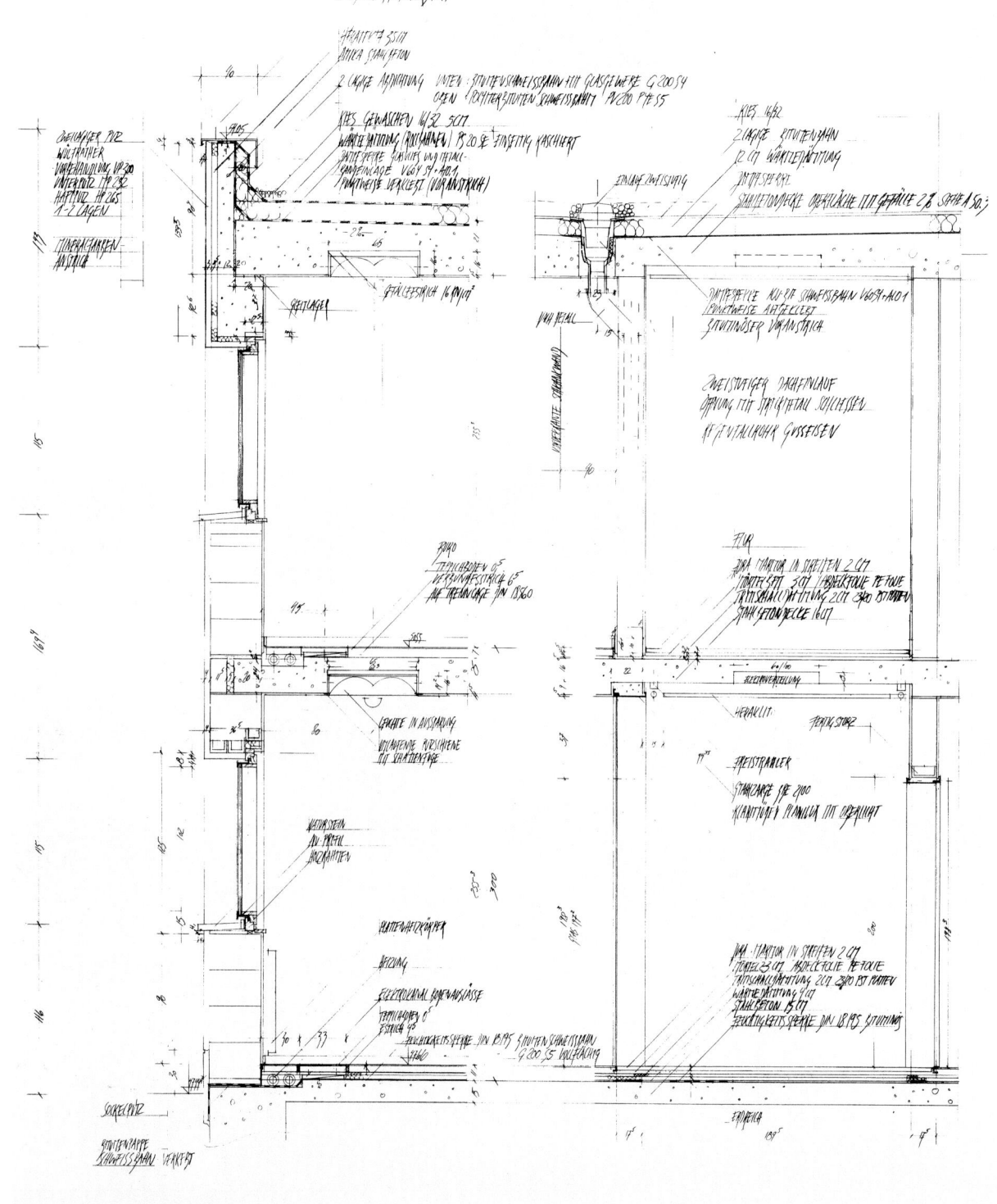

*Detailzeichnung Gebäudeschnitt*

57

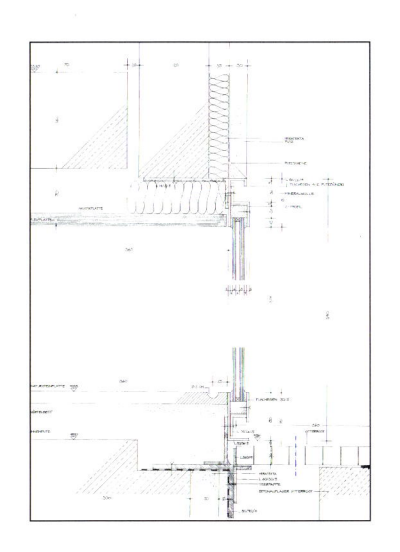

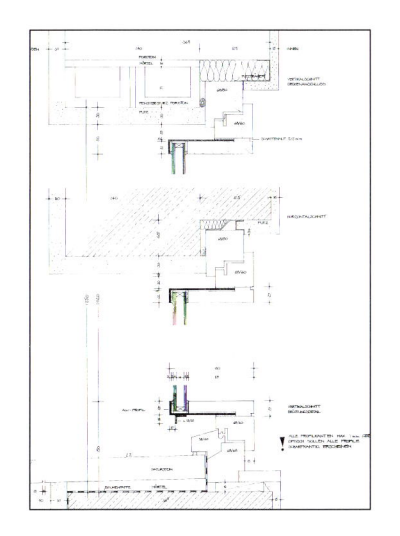

*Zwei Saalebenen im Zylinder*

*Verschiebbare Raumwände*

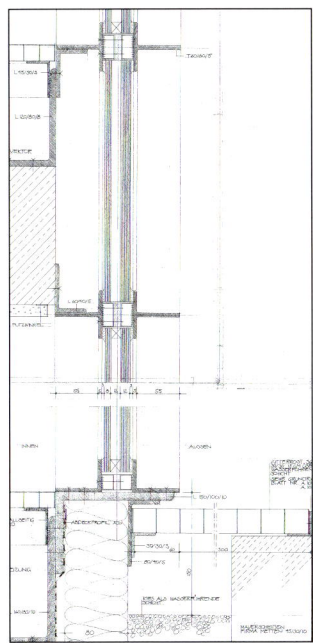

*Stahlprofile, Vertikalschnitt*

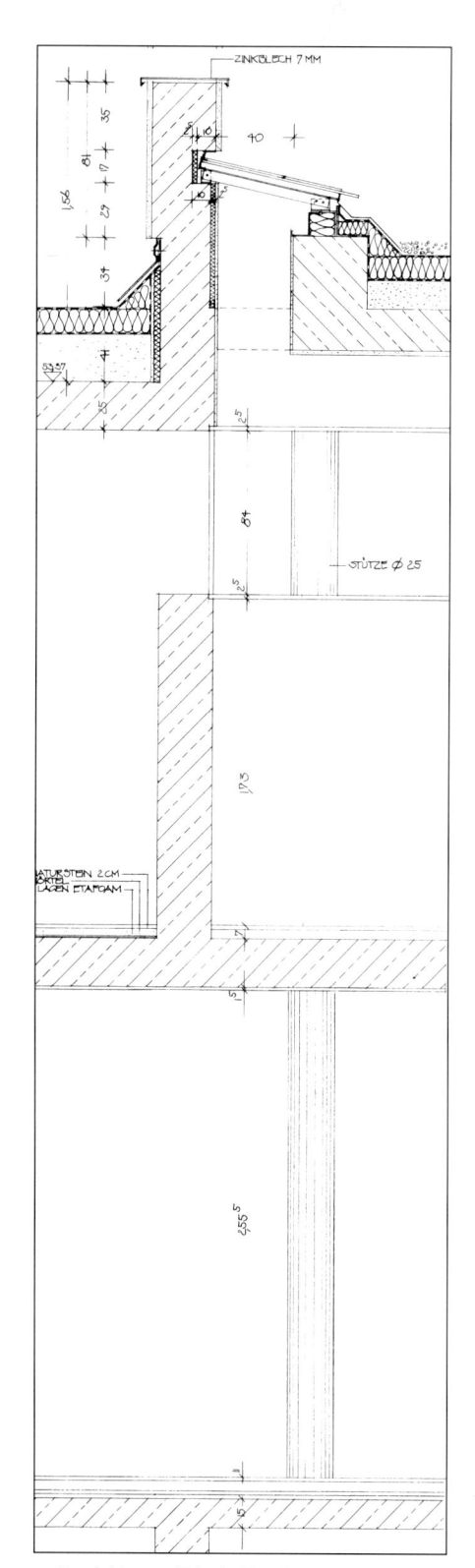

*Durchdringung Zylinder/Quader* 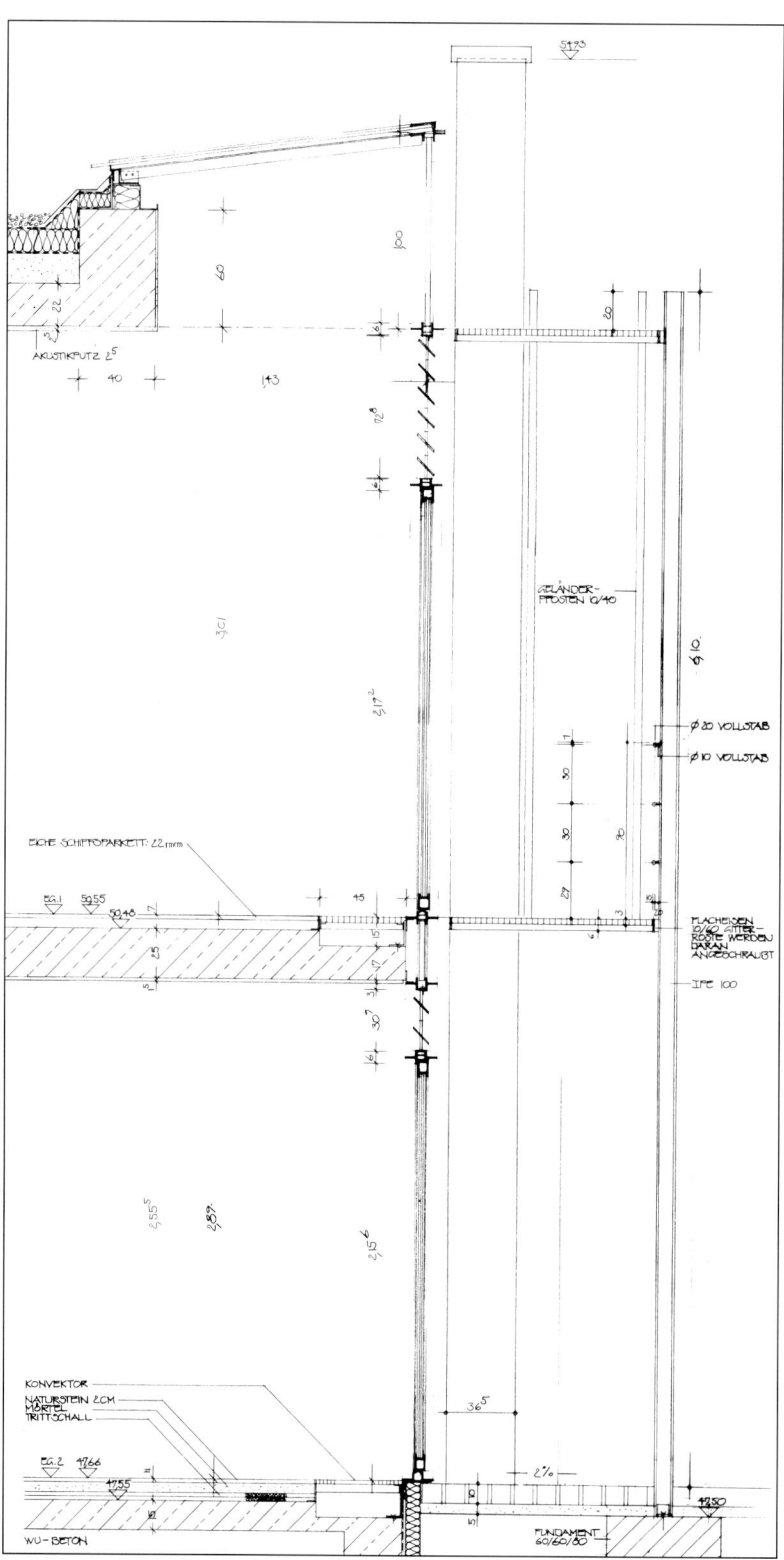     *Fenster im Saal*

61

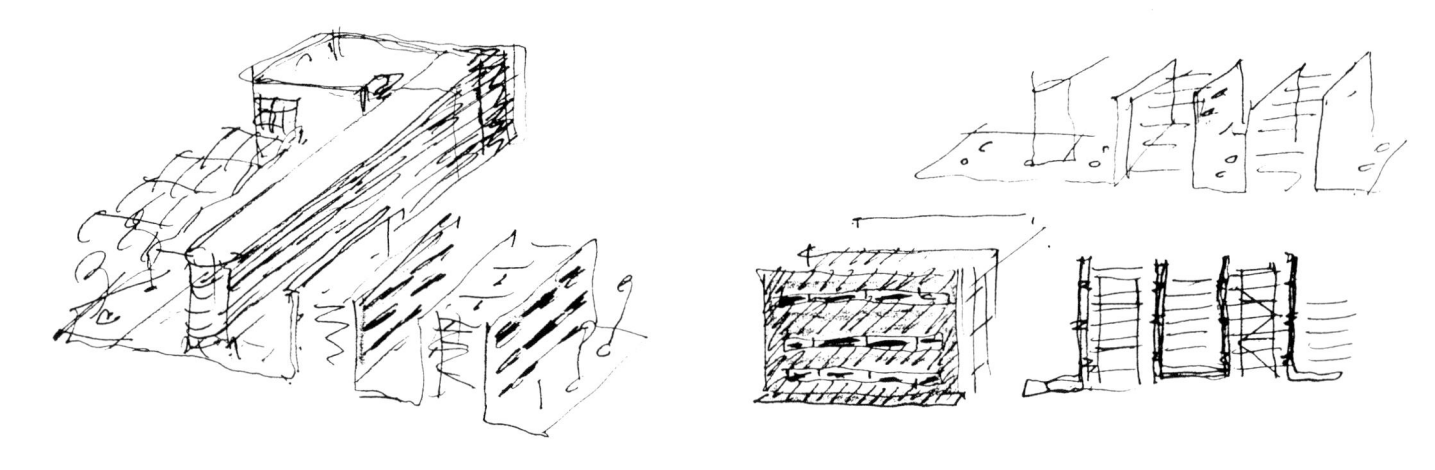

*Konzeptskizzen zur gefalteten Wand*

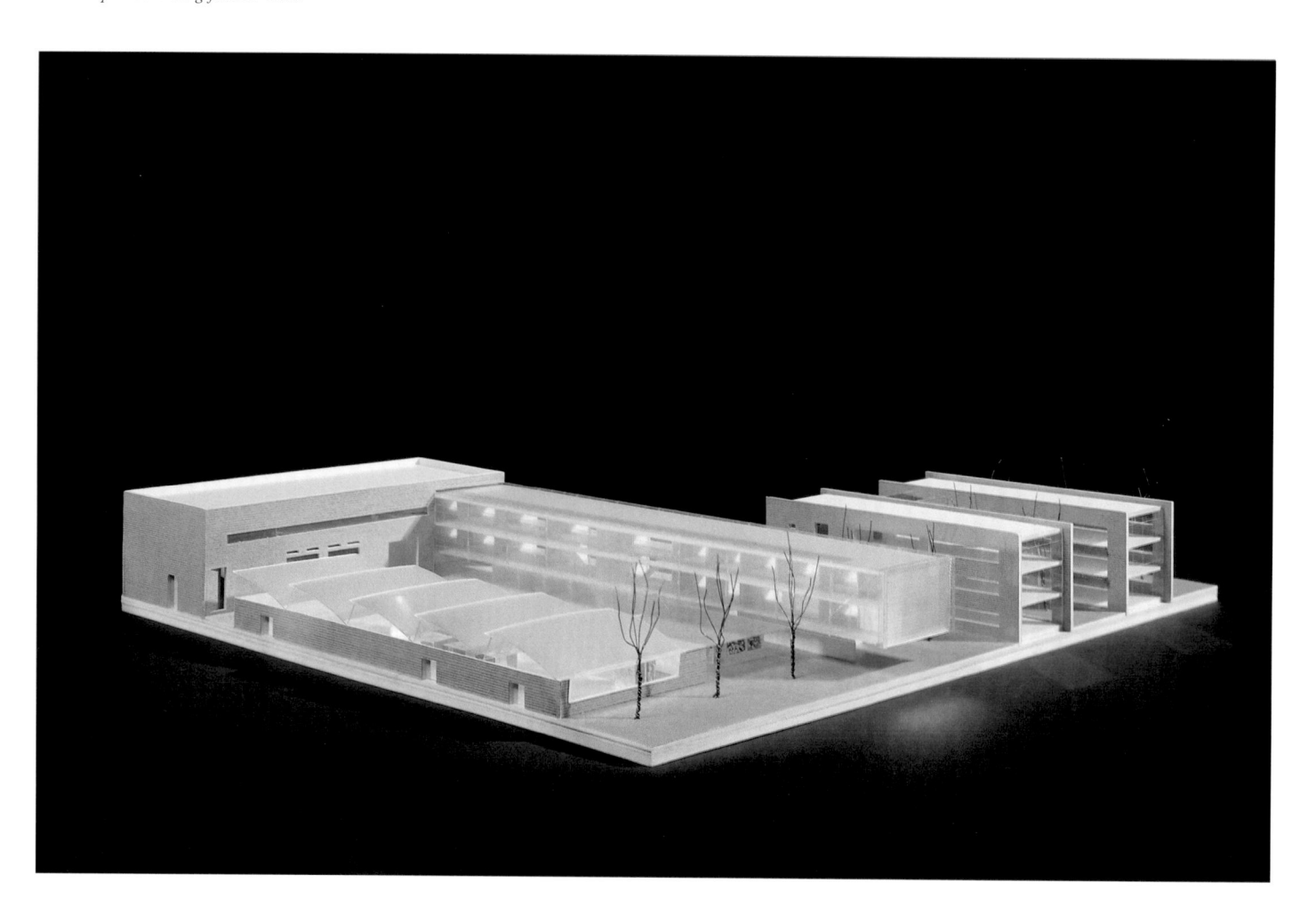

62

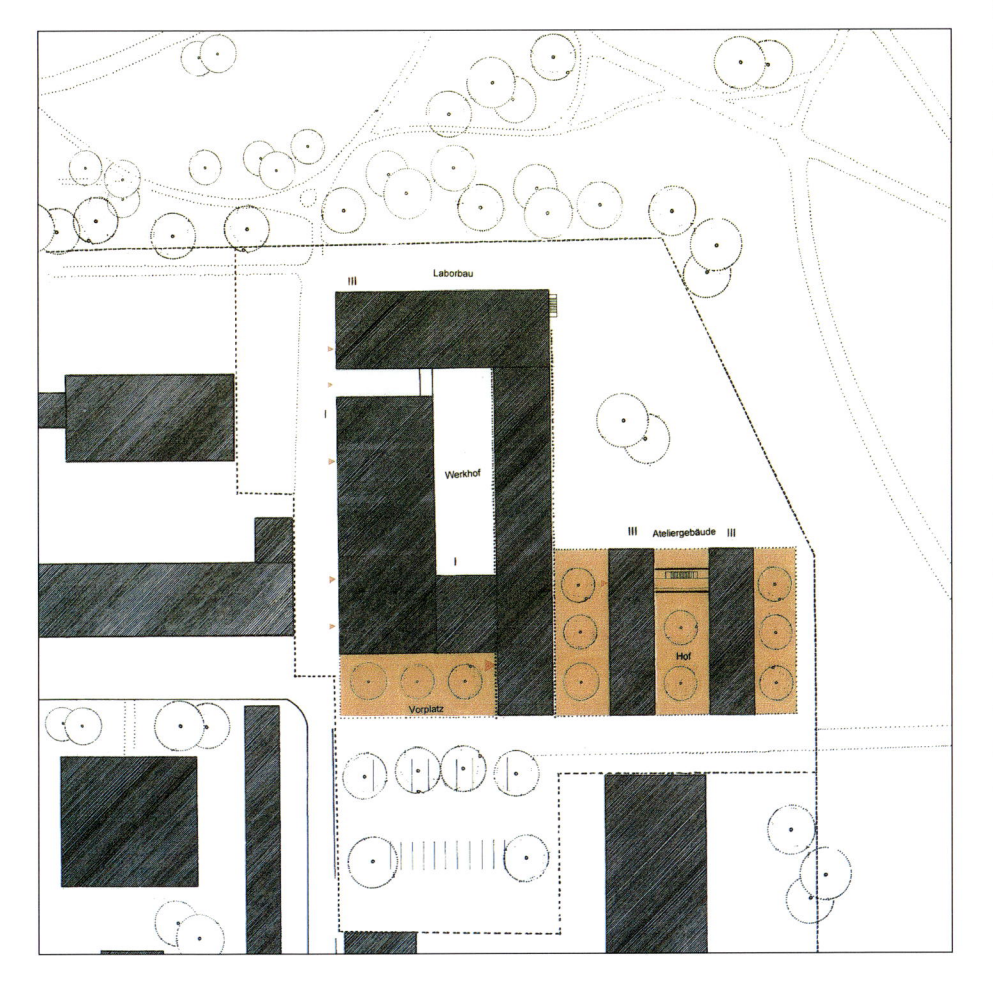

## Fachbereichsgebäude Architektur und Design der Hochschule Wismar

Die Fachhochschule in Wismar ist in einem ehemaligen Kasernengelände untergebracht. Ein Eckgrundstück auf dem Gelände, nur durch ein Landschaftsbiotop von der Altstadt getrennt, wird in Zukunft von den Fachbereichen Architektur und Design genutzt. Neben Fakultätsräumen sind Werkstätten und Arbeitsateliers für Studenten vorzusehen.

Das Fakultätsgebäude für Architektur ist nicht als ‚Manifest' zu verstehen – wie dies bei vergleichbaren Aufgaben zu Anfang des Jahrhunderts der Fall gewesen ist. Die Architektur des Entwurfes ist nicht lautstark, sie entfaltet sich auf den ‚zweiten Blick' und ist vielleicht damit doch ein ‚Manifest' unserer Zeit, wo das sogenannte Einmalige schon morgen relativiert ist. Jedes Gebäude ist nach der seiner Funktion entsprechenden Typologie ausgebildet. Zwischen den Volumen der Baukörper definiert sich ein öffentlichen Raum. Dem letzteren dient die architektonische Idee des ‚Ziegelteppichs', der als ‚bekleidete' Fassade Wand und Boden zu einem ‚Hohlraum' zusammenbindet.

Das Raumprogramm wird in zwei Baukörpern untergebracht, im Ateliergebäude der Studenten und im Fakultätsgebäude Architektur und Design. Beide Gebäude flankieren einen Innenhof, den Werkhof der Fakultät und den Hof zwischen den Arbeitsräumen der Studenten, der für vielfältige Veranstaltungen – Feste, Ausstellungen, etc. – nutzbar ist.

*Erdgeschoß*

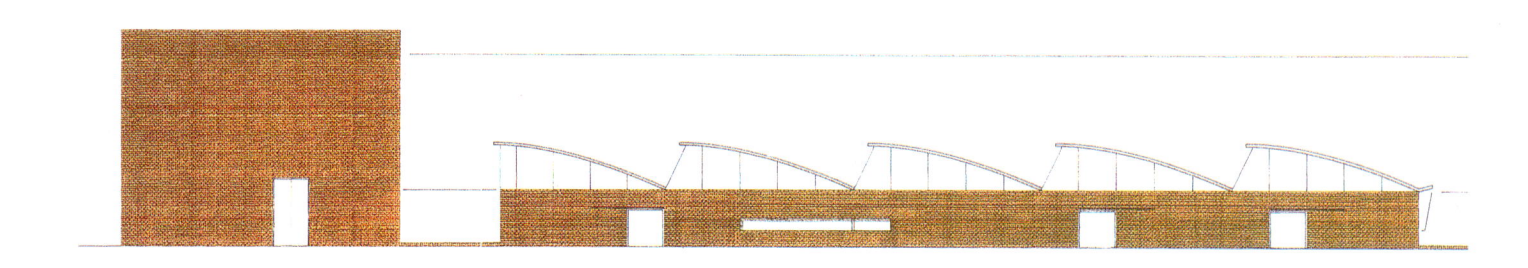

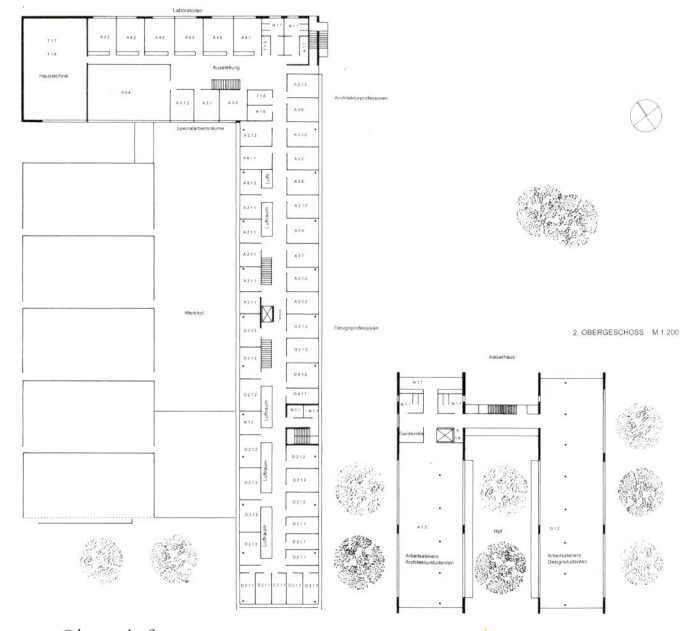

*2. Obergeschoß*

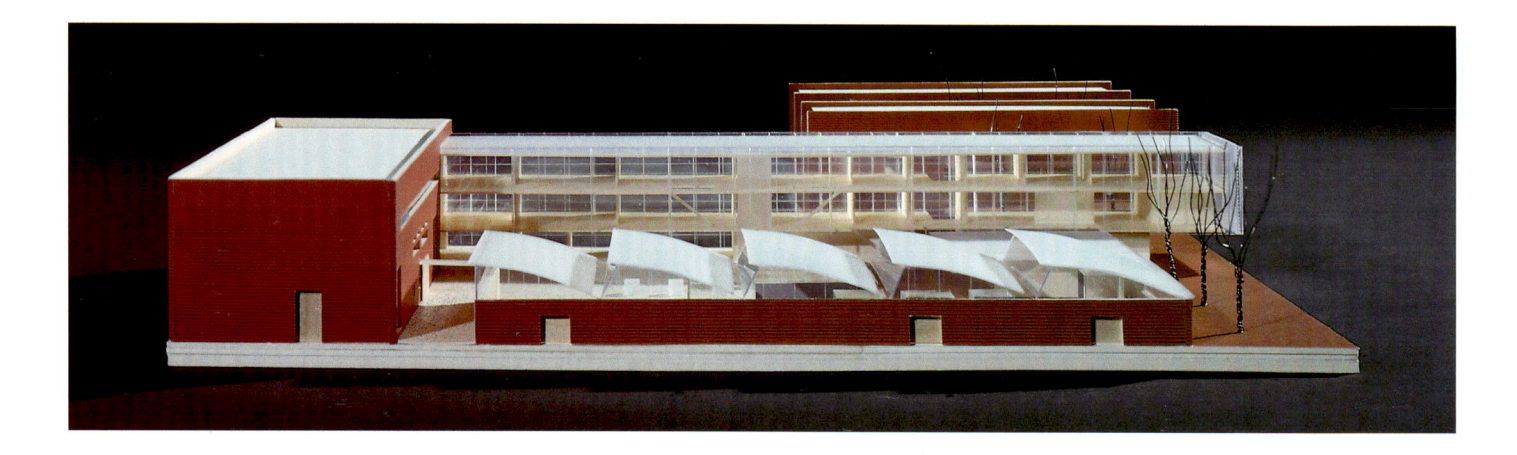

64

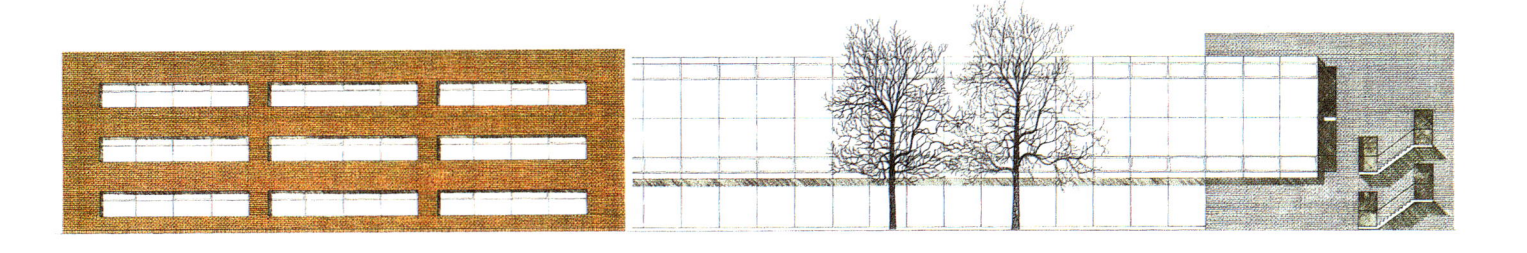

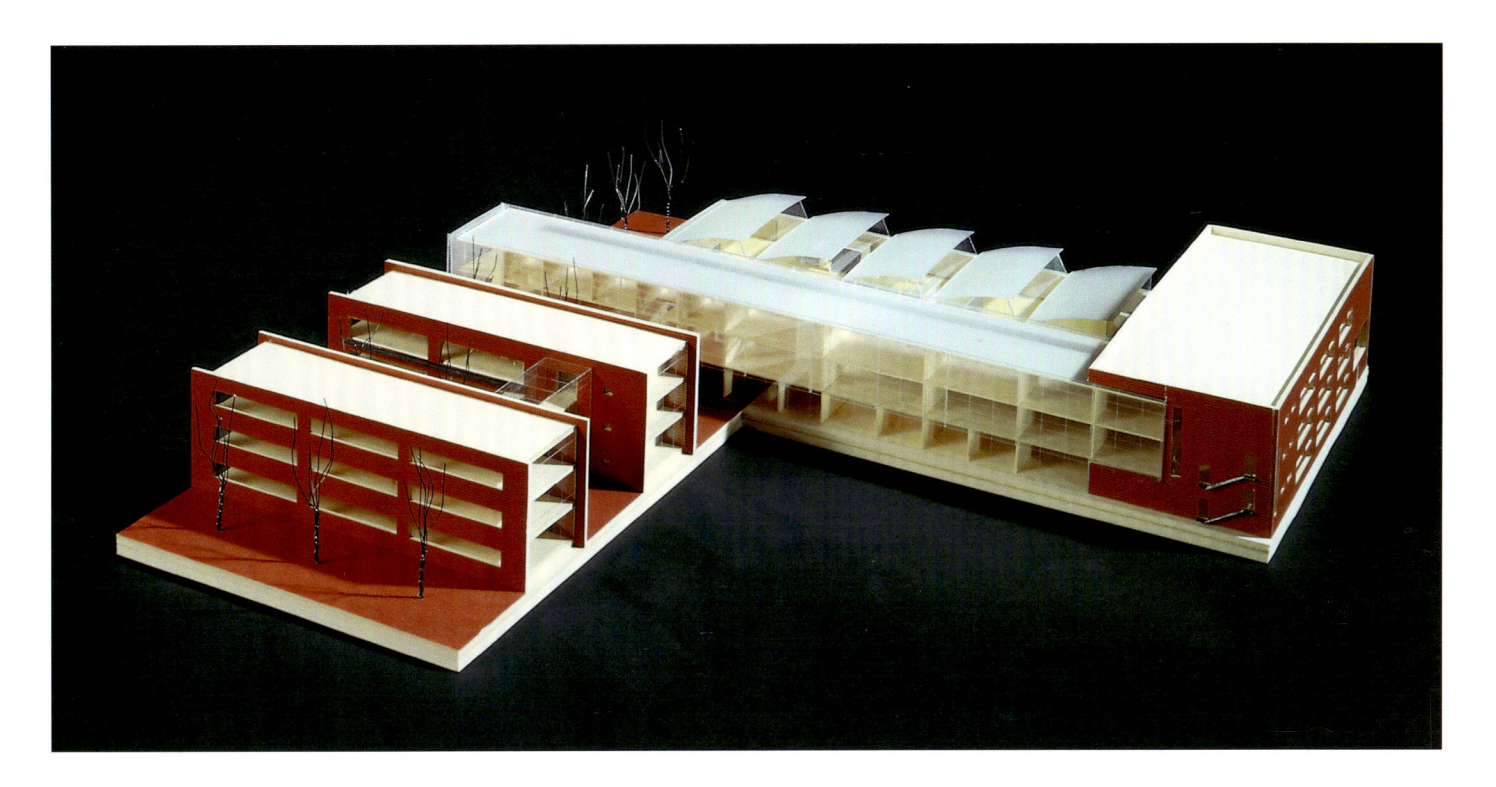

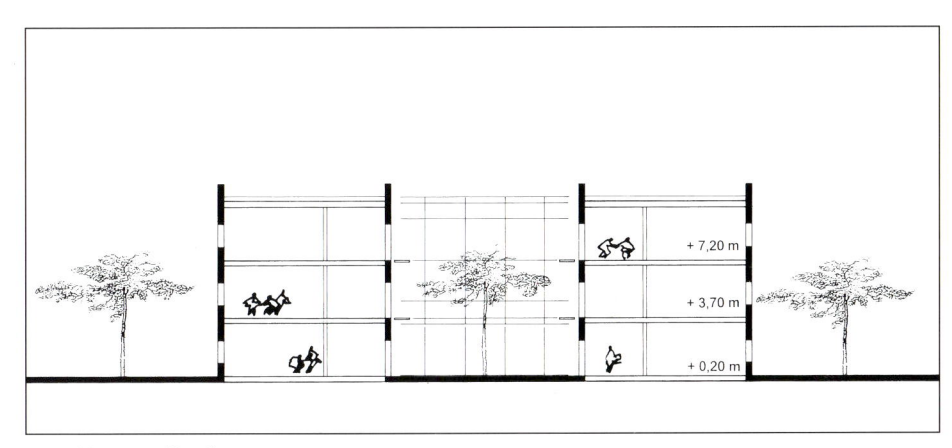

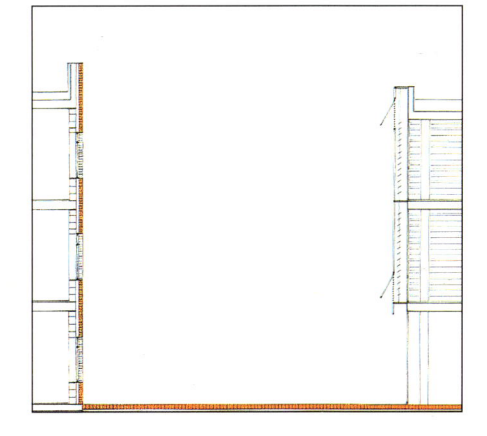

*Gefaltete Ziegelfassade*

65

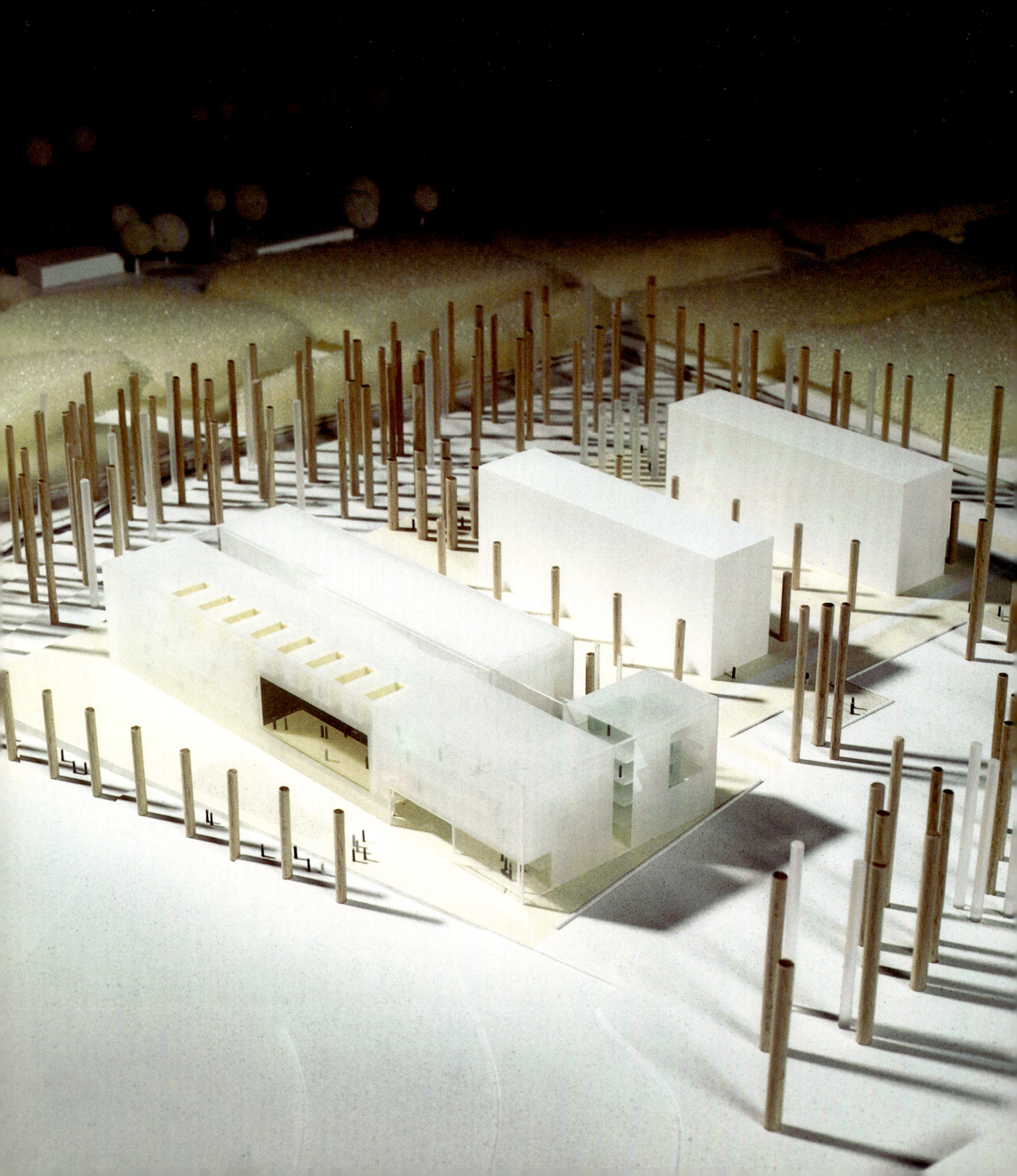

# Bibliothek der Universität Potsdam

Das Wettbewerbsgrundstück liegt am Ortseingang des Dorfes Eiche und ist bereits mit drei parallelen Plattenbauten bestanden. Der Entwurf sucht eine Lösung aus der schon vorhandenen baulichen Anordnung zu entwickeln und damit die Durchlässigkeit des Geländes zu erhalten.

Der Neubau legt sich in die vorderste Reihe der bestehenden Bauten und nutzt den äußersten Plattenbau als Rücken für die Bibliothek, die so zum Eingangsbauwerk des Ortes wird. Der Fußweg führt die Besucher geradlinig von den Institutsbauten am Neuen Palais zum Haupteingang der Bibliothek. Von dort zieht sich eine Eingangshalle mit angegliedertem Innenhof quer durch das Gebäude.

Die innere Organisation beruht auf einem Prinzip der Gegensätze: die Bücherstellflächen sind kompakt angeordnet, jedoch von belichteten Hohlräumen durchbrochen. Der Lesesaal als Herz des Gebäudes eröffnet aus dem Inneren heraus den Blick in die Lenne'sche Landschaft.

*Lageplan mit Verbindung zum Neuen Palais*

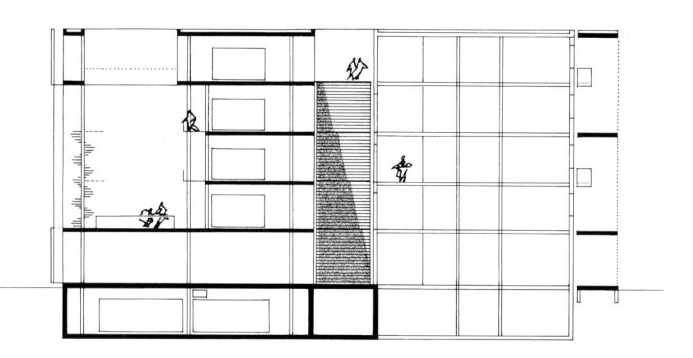

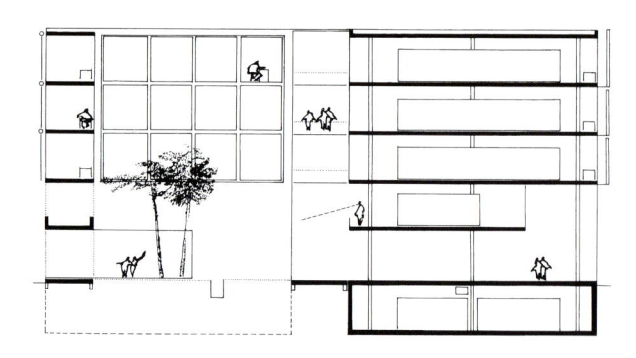

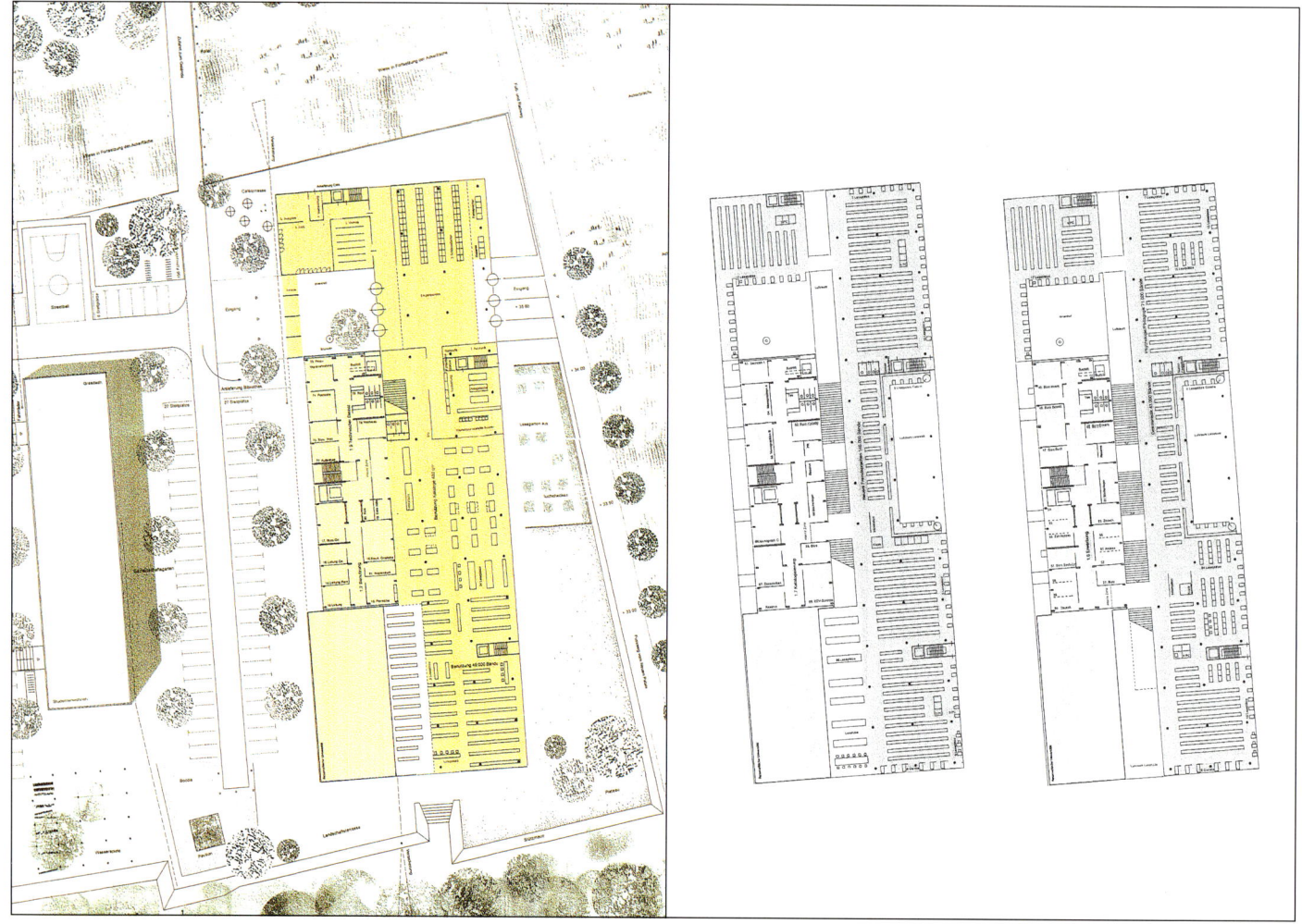

*Erdgeschoß*

*1. Obergeschoß*  *4. Obergeschoß*

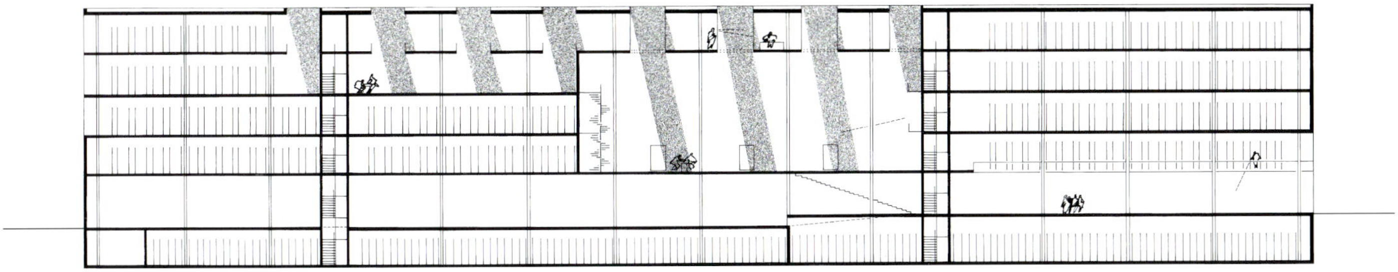

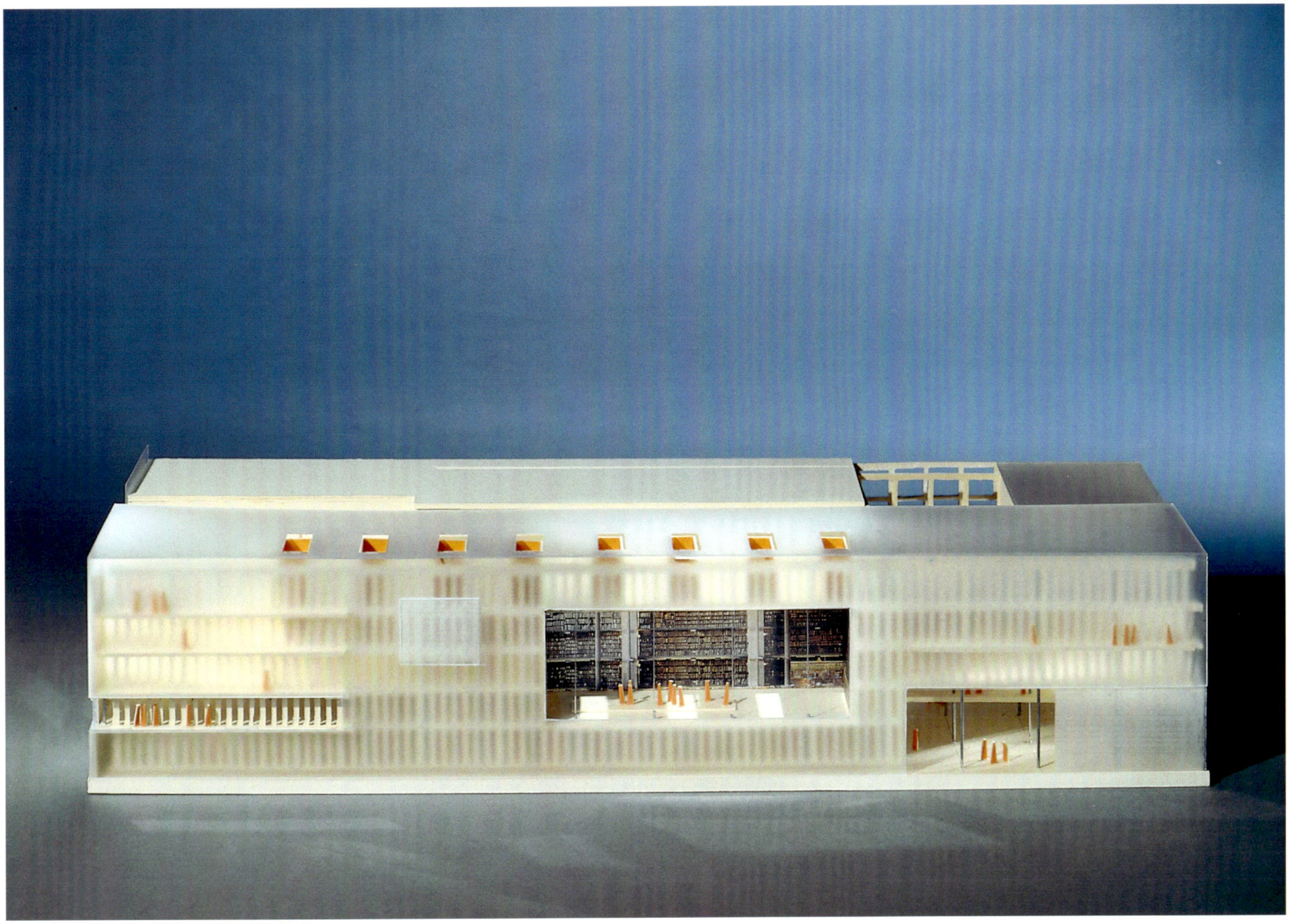

*Erweiterungsbau im Blockinnenraum*

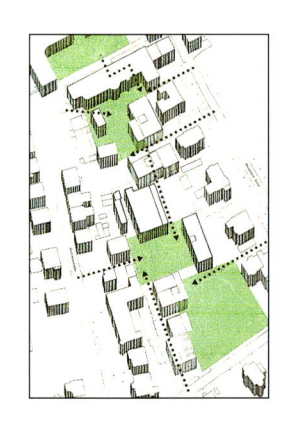

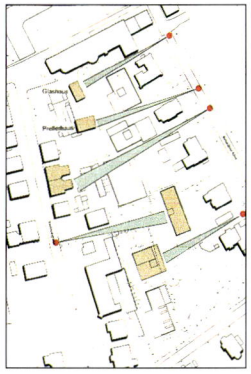

# Erweiterung Architekturfakulät der Bauhaus-Universität Weimar

Für die Bauhaus-Universität Weimar sind als Erweiterung der Architekturabteilung Studentenarbeitsräume gartenseitig an den Henry van de Velde-Bau anzugliedern. Die Belvedereallee und die Bauhausstraße umschreiben ein größeres Areal, das mit einzelnen Häusern entlang der Straßen und auch im Innenraum bestanden ist. Gemeinsam ist ihnen das Freistehende und der mehr oder weniger gärtnerische Zwischenraum.

Der Entwurf sieht zwei einzelne Körper vor, die in einer besonderen Stellung zu den vorhandenen Bauten eingefügt sind.

Die Neubauten sind als Villen konzipiert, weder kleiner noch größer als die des Umfeldes. Die Studienhäuser beinhalten auf jeder Ebene zwei große Räume, an einem Atrium gelegen. Der Baukörper ist ein Haus und soll auch die damit verbundene Intimität ausstrahlen. Möglichkeiten der Veränderung durch die Studenten bestehen darin, die Grade der weiteren Differenzierung – ausgehend von einem Gruppenraum bis zum abgeschotteten Einzelarbeitsplatz – selbst zu bestimmen.

Die Putzfassade wechselt mit geöffneten Flächen, ist farbig, ohne Vorsprünge. Bodenbündige Verglasungen und hölzerne Lamellen bilden einen Rythmus.

*Lüftung im Winter*     *Lüftung im Sommer*

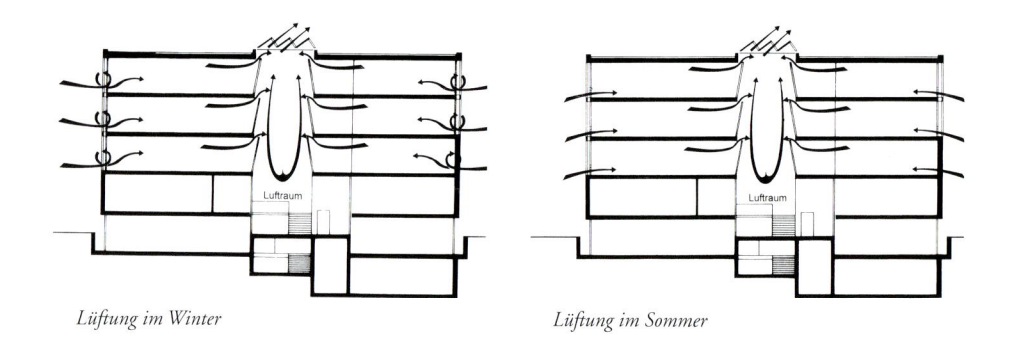

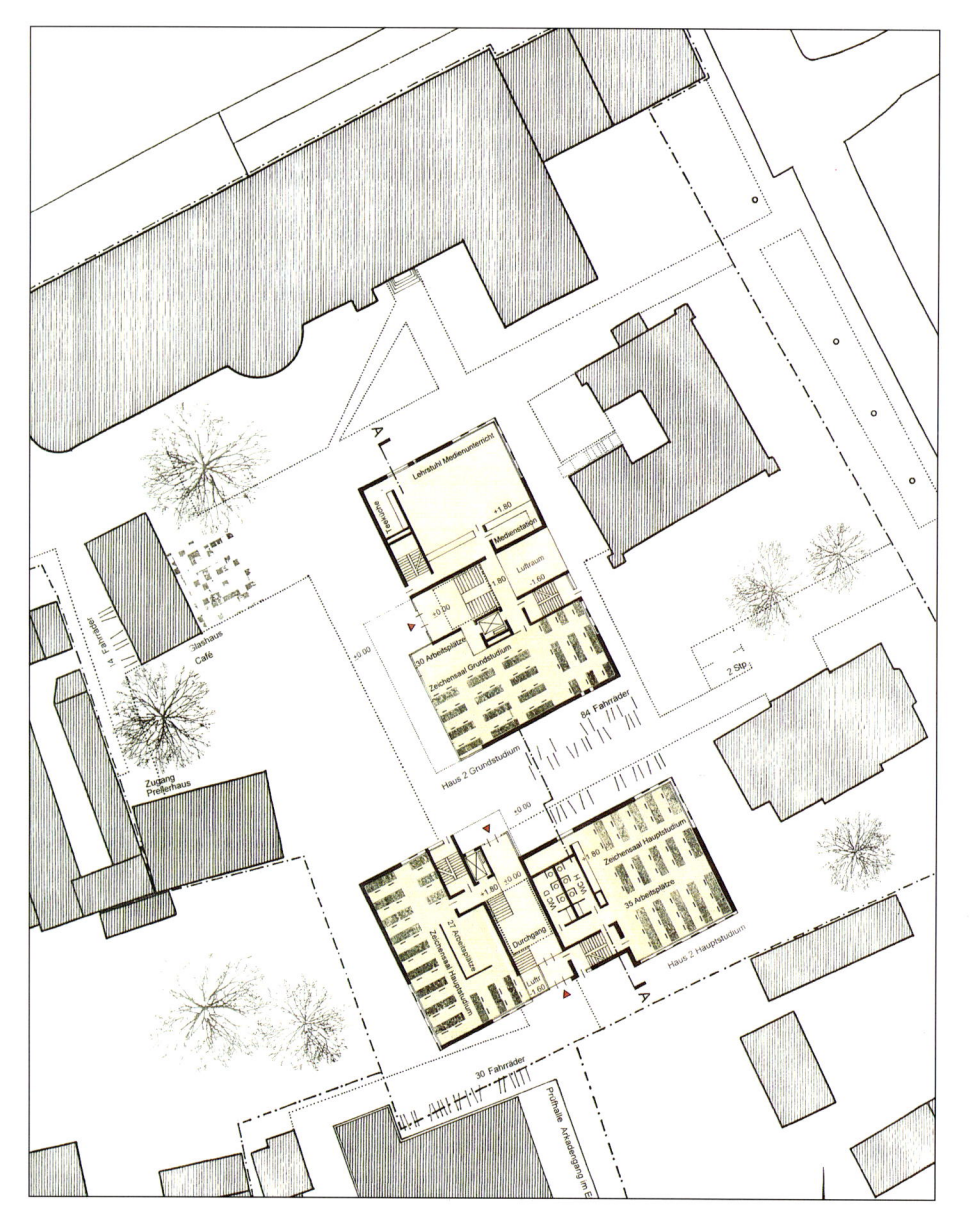

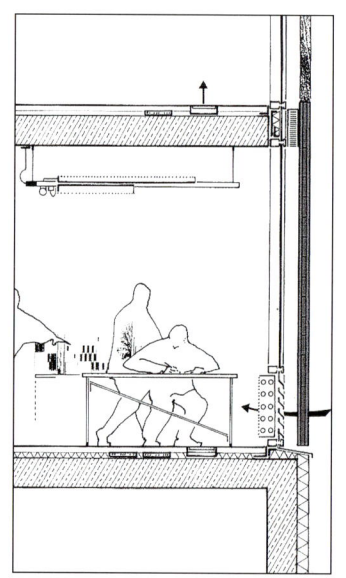

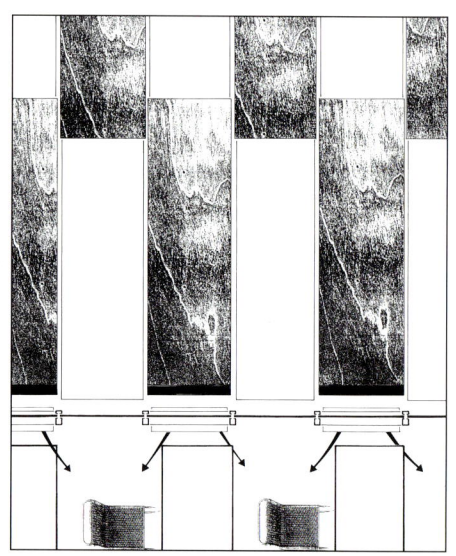

*Schnitt*     *Haus 1*     *Haus 2*

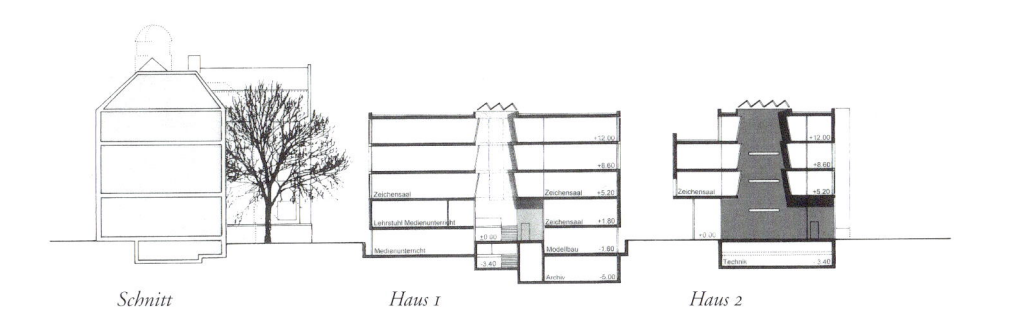

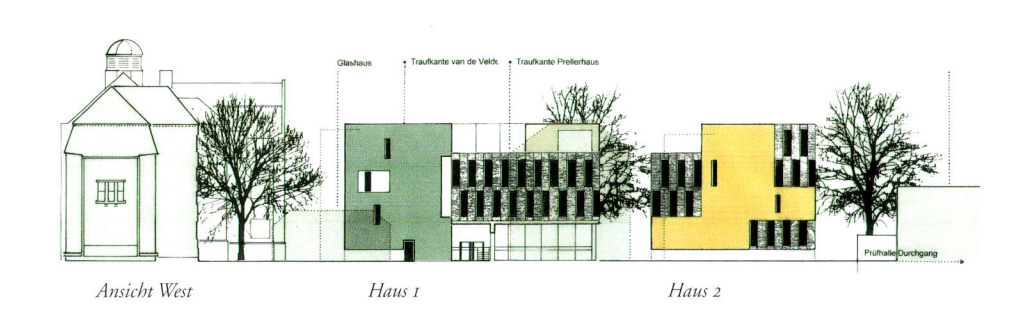

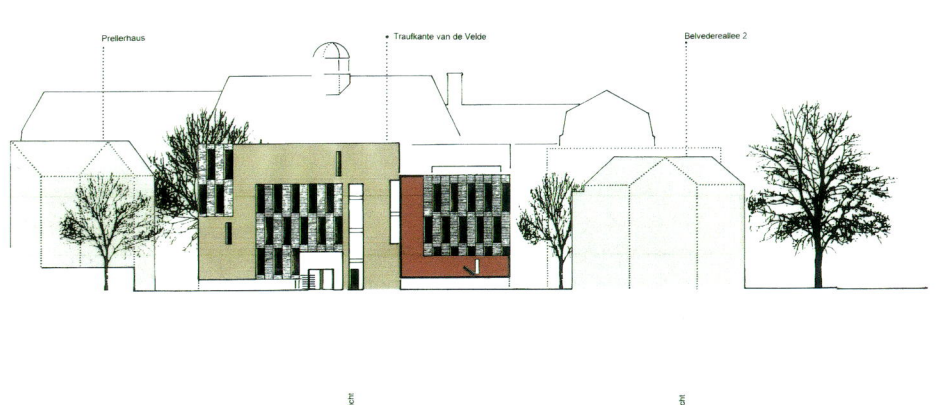

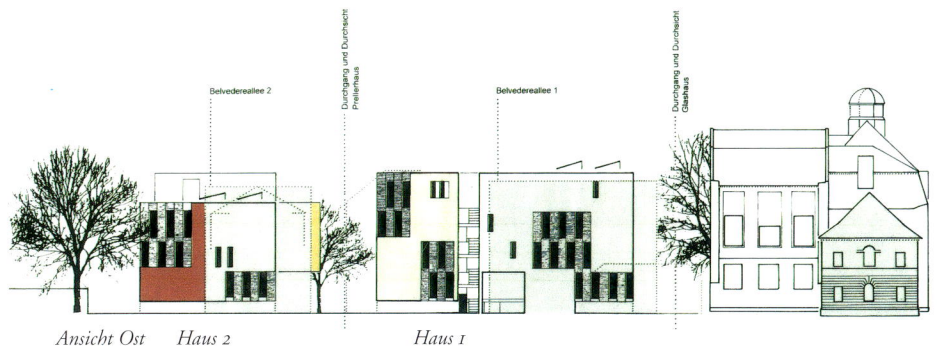

*Ansicht West*     *Haus 1*     *Haus 2*

*Ansicht Ost*     *Haus 2*     *Haus 1*

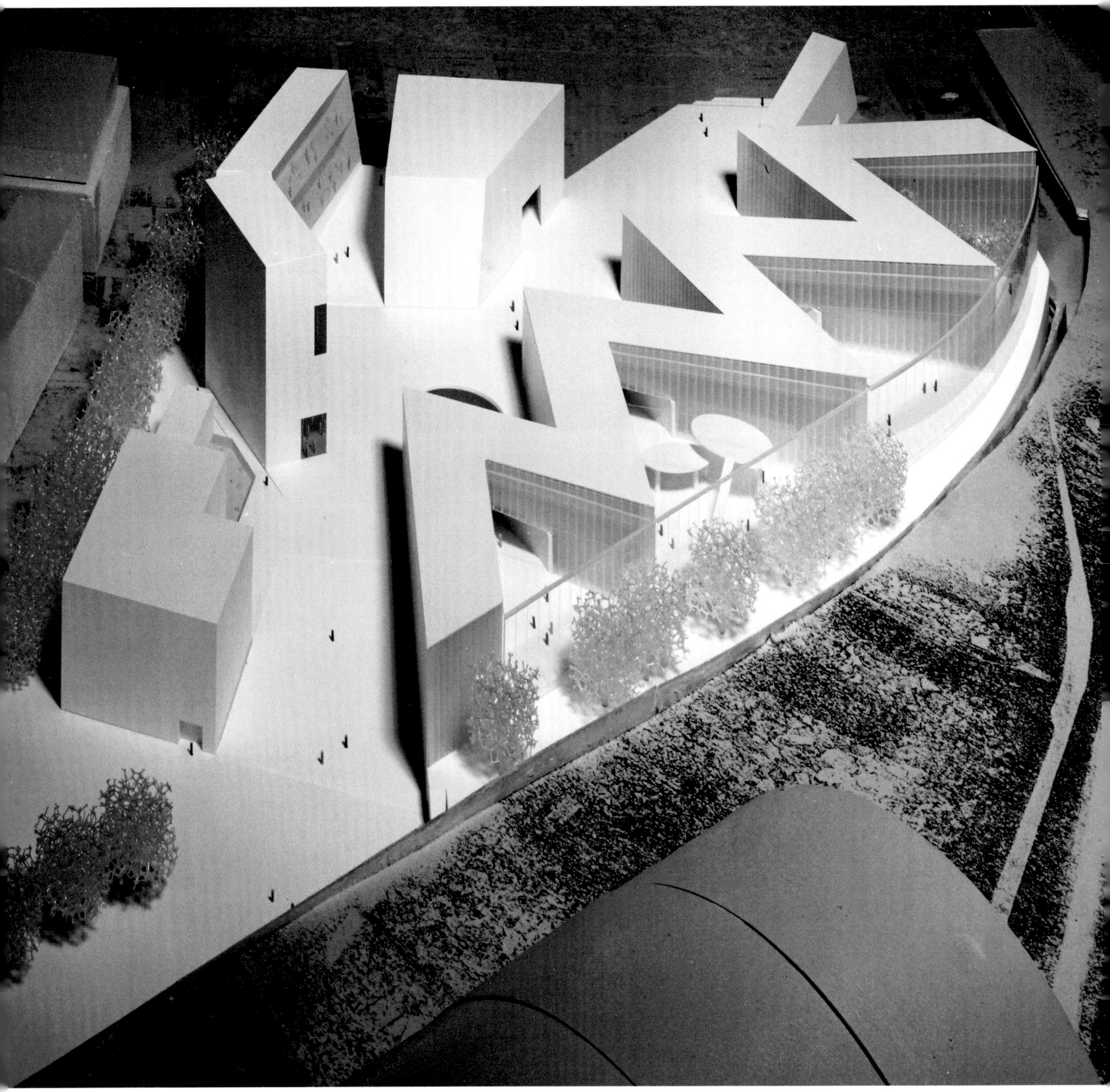

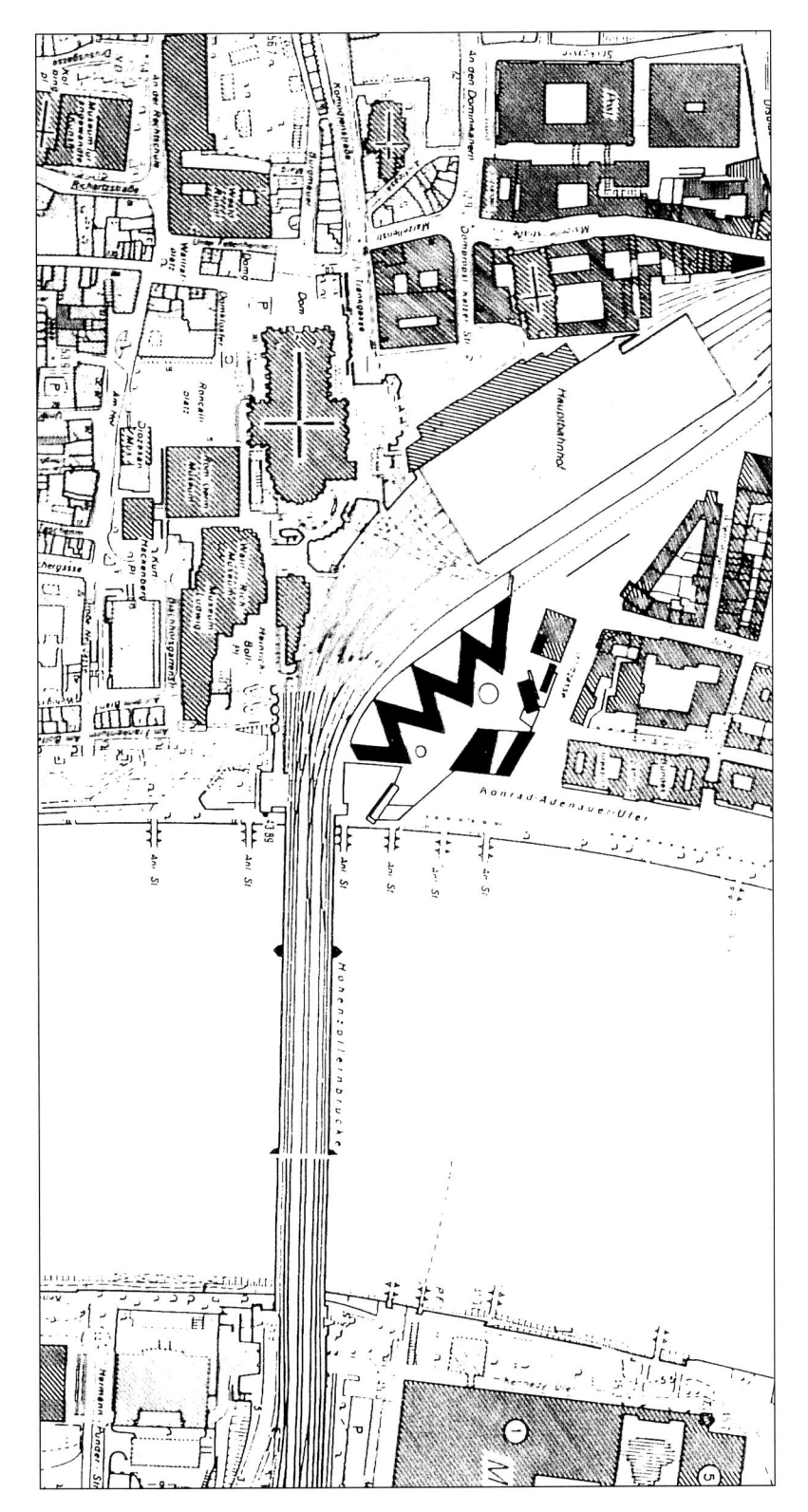

# Bebauung Breslauer Platz, Köln

Die bisherige ‚Rückseite' des Kölner Hauptbahnhofes wird von einer großen Parkplatzfläche belegt. Aufgabe des Wettbewerbes war es, mit einer gemischten Bebauung – bestehend aus Büro- und öffentlichen Bauten – die Barrierewirkung der Bahnanlagen aufzuheben, das anschließende Quartier anzubinden und den Platz als zweiten Hauptzugang zum Bahnhof neu zu ordnen.

Der Entwurf sieht einen entlang der Bahnlinie aufgefalteten großformatigen Baukörper vor. Er erzeugt durch seine Gegenüberstellung mit drei Solitären eine Sequenz von Binnenräumen, die in ihrer Enge die innerstädtische Lage reflektieren.

Der aufgefaltete Baukörper bildet zur Bahnseite hin verglaste Innenhöfe, die bei der Einfahrt in den Bahnhof Einblicke wie in große Zimmer ermöglichen. Umgekehrt eröffnet sich aus den Höfen hinweg über die Gleise der Blick auf den Dom.

Die Gebäude sind in eine zum Rhein geneigte Platzebene eingearbeitet, unter der ein Busbahnhof und Parkebenen direkt an den Hauptbahnhof anschließen.

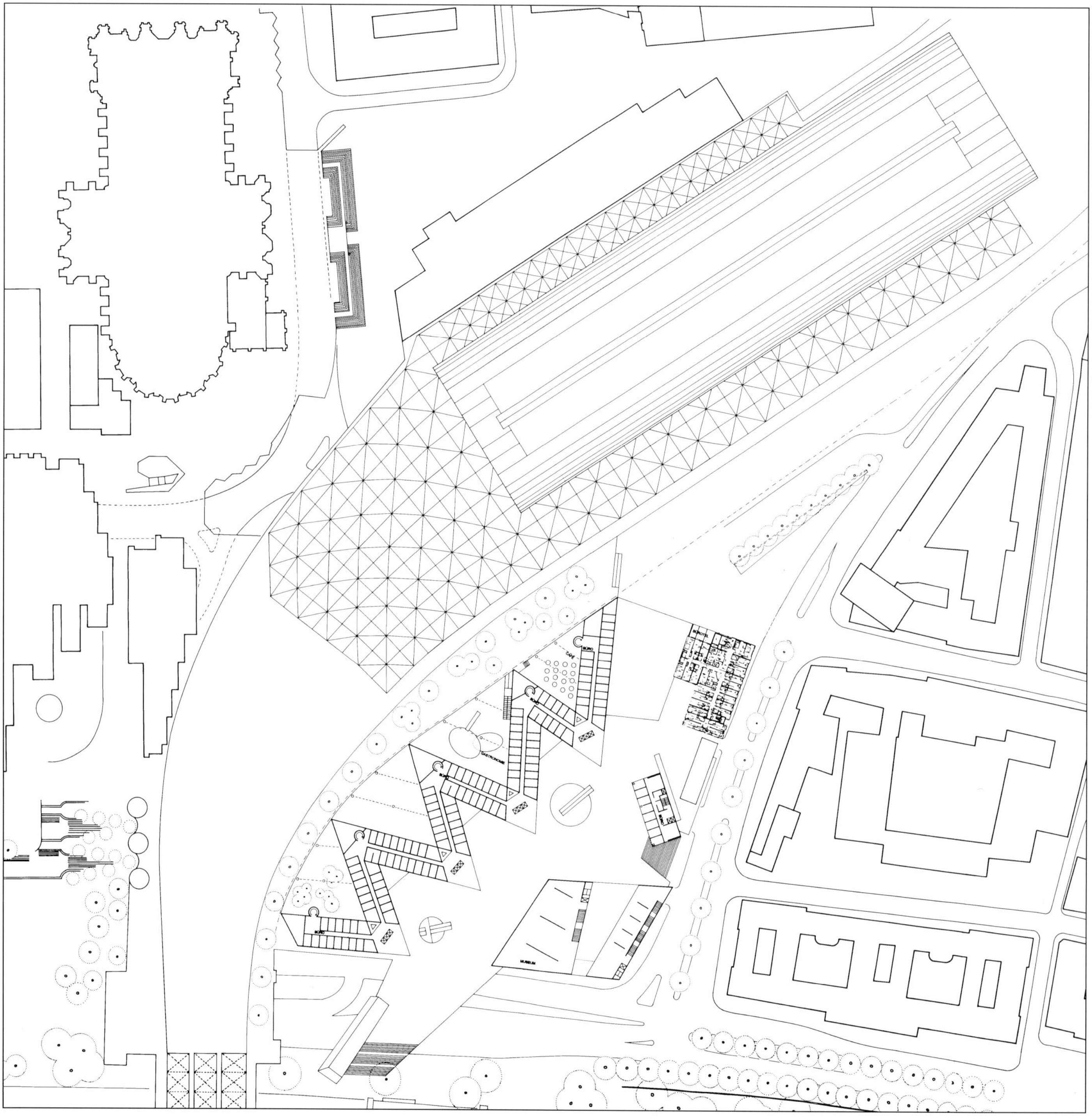

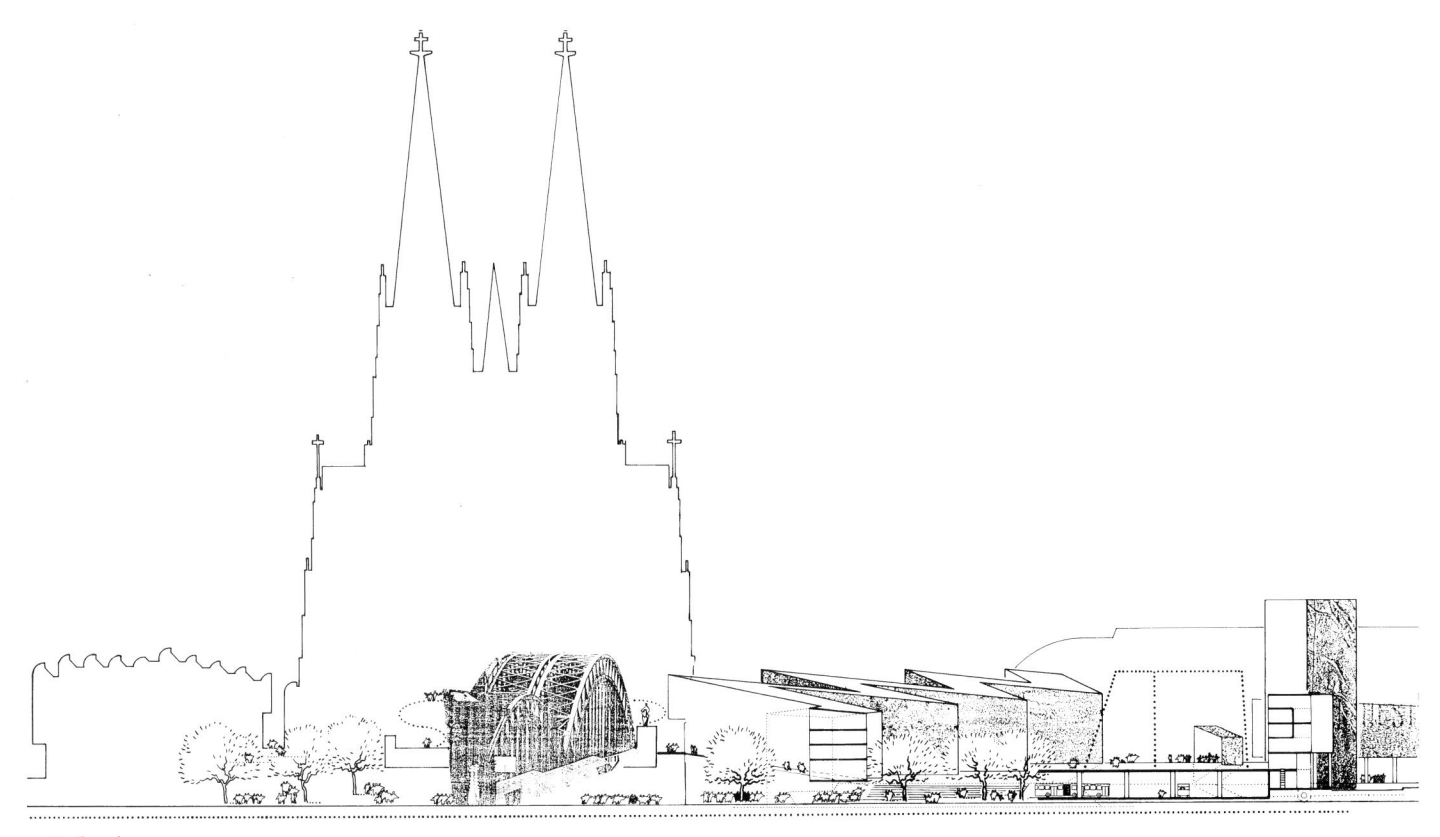

*Ostfassade*

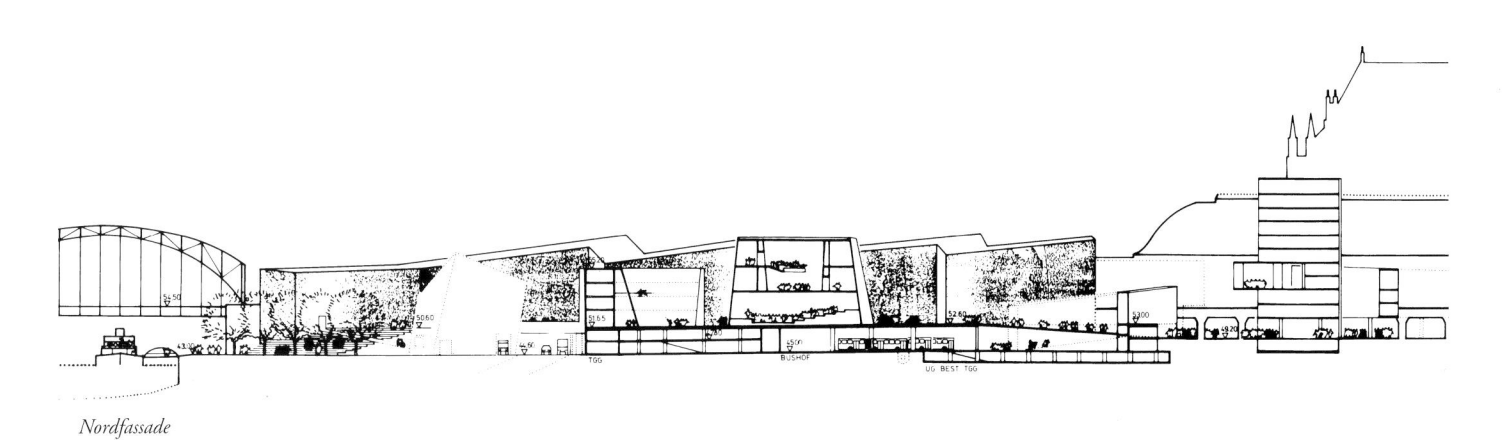

*Nordfassade*

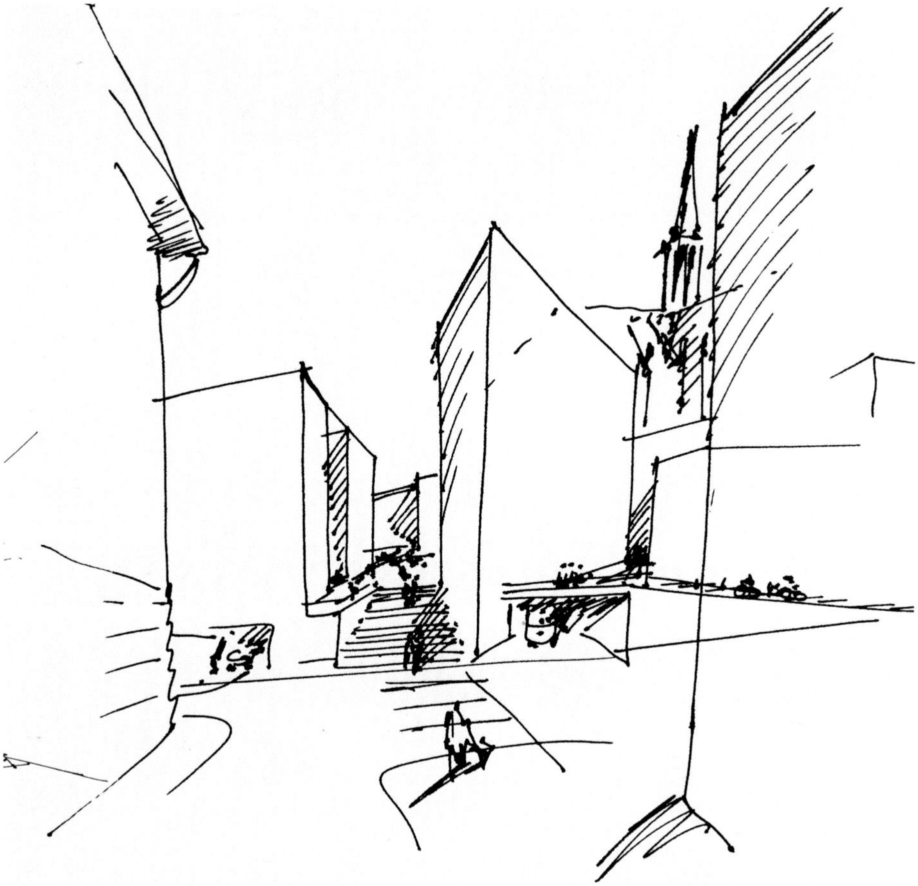

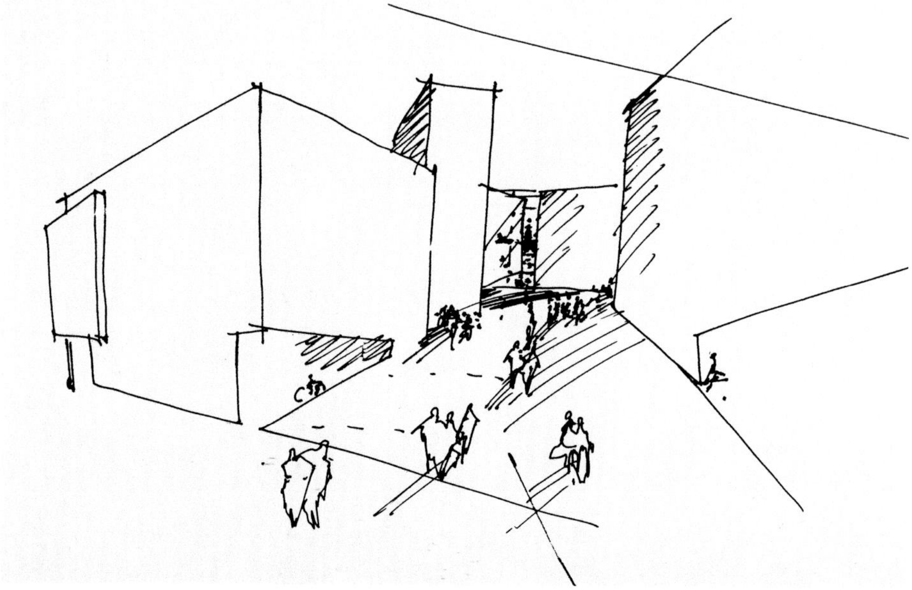

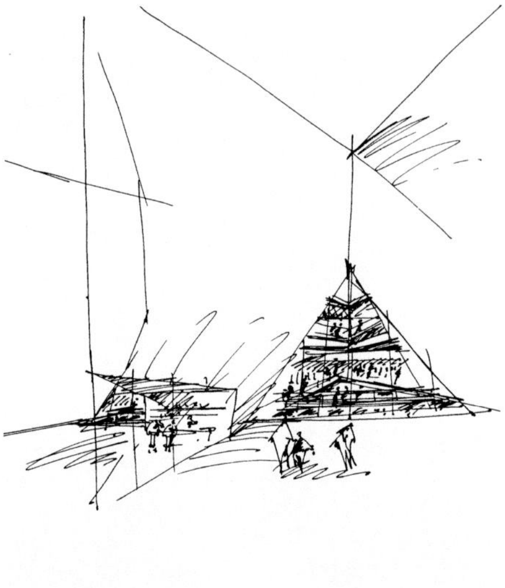

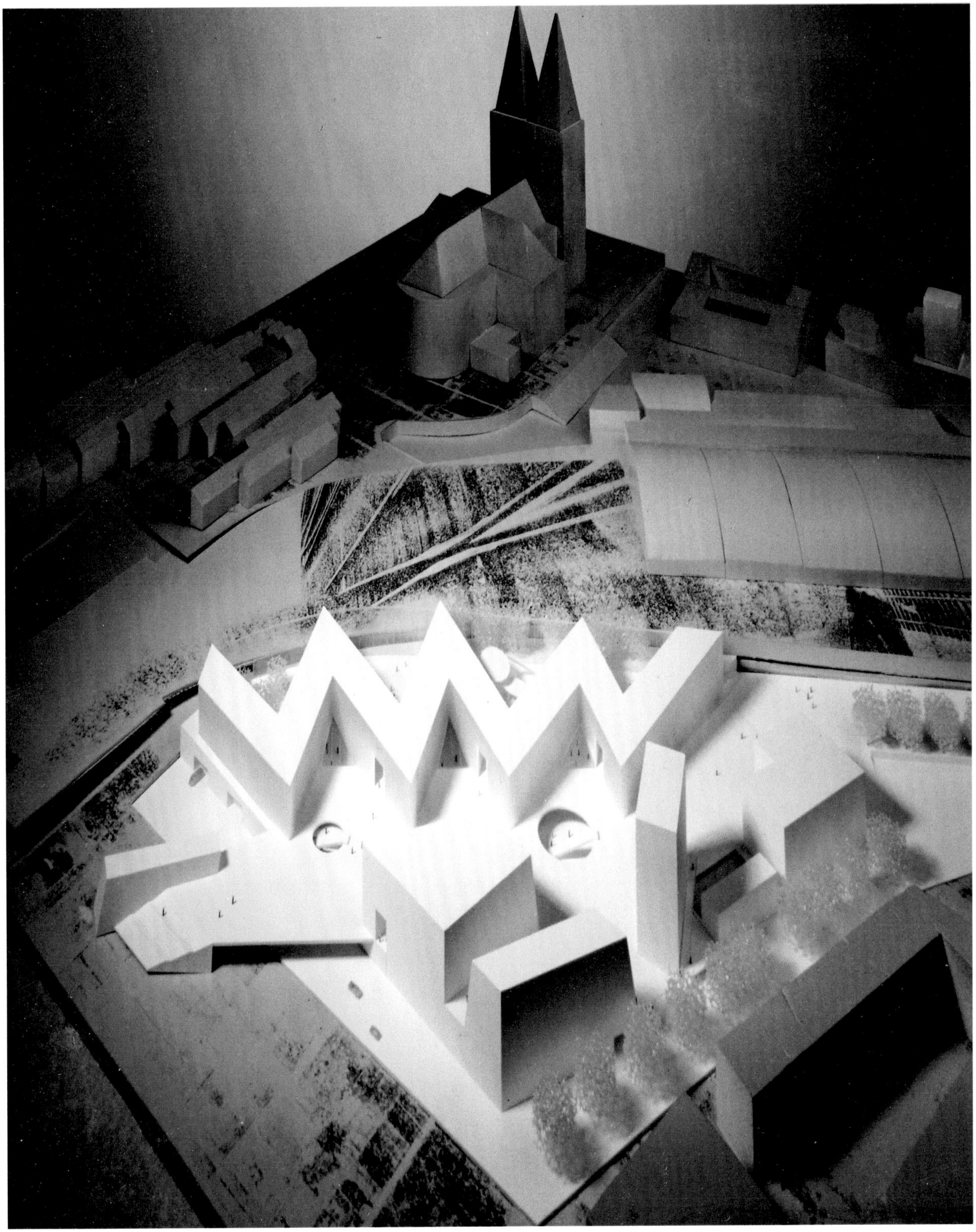

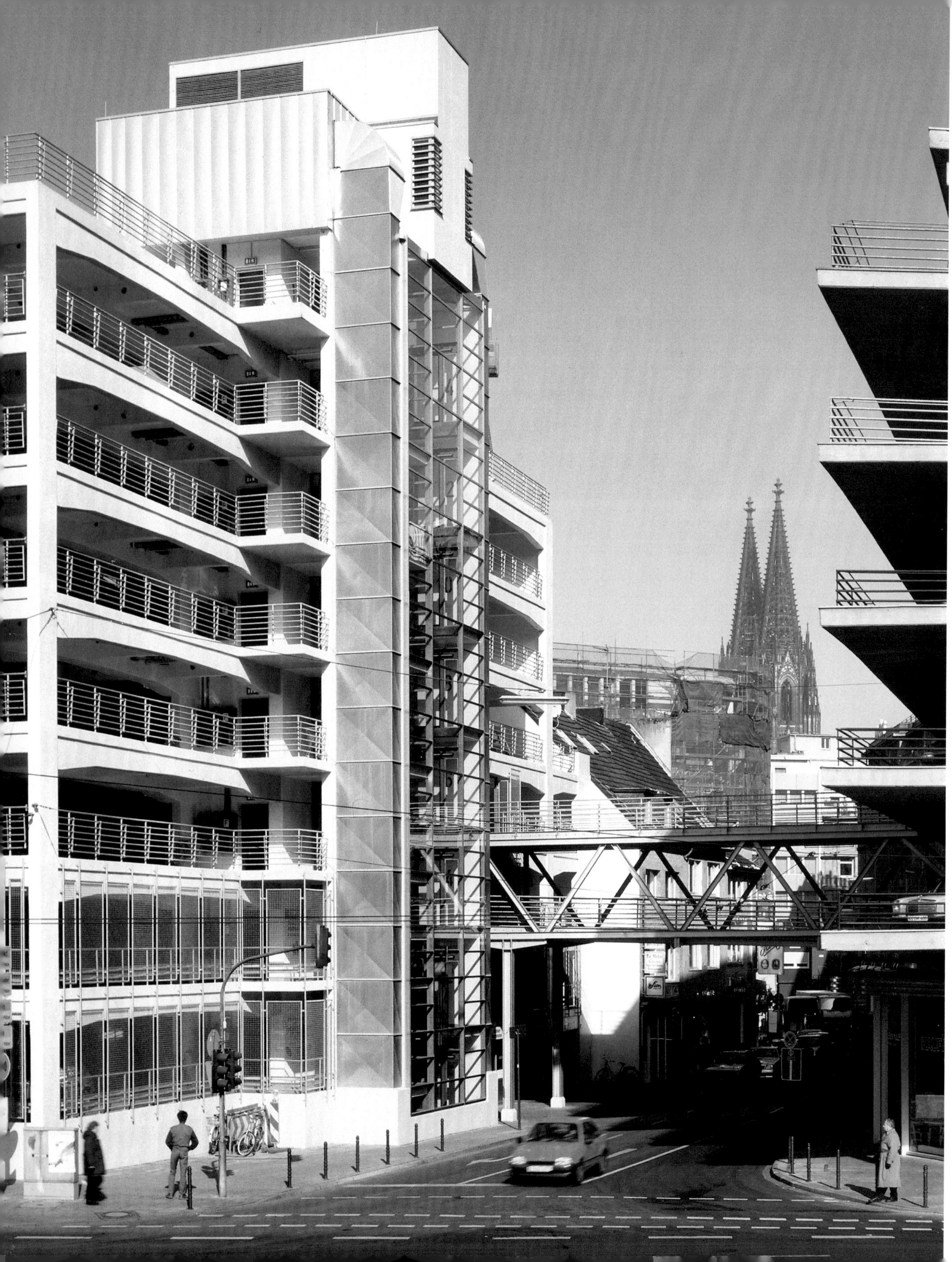

# Parkhaus mit Büronutzung, Köln

Das Grundstück eines Kaufhauses liegt an dem verkehrsreichsten Knotenpunkt Kölns, Cäcilienstraße/Nord-Süd-Fahrt, unmittelbar neben dem Hauptgeschäftshaus mit seinen Parketagen. Da dort zusätzliche Verkaufsfläche gewonnen werden sollte, mußte die Parkfläche in ein neues Parkhaus mit ca. 400 Stellplätzen ausgelagert werden, das mit einer befahrbaren Brücke angebunden ist.

Die Geometrie der in splitlevel versetzten Parkgeschosse ist rechtwinklig.

Die gestapelten Betontische werden jedoch in die zweite Reihe verwiesen und mit anderen Baukörpern verschiedener Nutzung – Büros und Läden – ergänzt, so daß sich eine Gruppe ergibt, die mit einer geschwungenen Wand zur Straße hin diszipliniert ist. Großflächige Wandöffnungen, Arkaden, schubladenförmig vorgeschobene Bauteile sind Elemente des Spiels mit der Durchlässigkeit der konturbildenden Wand, die dem Verlauf der Straßenkrümmung folgt.

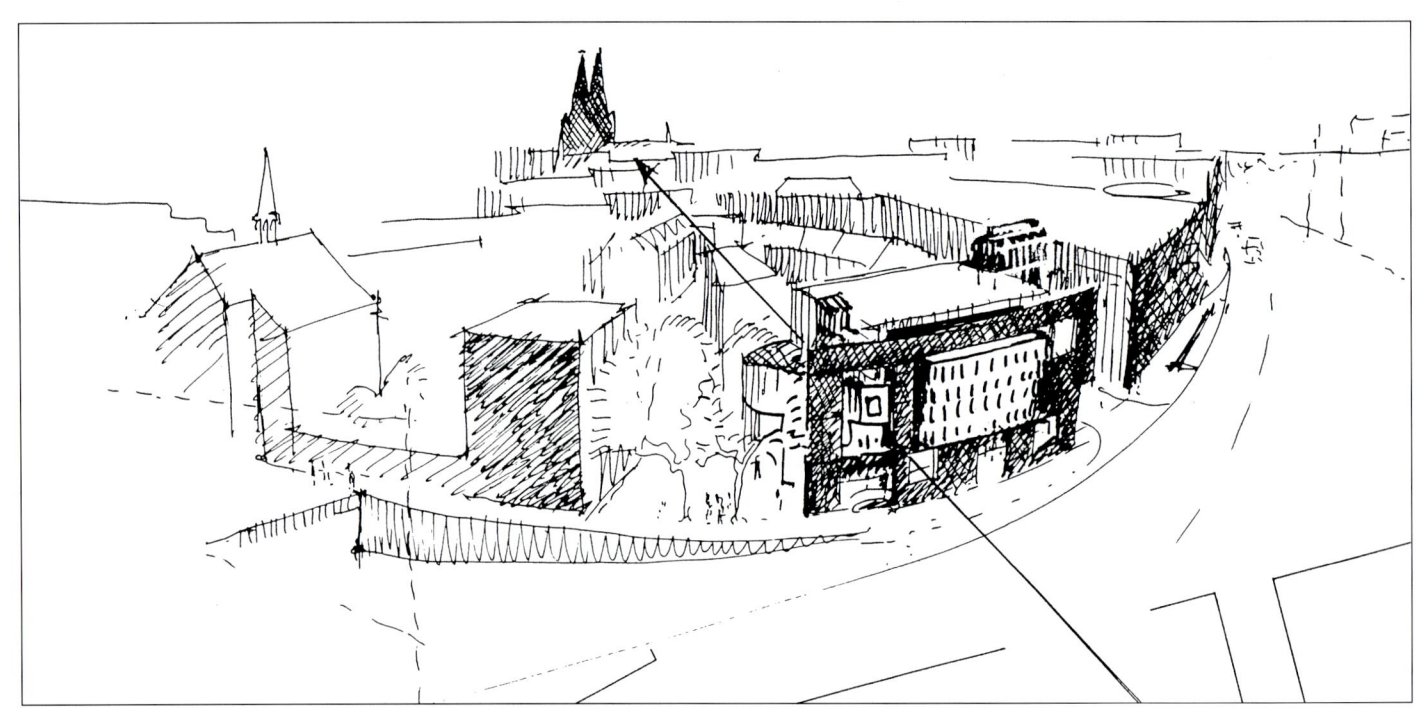

*Skizze Wettbewerb*

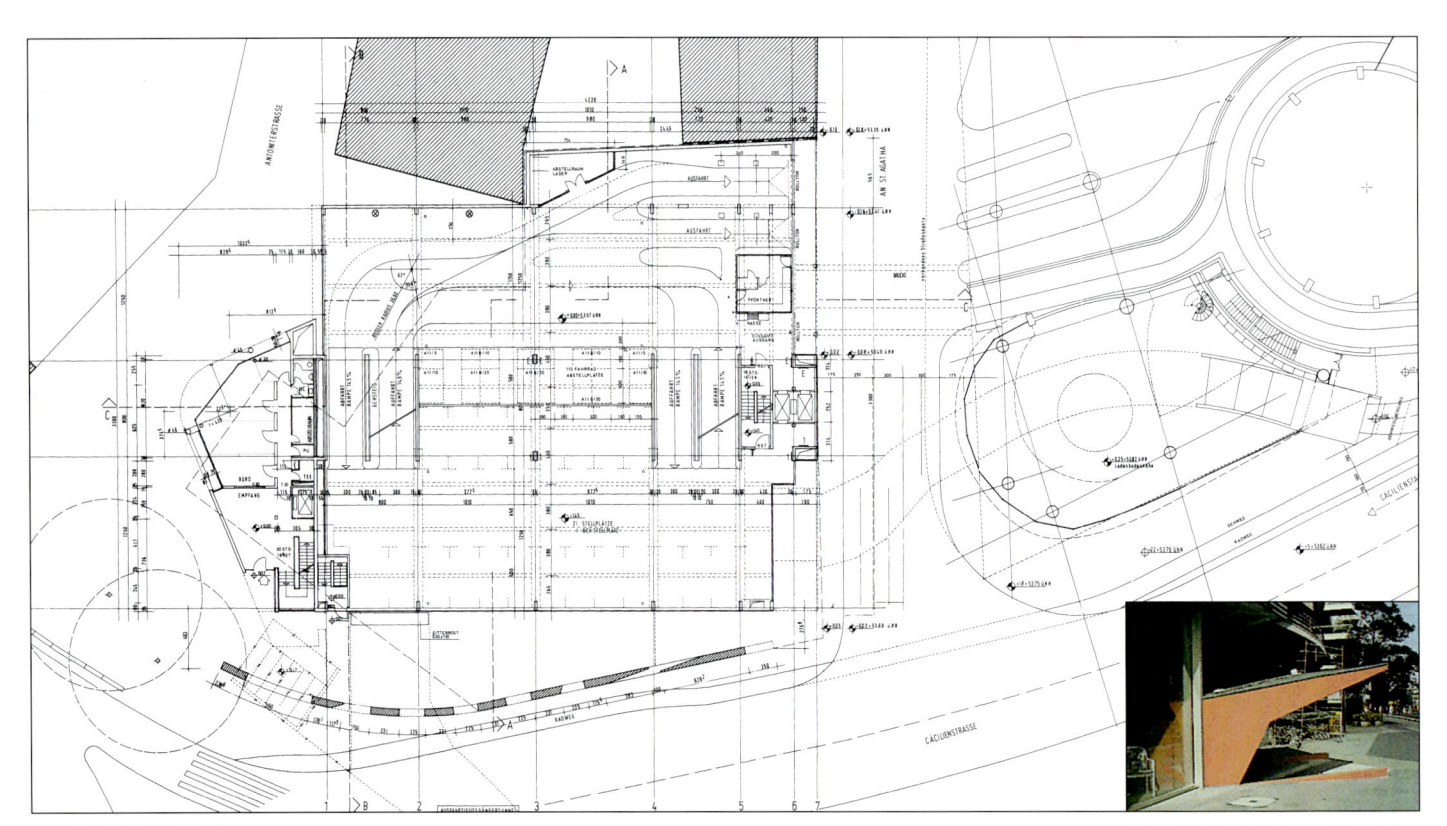

*Erdgeschoß mit Arkade*

*Zufahrt durch das Nachbargebäude*

82

83

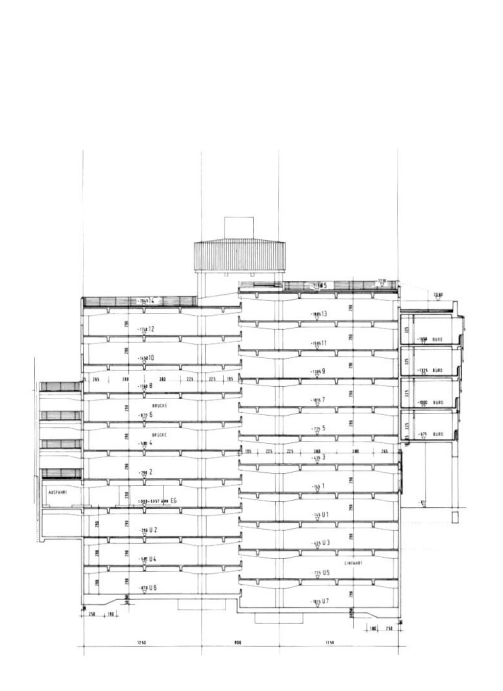

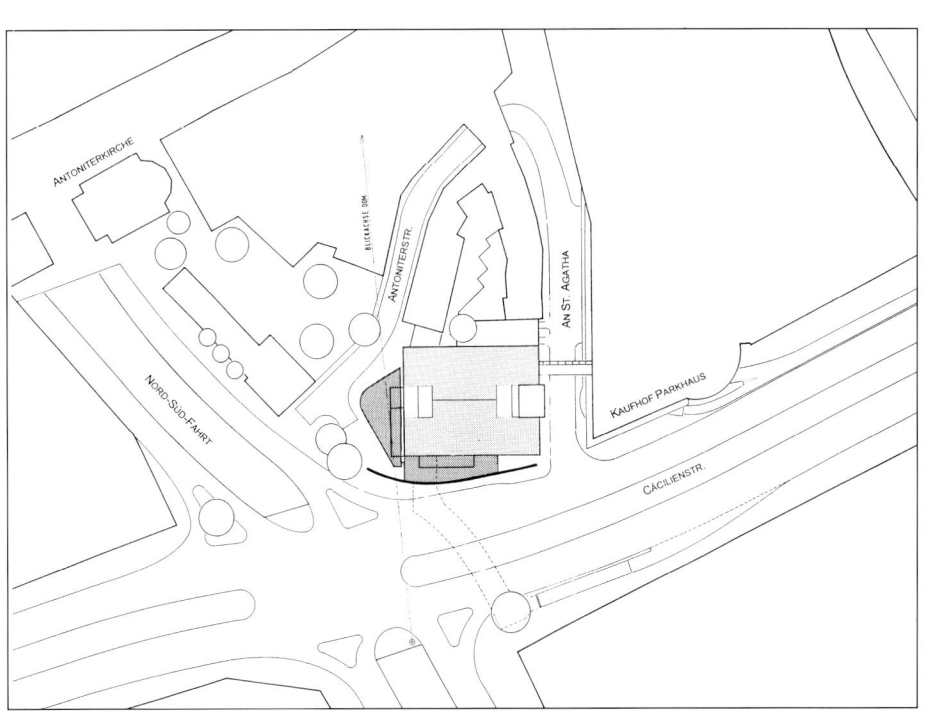

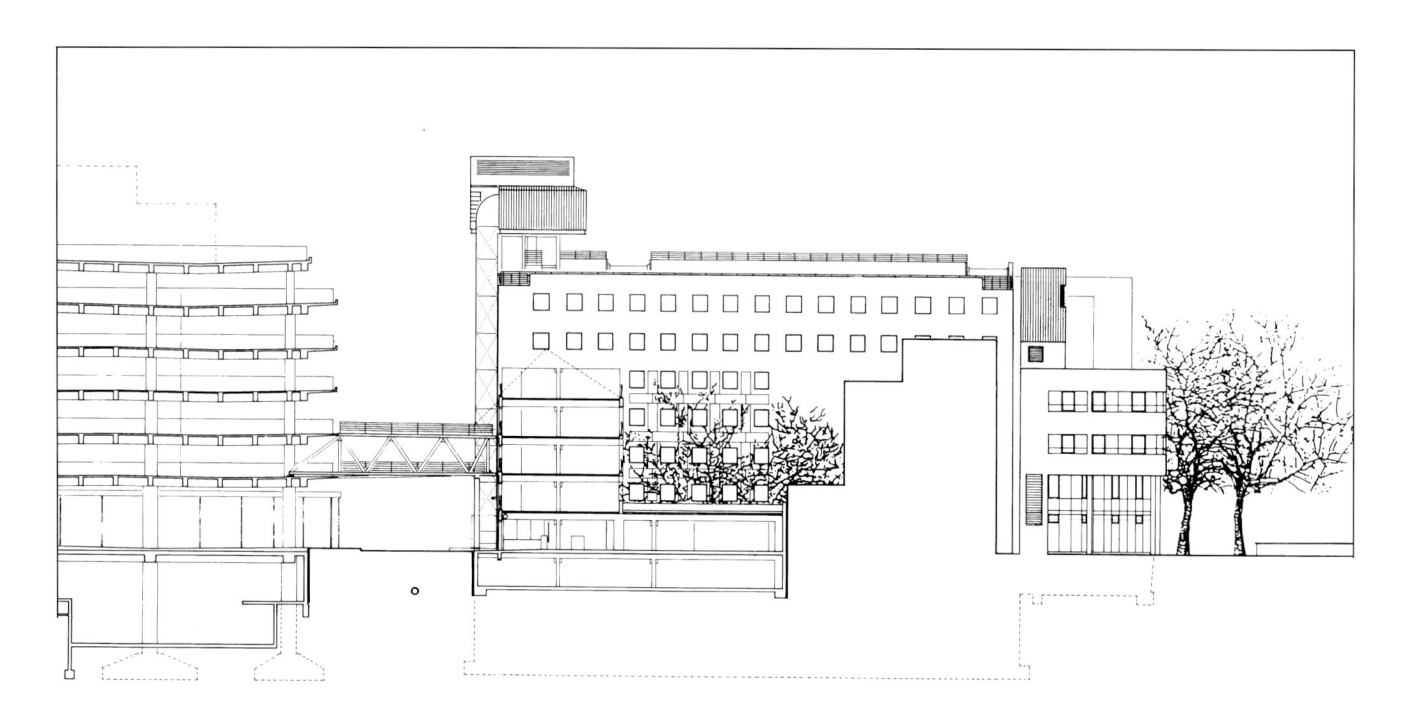

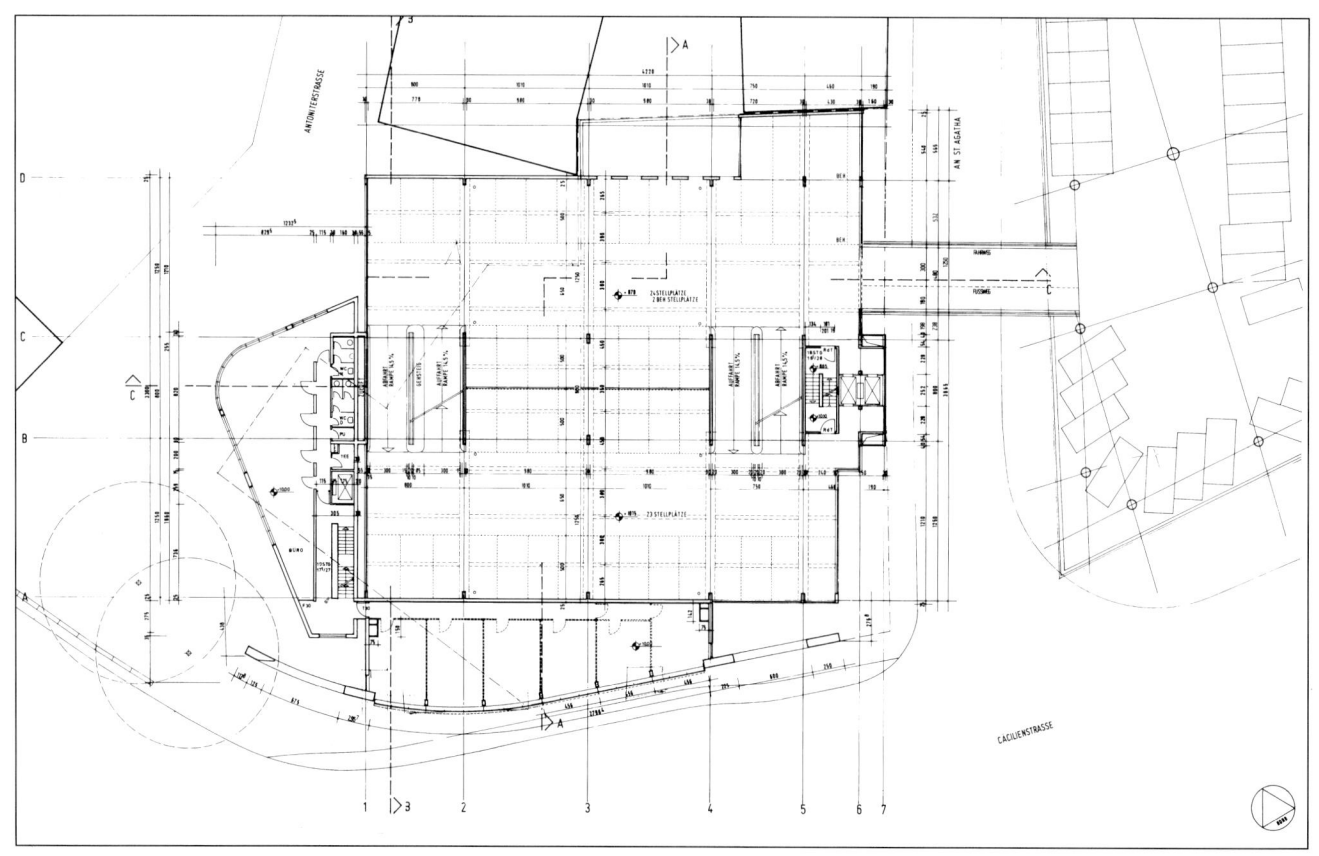

*2. Obergeschoß mit Brückenverbindung und vorgelagertem Bürocontainer*

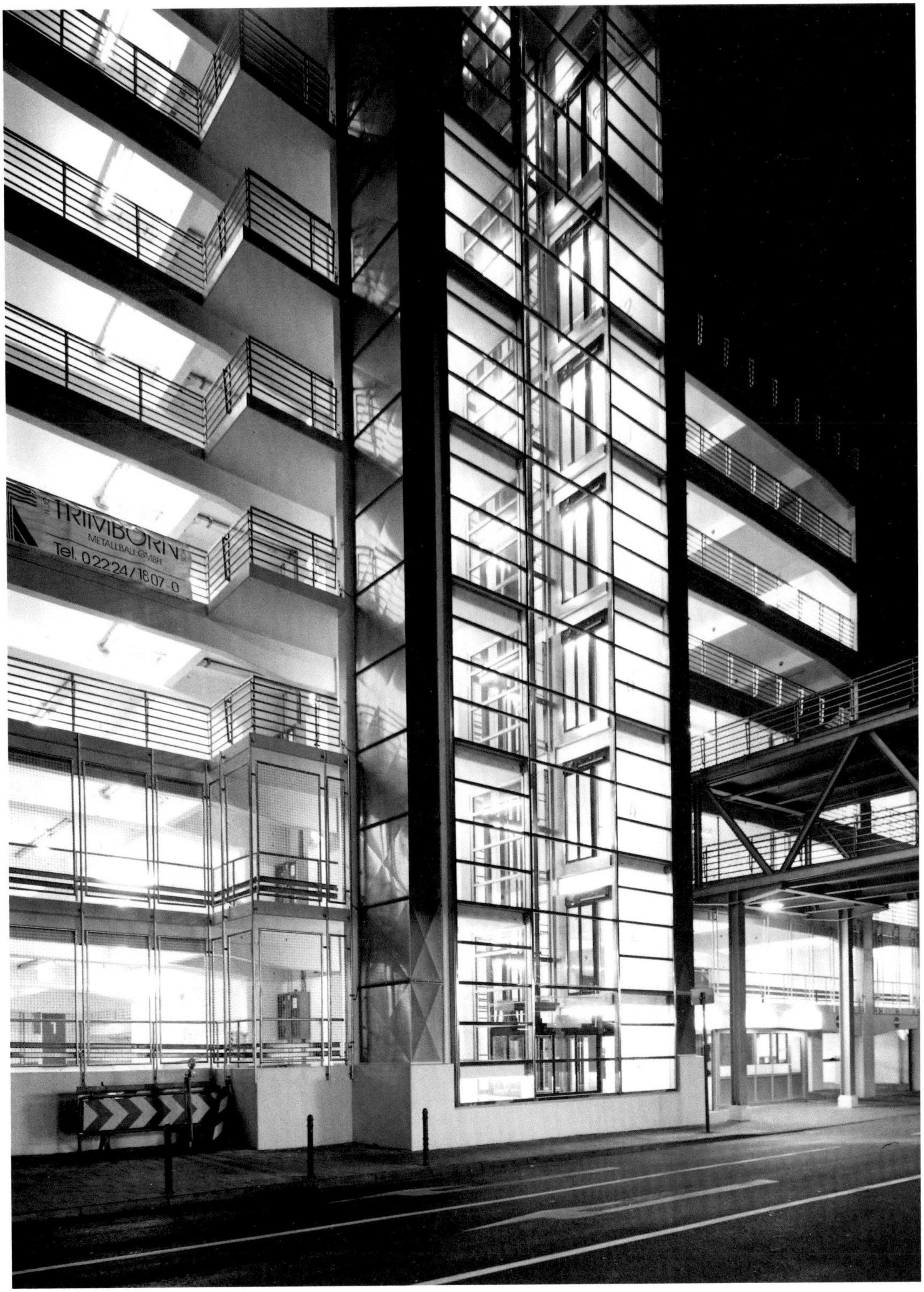
TRIMBORN
METALLBAU GMBH
Tel. 02224/1807-0

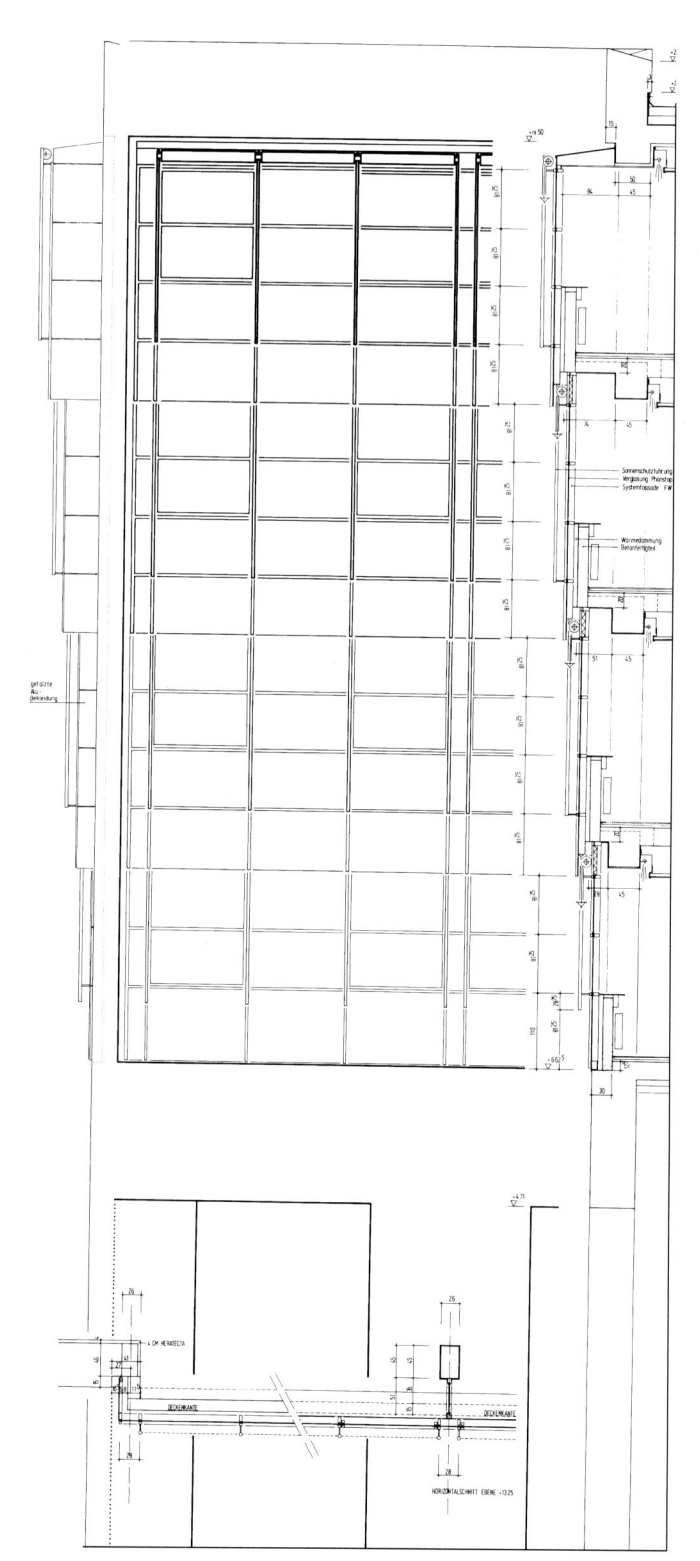

*Die Glasfassade springt jeweils um die Tiefe des Sonnenschutzes versetzt vor*

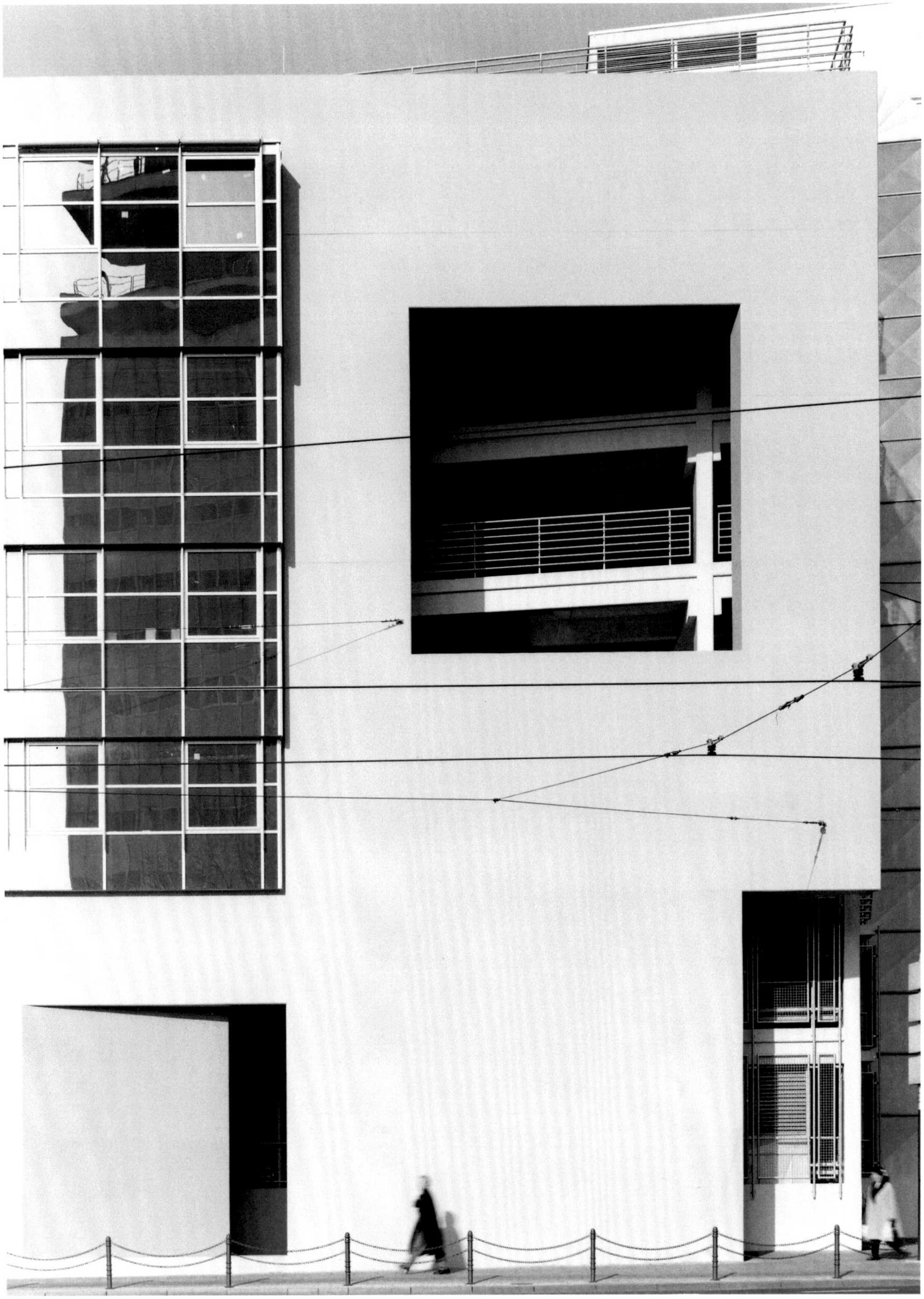

88

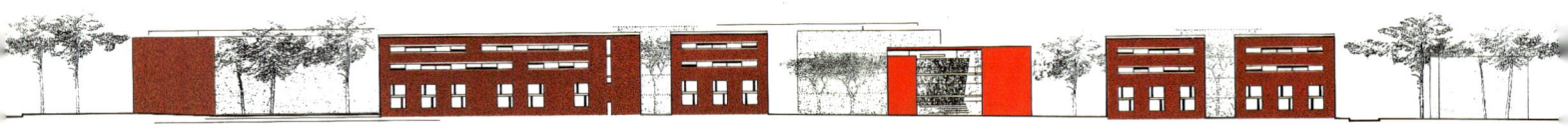

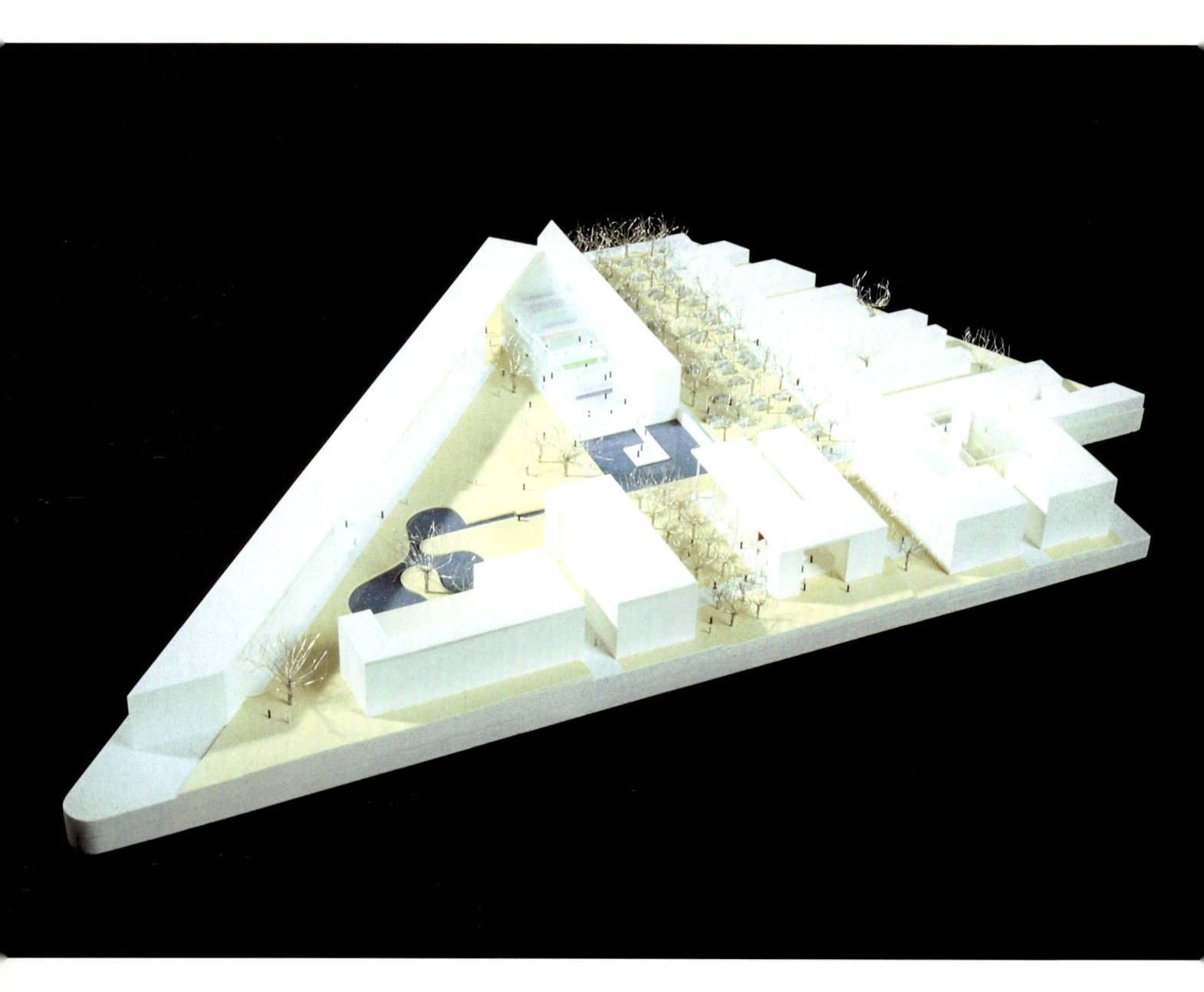

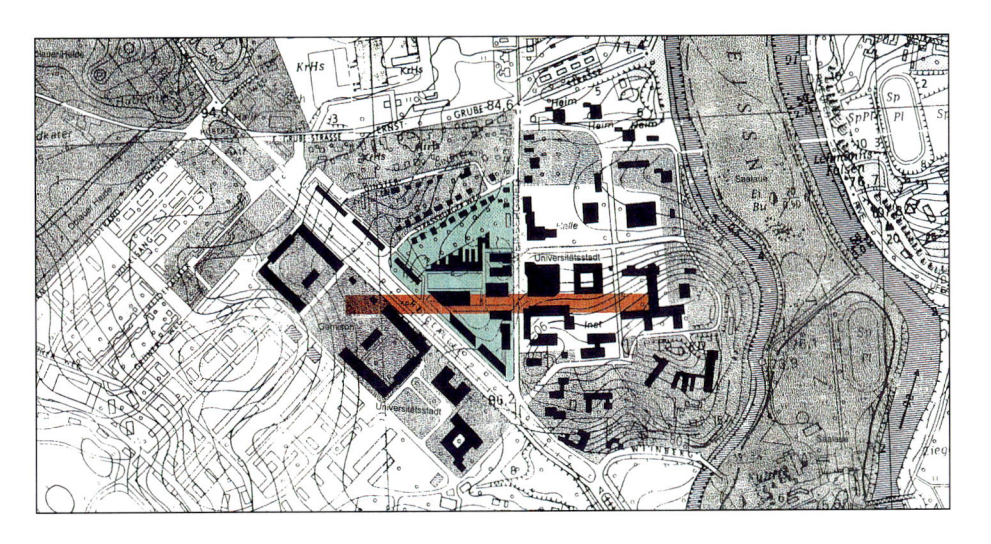

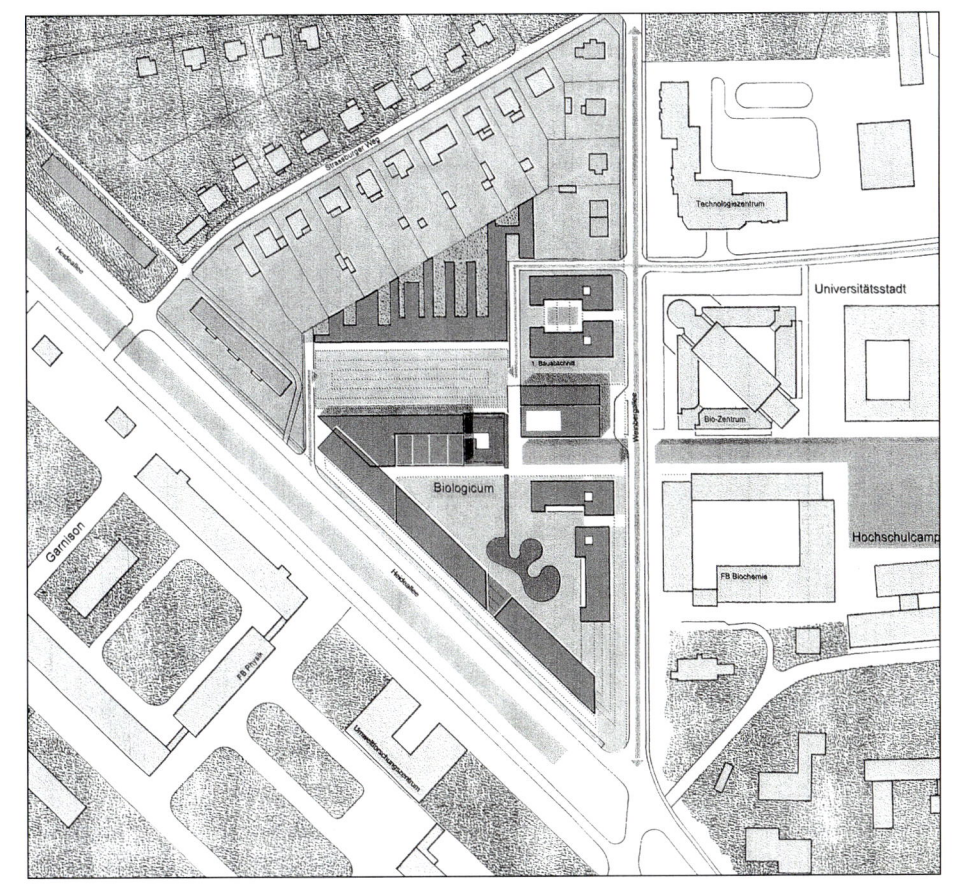

# Biologicum der Martin-Luther-Universität Halle-Wittenberg

Am Weinberg oberhalb der Saale werden Neubauten für die Universität errichtet. Die Heideallee und der Weinbergweg spannen ein dreieckiges Gelände auf, an dessen östlicher Seite bereits Institutsbauten bestehen. Das westlich gelegene Kasernengelände soll zukünftige Wissenschaftseinrichtungen aufnehmen.

Der städtebauliche Entwurf legt ein Band zwischen diese Orte, an das sich das Hörsaalzentrum und die Zentralbibliothek der Universität angliedern, die Campusmitte bleibt frei. Die vier biolgischen Institute bilden Einzelkörper und werden in Abschnitten realisiert. Die Magazinbauten der Bibliothek stellen eine schlanke Mauer dar, die den Campus abschließt.

Zwei der Institute, jedes als Einzelkörper im Sinne von Bausteinen entwickelt, bilden mit dem eingestellten ‚Gewächshaus' eine blockhafte Einheit.

Die Praktikaräume und der Innenhof sind zusammengefaßt und durch schwarzen Sichtbeton herausgehoben.

Die umschließende Ziegelschale bindet beide Institute zu einem dichten Baukörper dessen lichtdurchfluteter Kern, der als Bewegungs- und Aufenthaltsbereich für Studenten nutzbar ist. Ein Freiraum als Pflanzenhaus im übertragenen Sinne botanischer Institute des 18. und 19. Jahrhunderts.

Die Fassaden zum Gewächshaus sind je nach Erfordernissen als geschlossene oder offene Holzpaneelfelder vorgesehen.

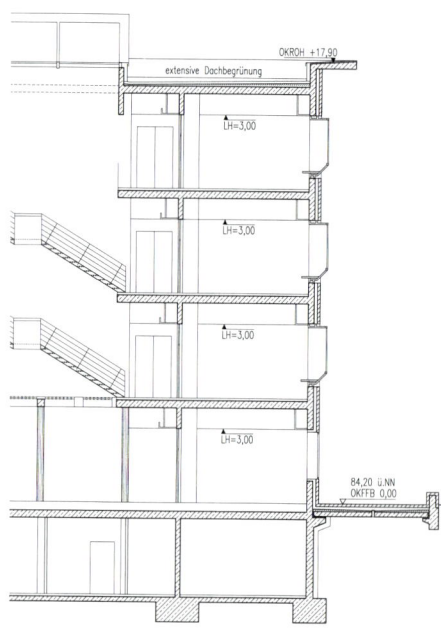

*Faltung der Fassade in den Vorplatz zur Straße*

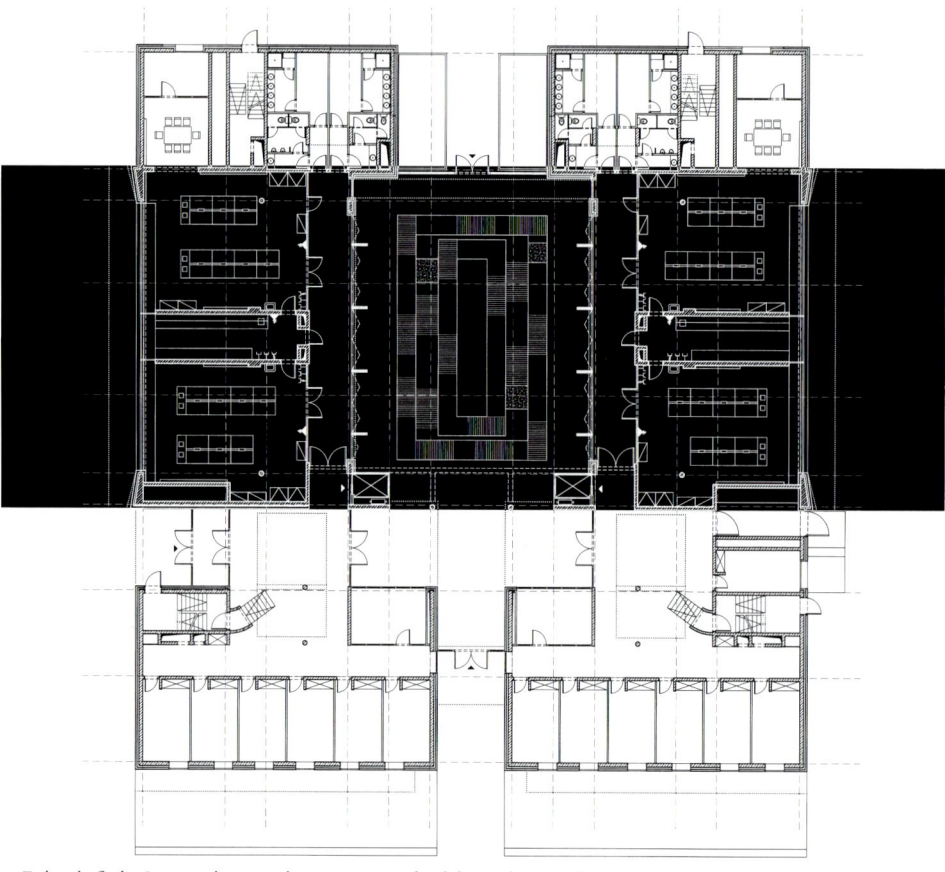

*Erdgeschoß; die Seminarebene in schwarzem Beton durchdringt den Ziegelkörper*

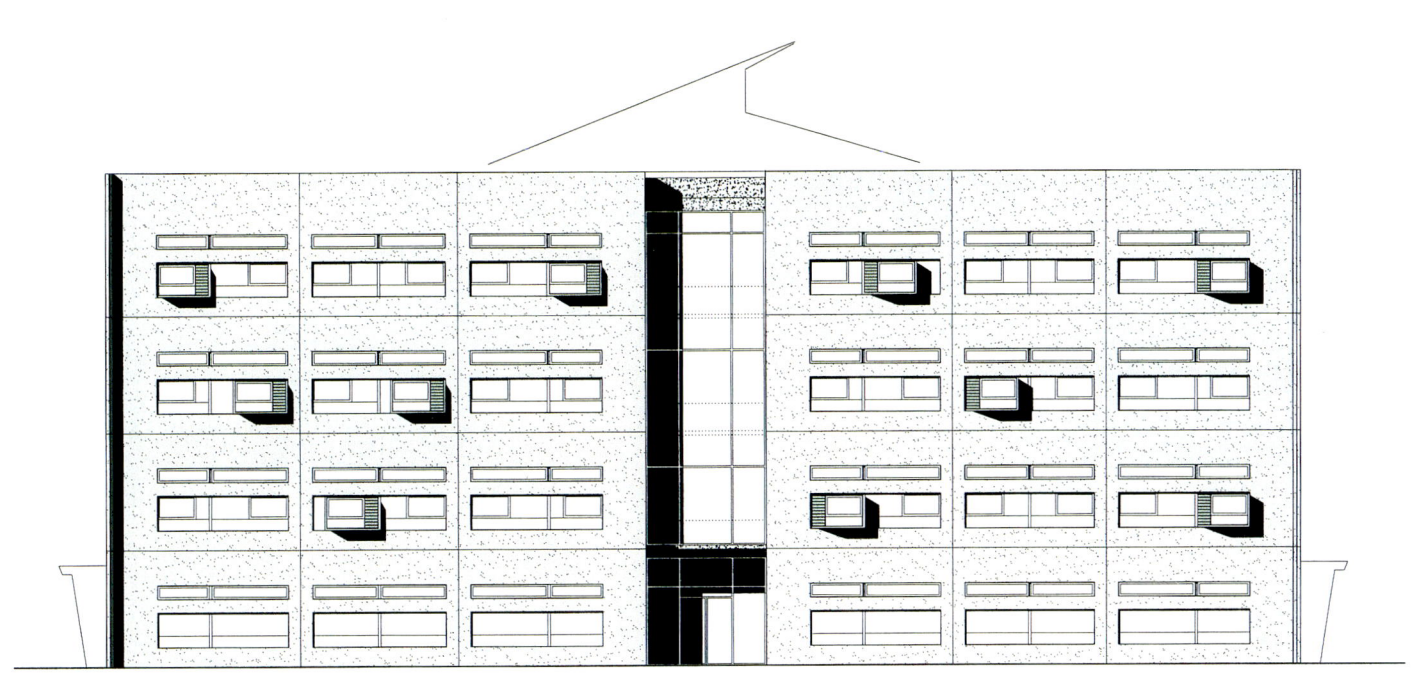

*Ansicht zur Straße*

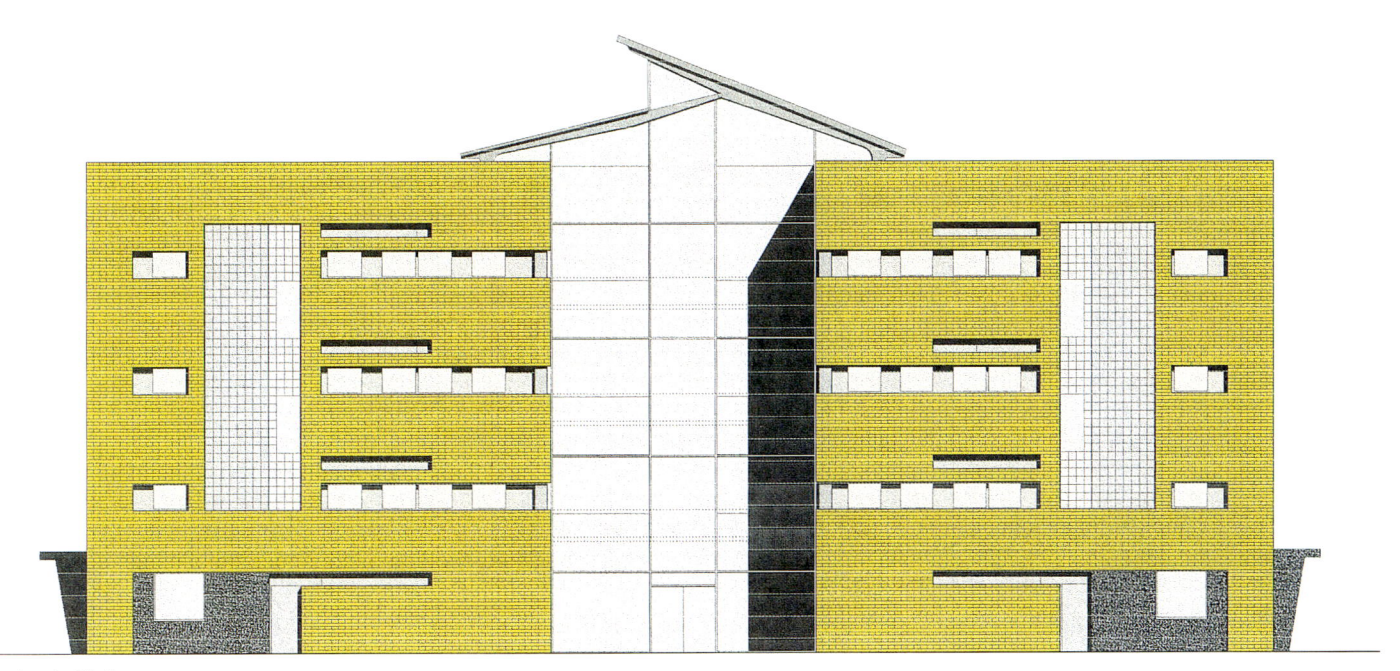

*Ansicht Blockinnenraum*

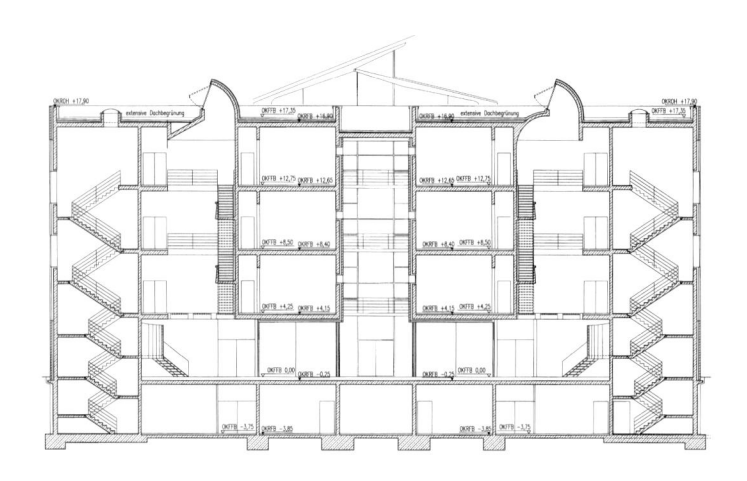

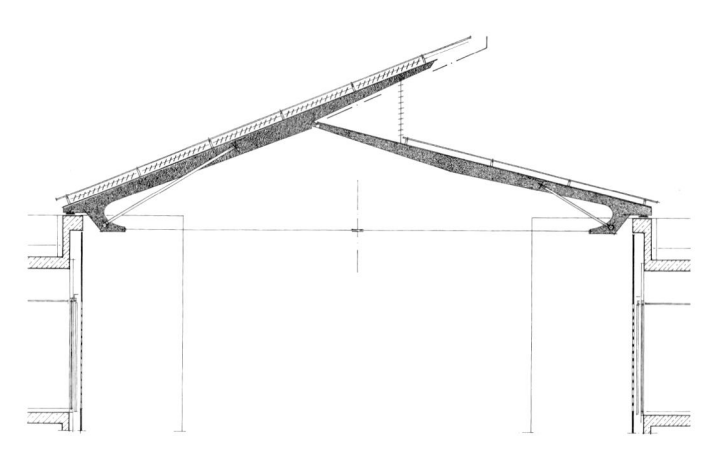

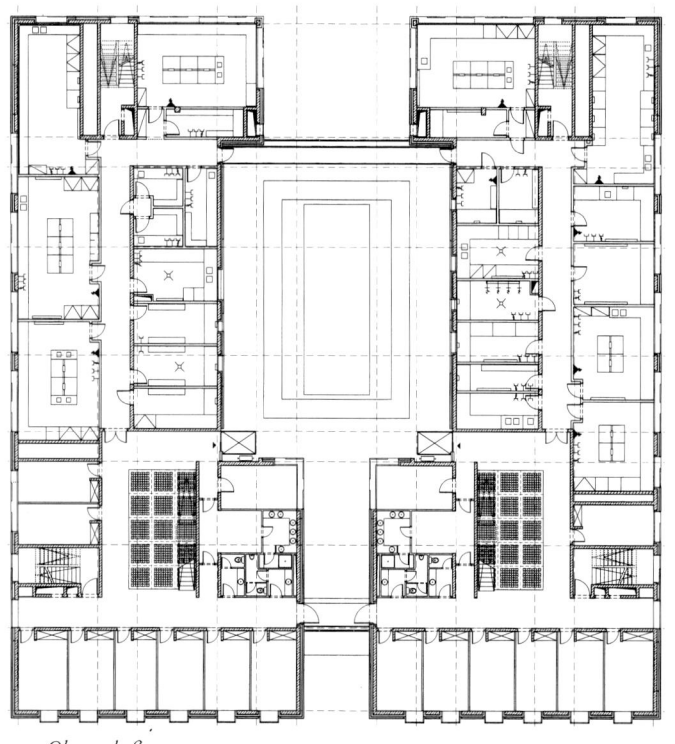

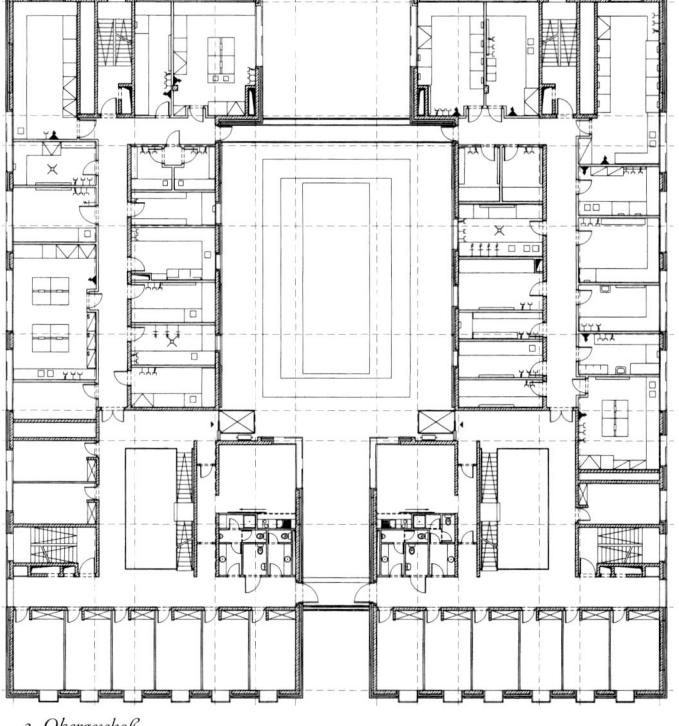

1. Obergeschoß

2. Obergeschoß

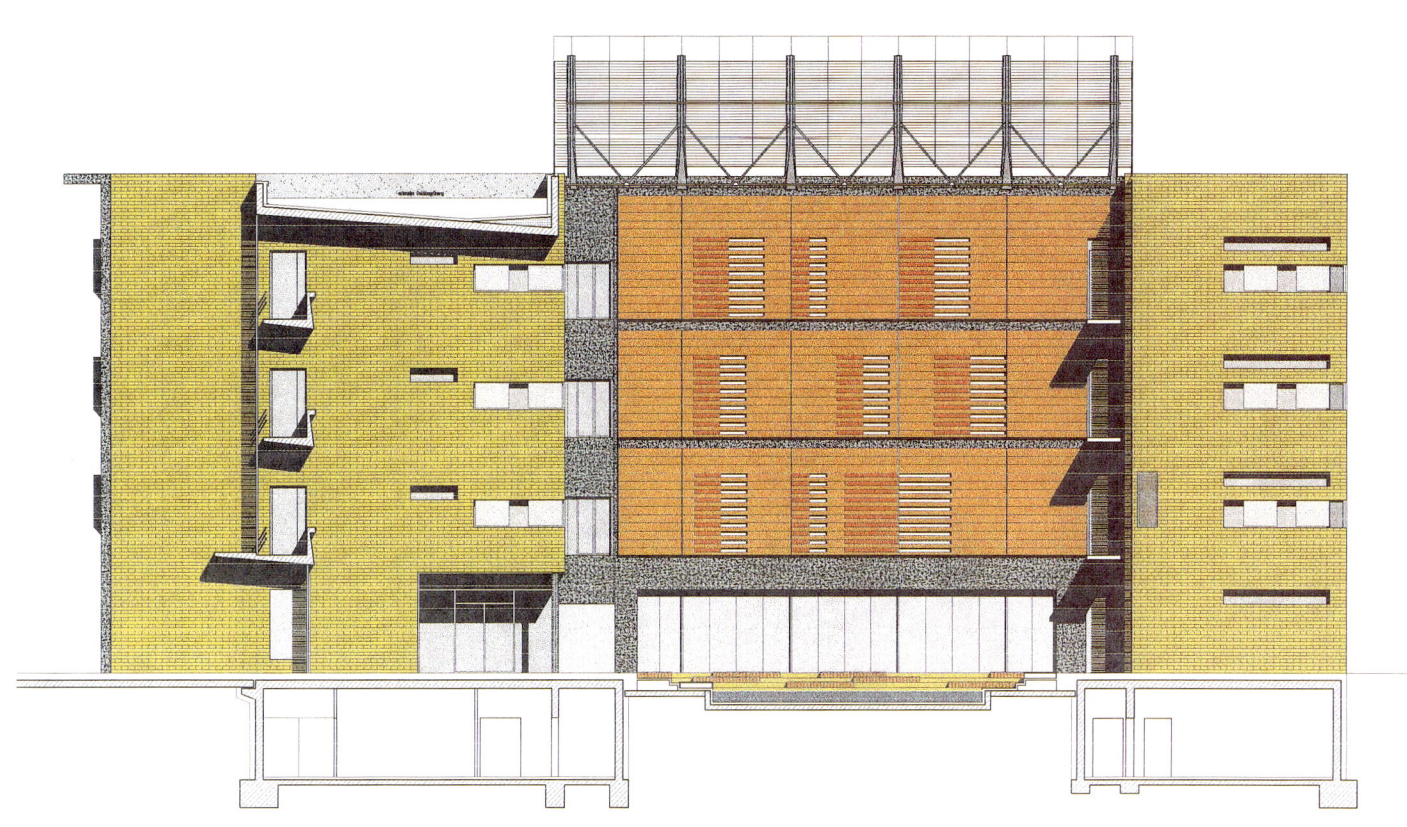

*Innenfassade des Wintergartens aus Holz*

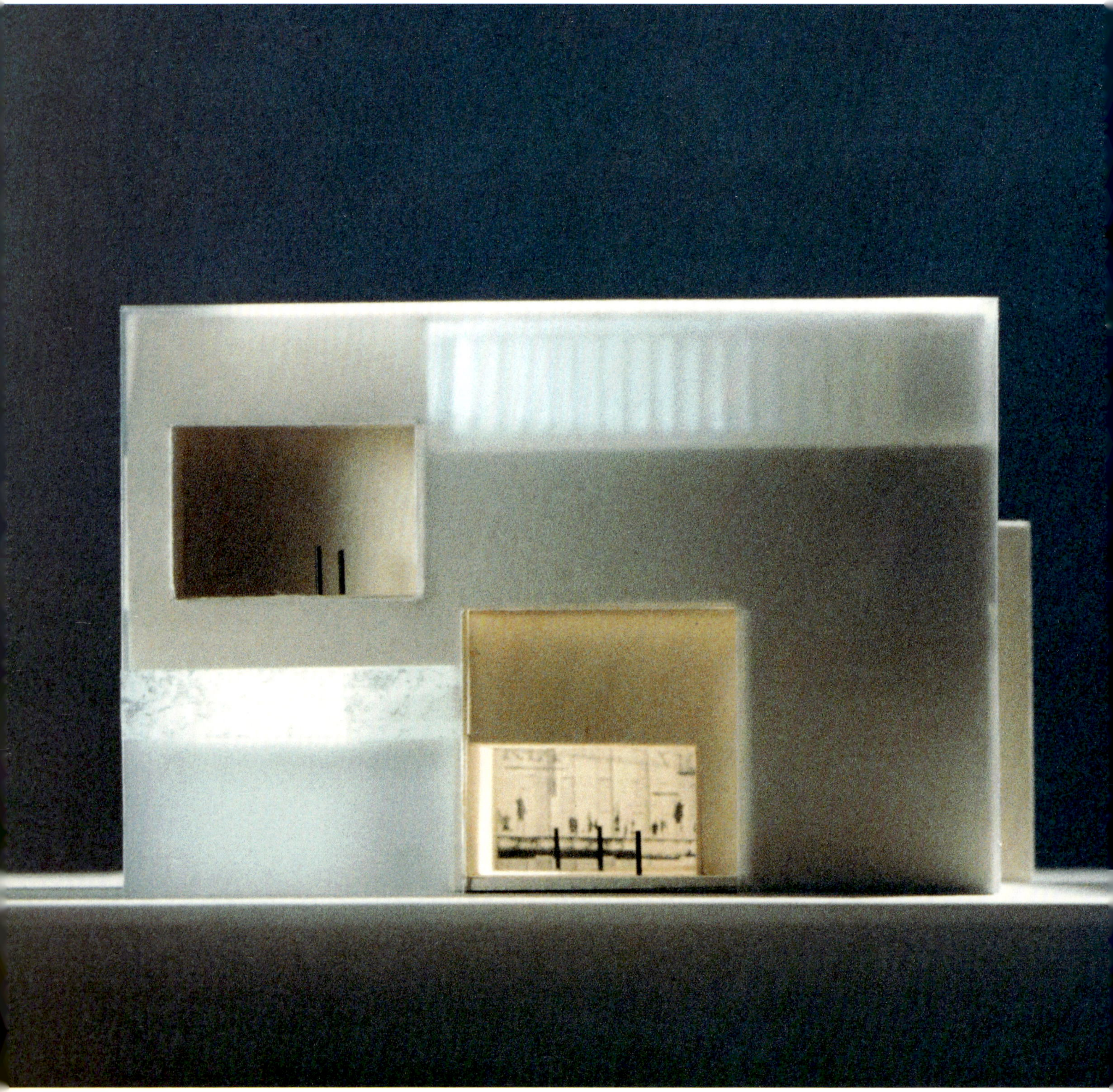

# Wallraf-Richartz-Museum, Köln

-2 Depot/Technik

-1 Wechselausstellung

0 Ständige Ausstellung

+1 Ständige Ausstellung

+2 Ständige Ausstellung

+3 Verwaltung/Restauration

Für das bestehende Wallraf-Richartz-Museum ist der Umzug in einen Neubau geplant. Das Grundstück für den Neubau liegt am Rathausplatz und bildet den Kopf der historischen Gürzenichanlage, die aus dem gotischen Saalbau des Gürzenichs, dem Ausbau des Festhauses von Rudolf Schwarz und der Kirchenruine St. Alban besteht.

Der Entwurf setzt das Prinzip des umbauten Hohlraumes von St. Alban fort, schafft dann jedoch mit der glasüberdeckten Treppenhalle eine Zäsur und bereitet damit den Hauptbaukörper als autonomen Kubus vor.

Der Kubus wird aufgefaßt als glatter Körper, dessen Plastizität lediglich durch Subtraktionen von Volumen entsteht: Eingangsarkade, Atrium und Loggien sind tektonische Elemente, die sich jeweils nach innen entwickeln.

Auch die Fassade bietet mit ihren Schichtungen und Oberflächen wechselnden optischen Widerstand: heller Naturstein, transluzentes Glas, klares Glas und geschoßhohe Öffnungen interpretieren jeweils eine Fassade als Spiel mit den unterschiedlich tiefen Bereichen eines Bildes.

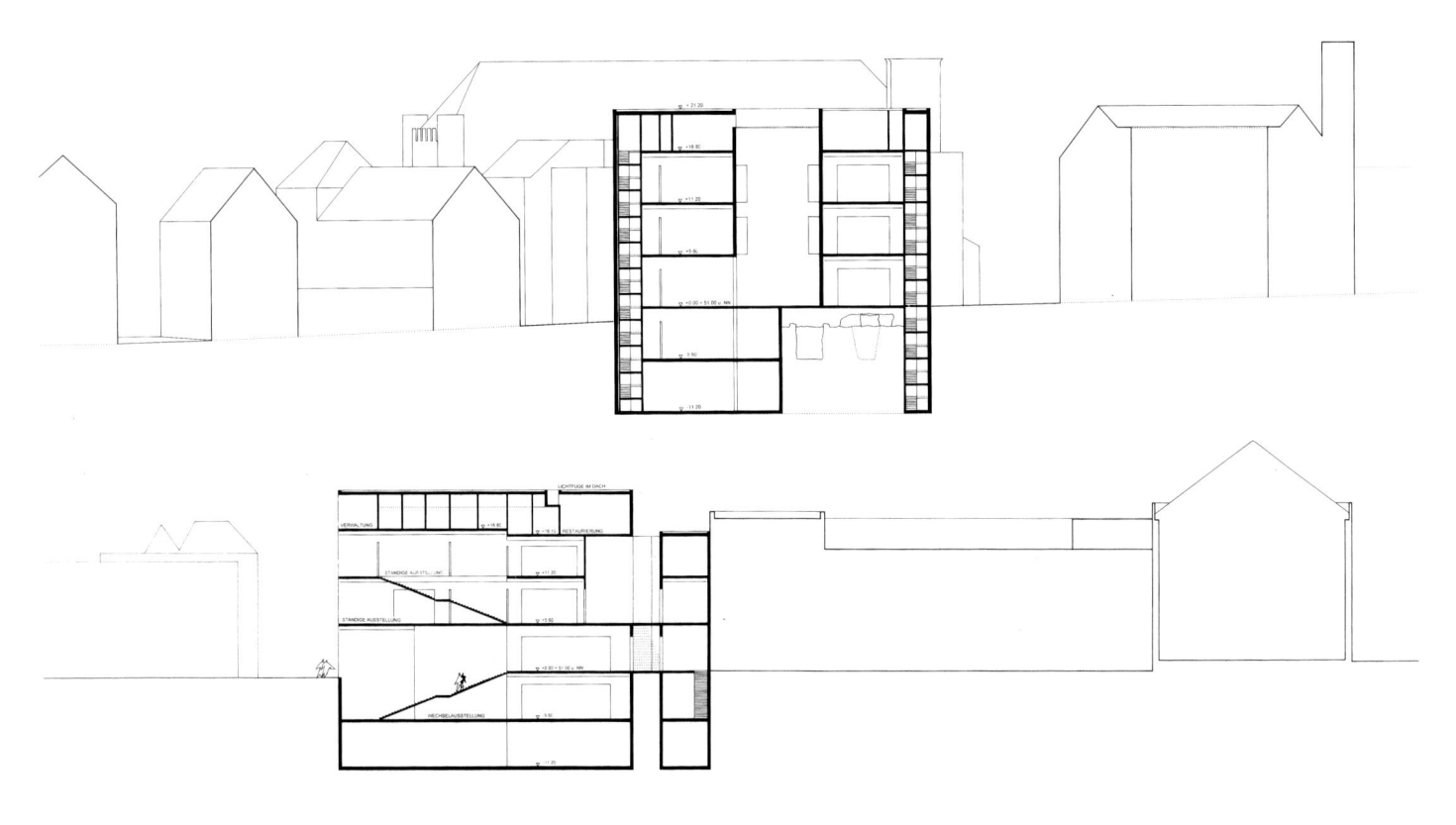

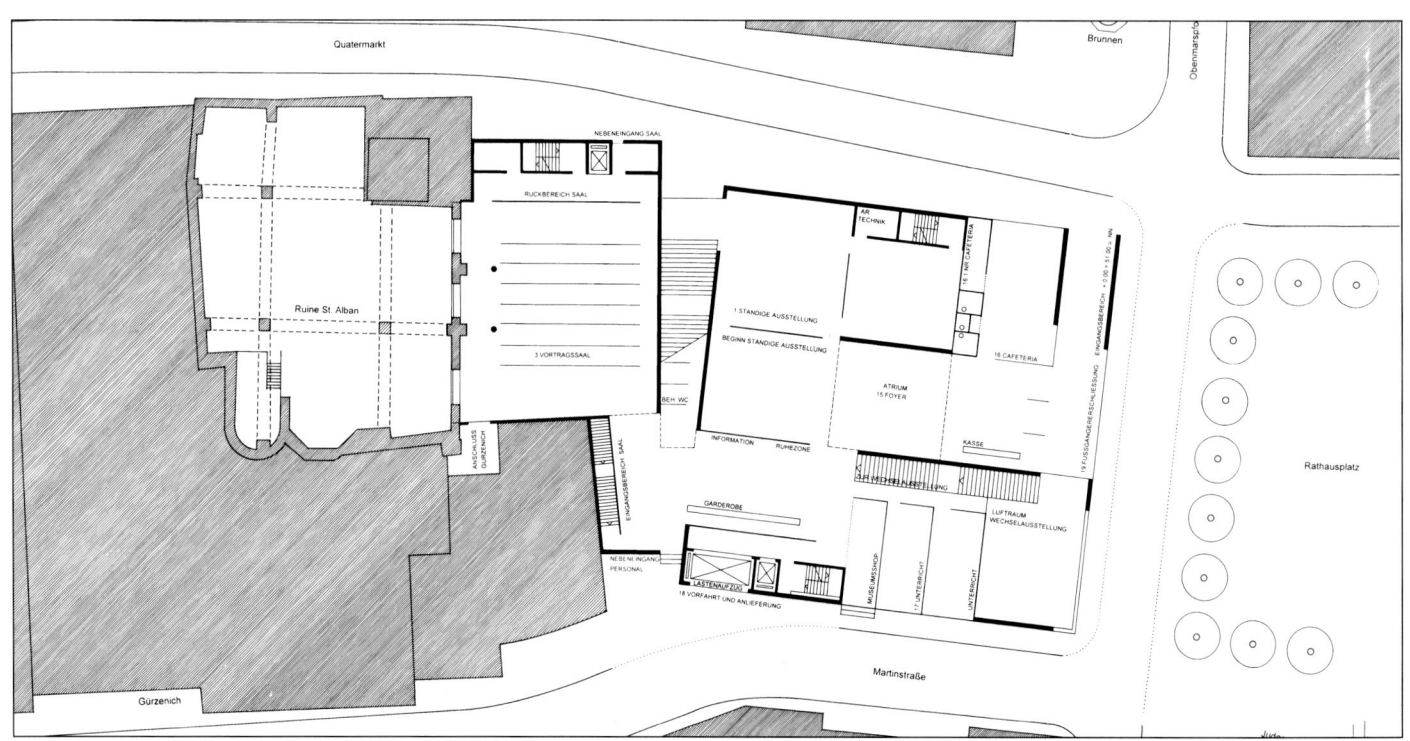

*Erdgeschoß*

*3. Obergeschoß, Verwaltung*

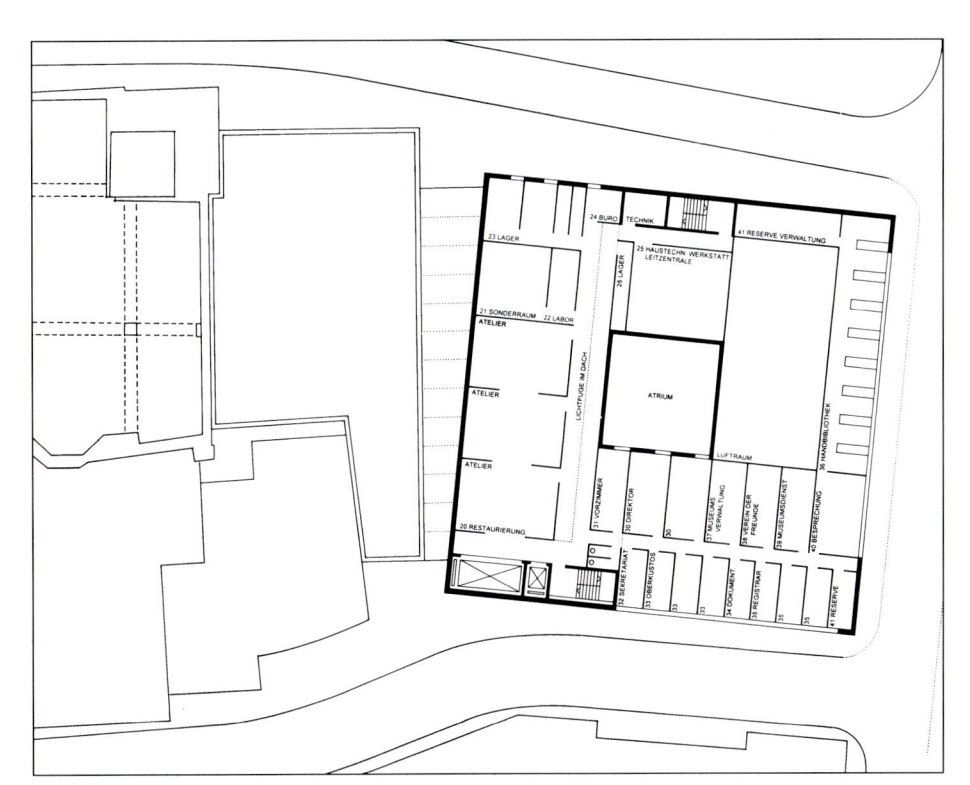

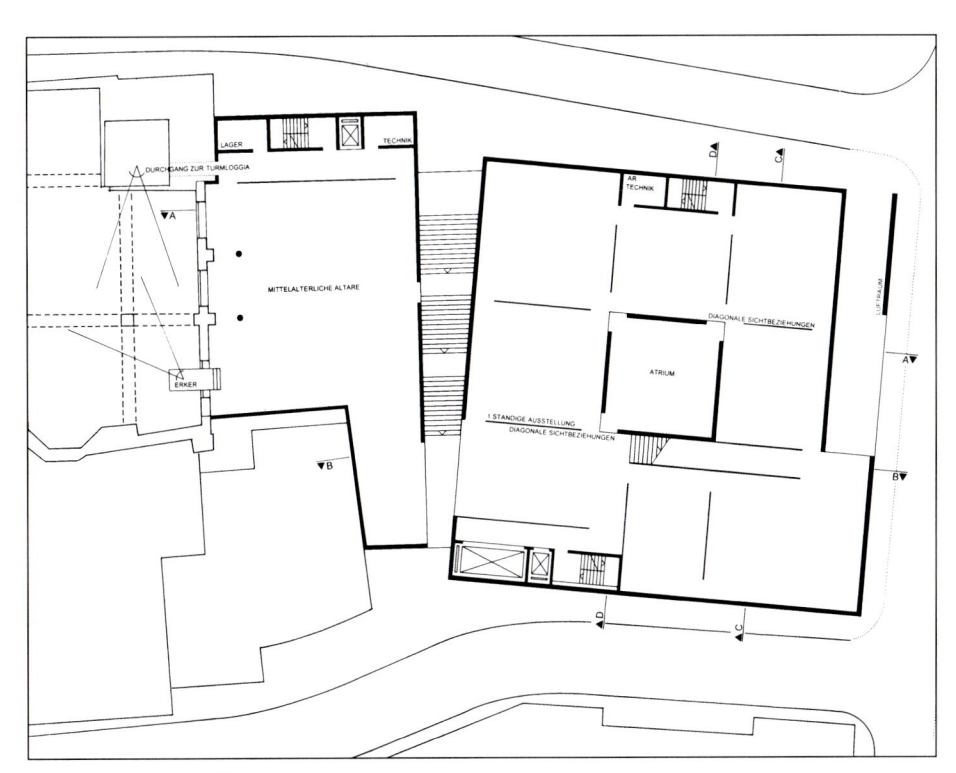

*1. Obergeschoß, Ausstellung*

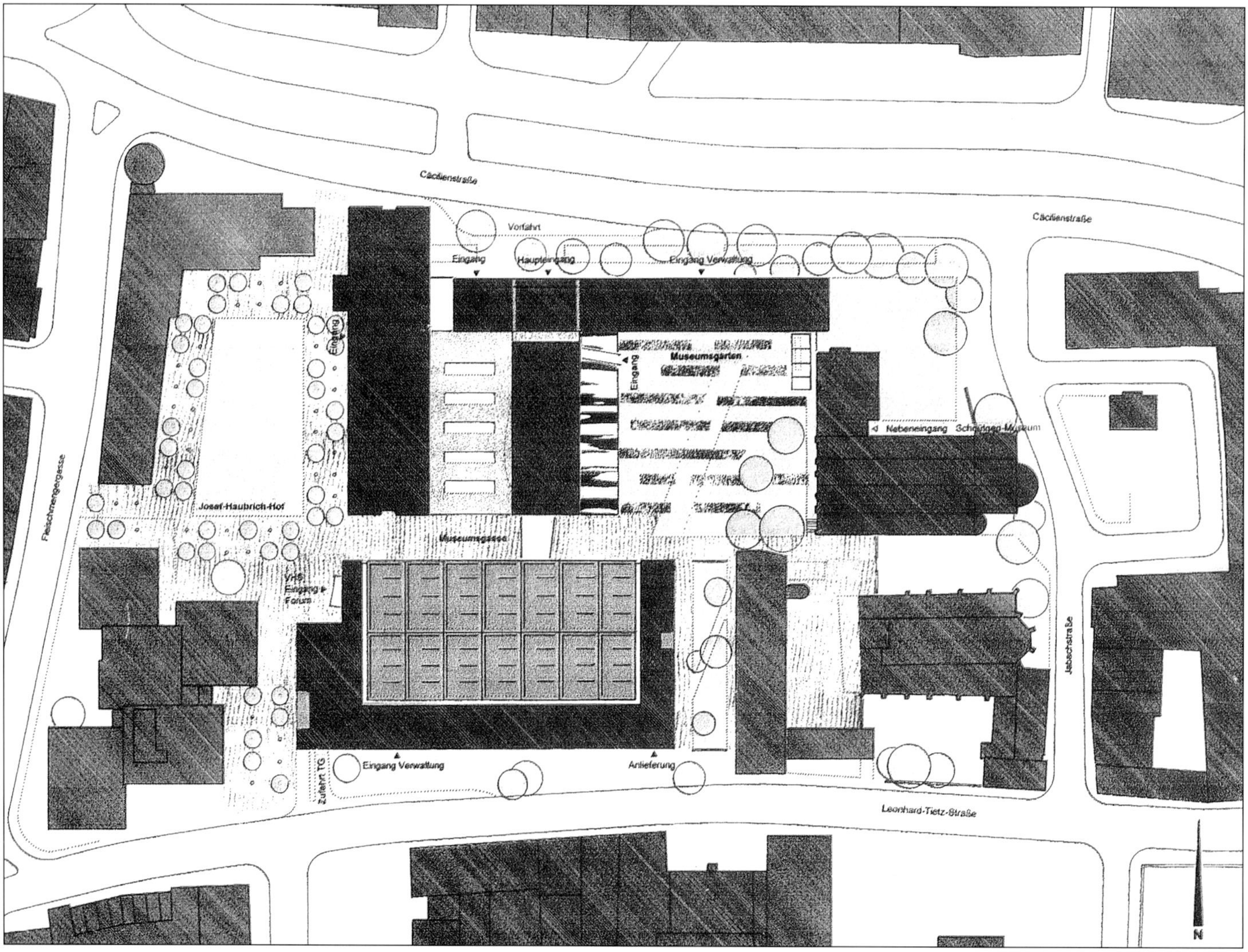
Cäcilienstraße
Cäcilienstraße
Vorfahrt
Eingang
Haupteingang
Eingang Verwaltung
Eingang
Museumsgarten
Eingang
Nebeneingang Schnütgen-Museum
Fleischmengergasse
Josef-Haubrich-Hof
Museumsgasse
VHS Eingang Forum
Zufahrt TG
Eingang Verwaltung
Anlieferung
Jabachstraße
Leonhard-Tietz-Straße
N

# Rautenstrauch-Joest-Museum, Köln

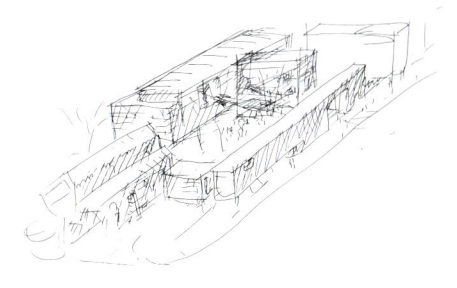

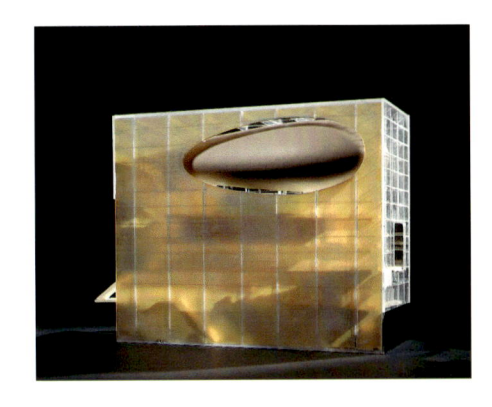

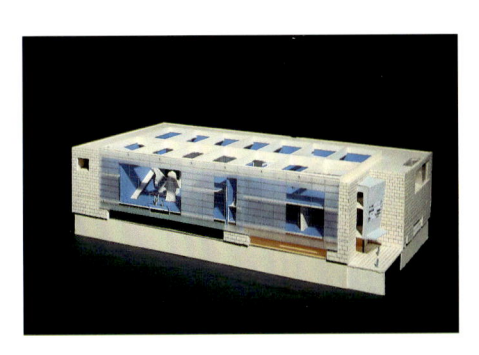

Das Areal an der Cäcilienstraße in der Nähe des Neumarktes ist geprägt durch solitäre Bauten, die trotz ihrer verbindenden öffentlichen Nutzungen – Stadtbibliothek, Kunsthalle, VHS, Schnütgen-Museum (sakrale Kunst) und Kunststation St. Peter – beziehungslos bleiben. Der öffentliche Raum ist verwaist.

Das Konzept geht von einem Abriss der Kunsthalle aus, um den genius loci einer von Innenhöfen geprägten Geschichte der ehemaligen Kircheninseln aufzugreifen.

Drei ergänzende Baukörper, die in die bestehende Situation eingestellt werden, schaffen mit ihren jeweils spezifischen Volumen zwischen sich einen neuen städtischen Raum. Im weiteren Umfeld faßt dieser Raum auch St. Peters und St. Cäcilien mit ein. Für die so entstandene Gesamtgruppierung bildet der Museumsgarten die sichtbare Mitte.

Erster Baukörper *Die Mauer*
Der erste, ein schmaler Baukörper – *die Mauer* – schließt den Straßenraum Cäcilienstraße räumlich ab, ist aber aufgrund der Aufständerung durchwegbar. Er stellt eine rahmende Wand dar, die das Innere durch Einblicke erlebbar macht.

Die funktionale Aufgabe dieses Bauwerkes ist die Verbindung des Schnütgen-Museums mit dem zentralen Foyergebäude.

Zweiter Baukörper *Museumsspeicher*
Der zweite Baukörper ersetzt die ehemalig niedrigen Bauten mit einem Volumen, das in Form eines Gebäudemantels einen südlichen Raumabschluß des Josef-Haubrich-Hofes schafft.

Der Baukörper nimmt alle großen Ausstellungs- und Veranstaltungsflächen in sich auf: Rautenstrauch-Joest-Museum, Wechselausstellung, VHS-Forum. Große zusammenhängende Geschoßebenen ermöglichen eine flexible Grundrißdisposition. Gleich einem großen Kern wird das *Speichergebäude* von den Restaurierungswerkstätten und Verwaltungsräumen des Rautenstrauch-Joest-Museums umgeben.

Dritter Baukörper *Vitrine*
Der dritte Baukörper, als hohes gläsernes Rechteck einer *Vitrine* gleich, verbindet die beiden vorgenannten Volumen und dient als zentrales Eingangsbauwerk. Er steht in der Mitte und überragt diese. Die große Treppenrampe als multifunktionale Fläche inszeniert den Übergang zum Rautenstrauch-Joest-Museum, offene Rampen und Aufzüge erschließen die Bibliothek und den Veranstaltungssaal, der als schwebendes Volumen mit Blick über Köln weithin ein sichtbares bauliches Zeichen des neuen Kulturraumes an der Cäcilienstraße darstellt.

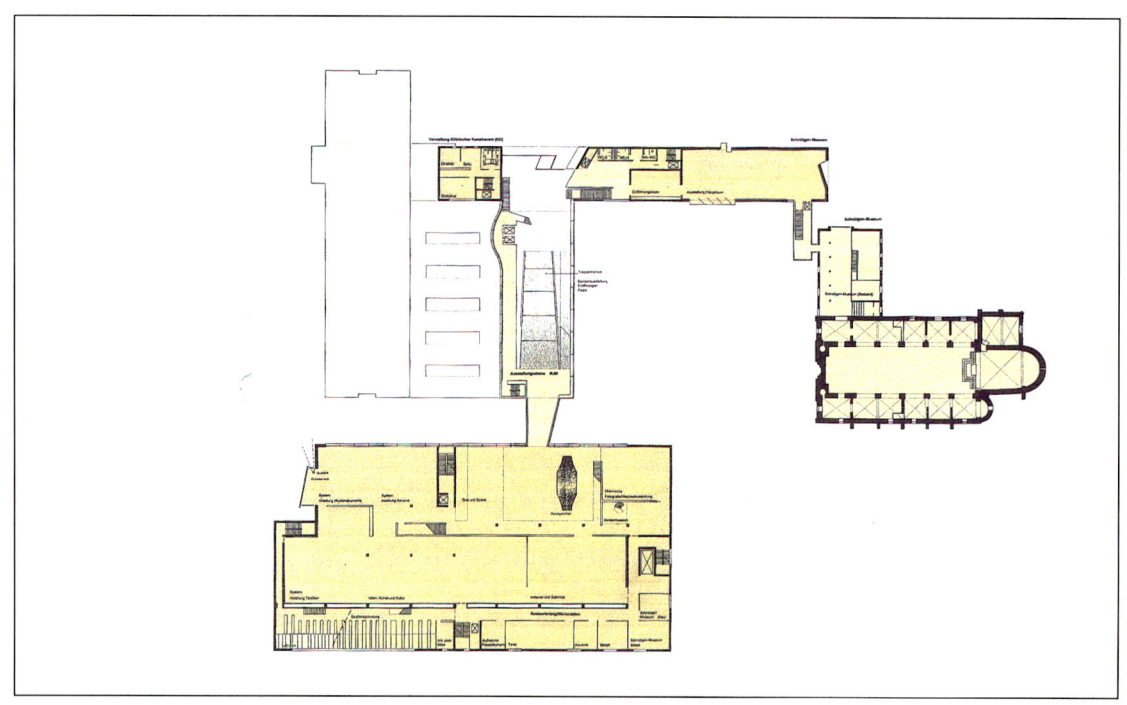

*1. Obergeschoß*

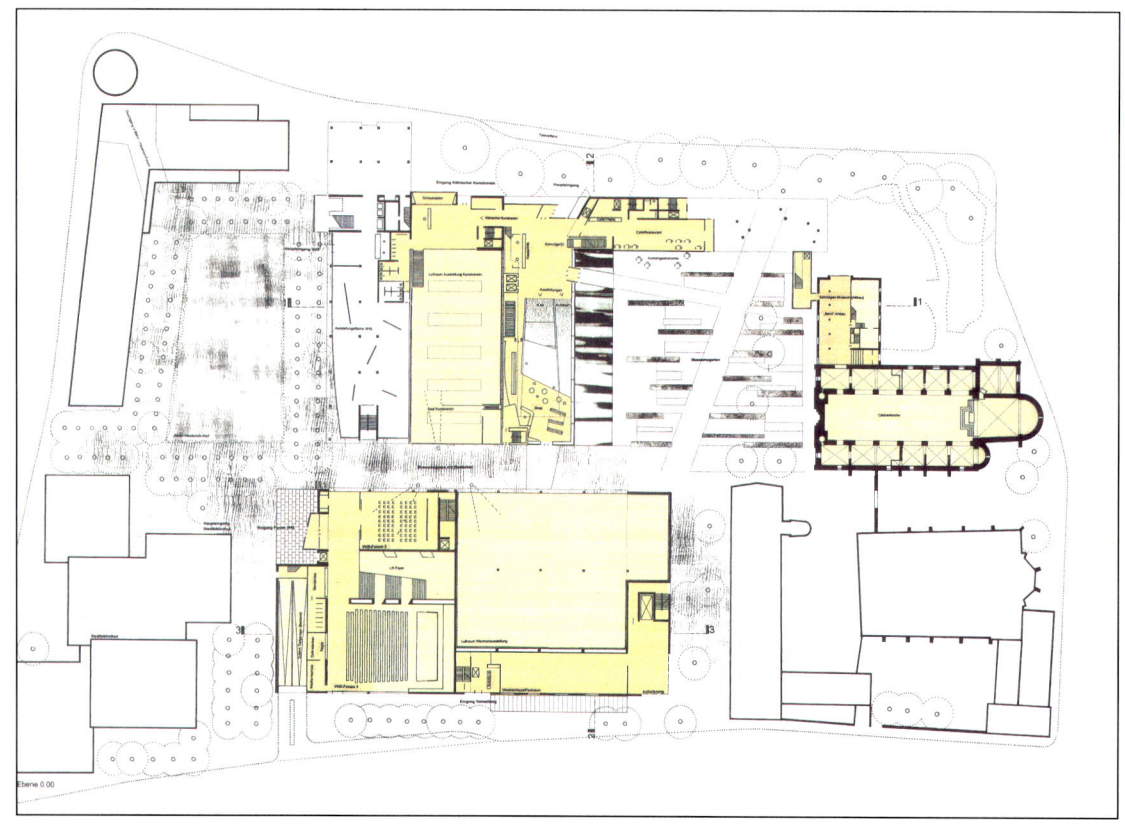

*Basement*

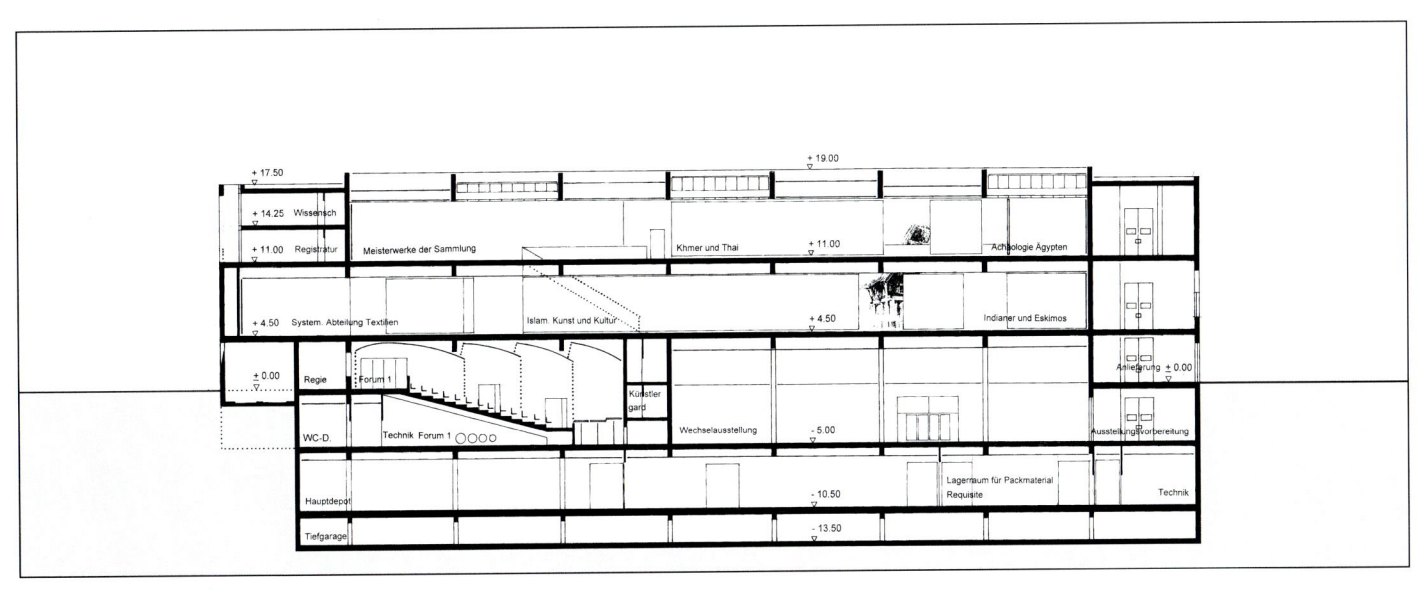

*Schnitt Museumsspeicher*

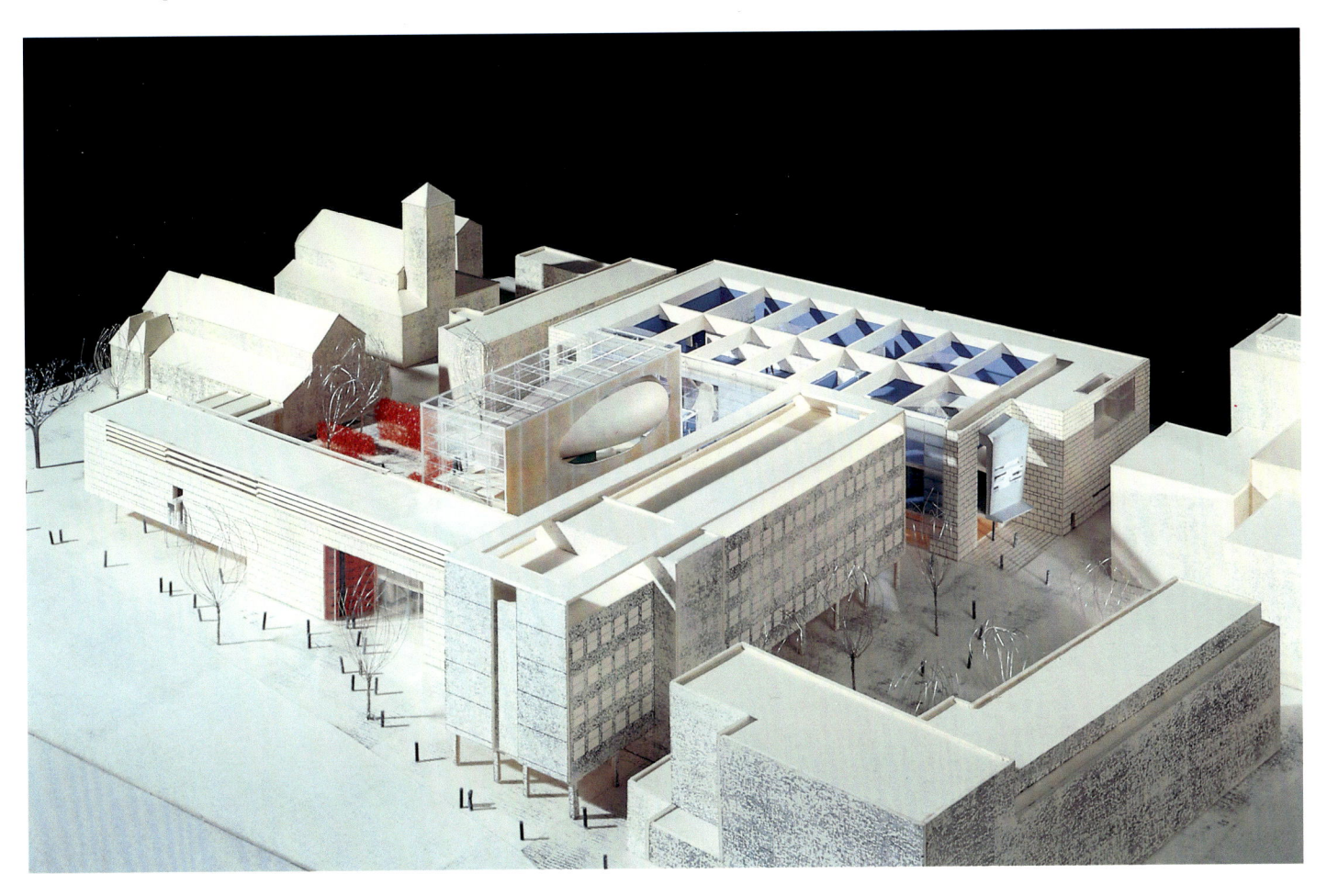

102

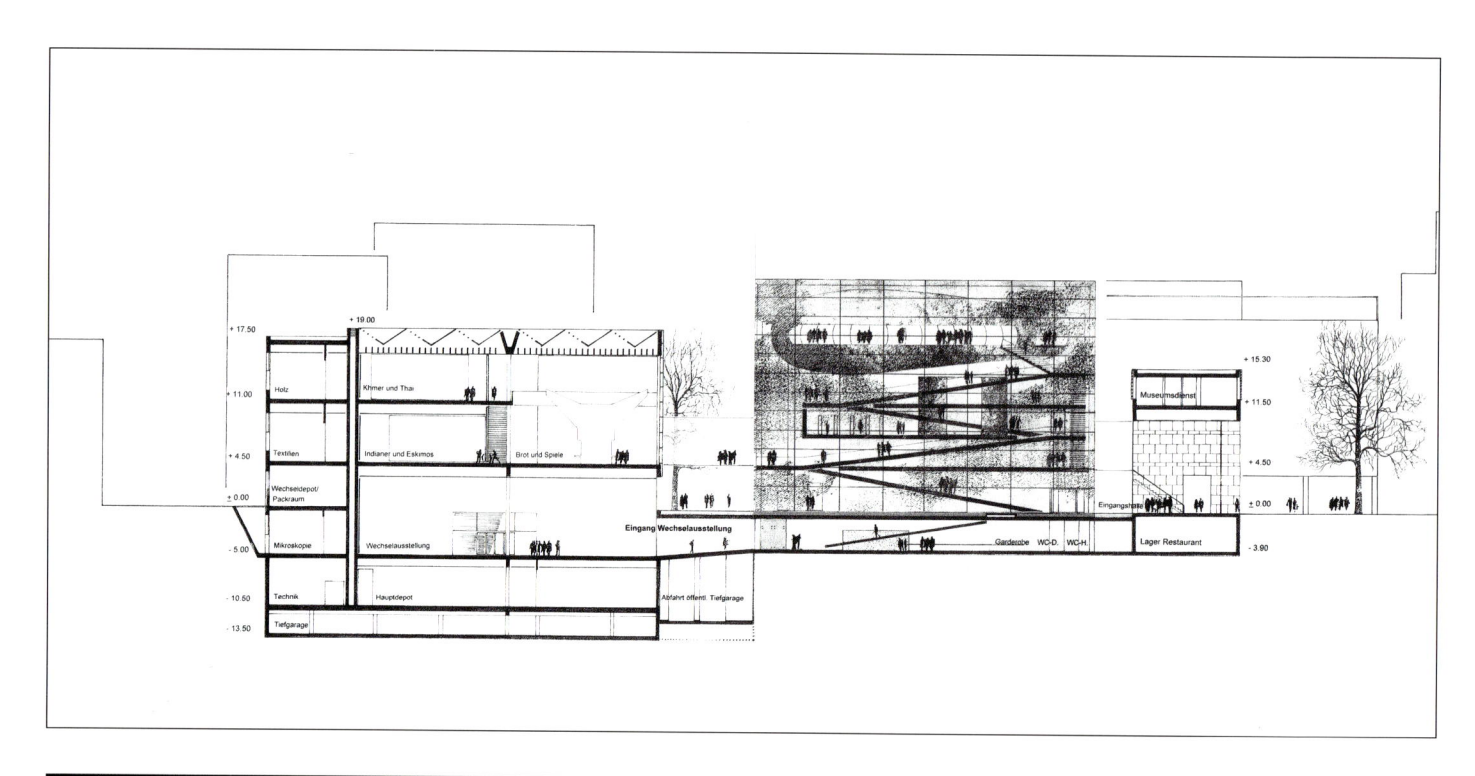

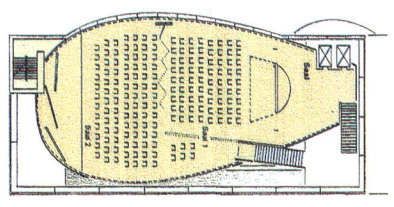

*Saal*

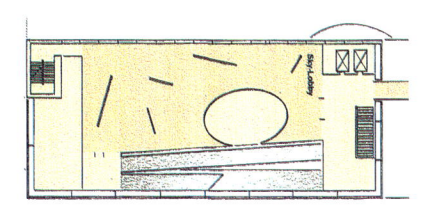

*Ausstellung*

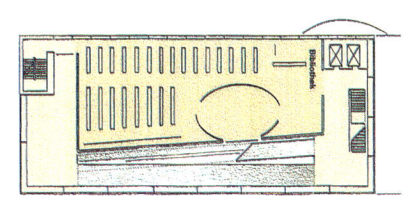

*Bibliothek*

103

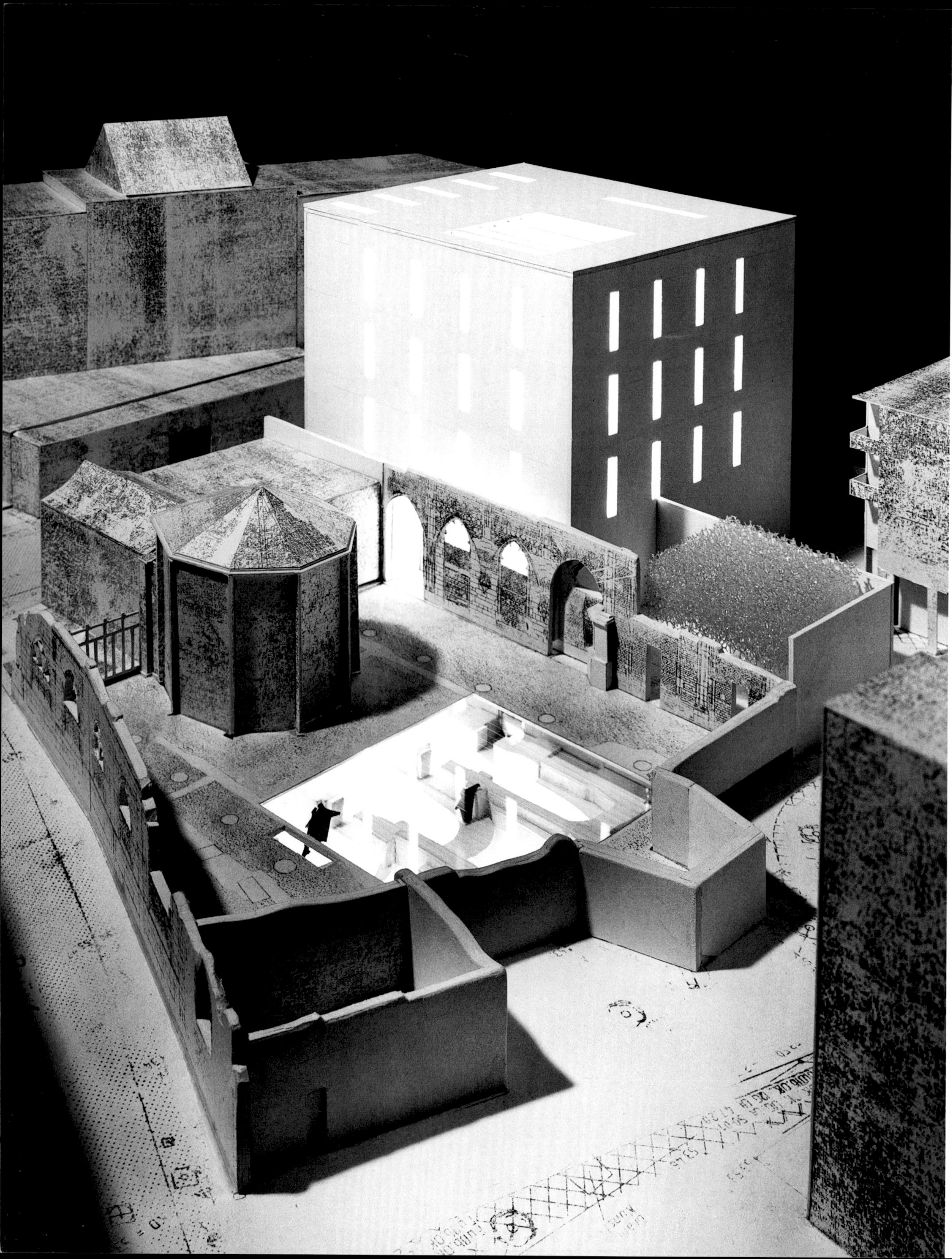

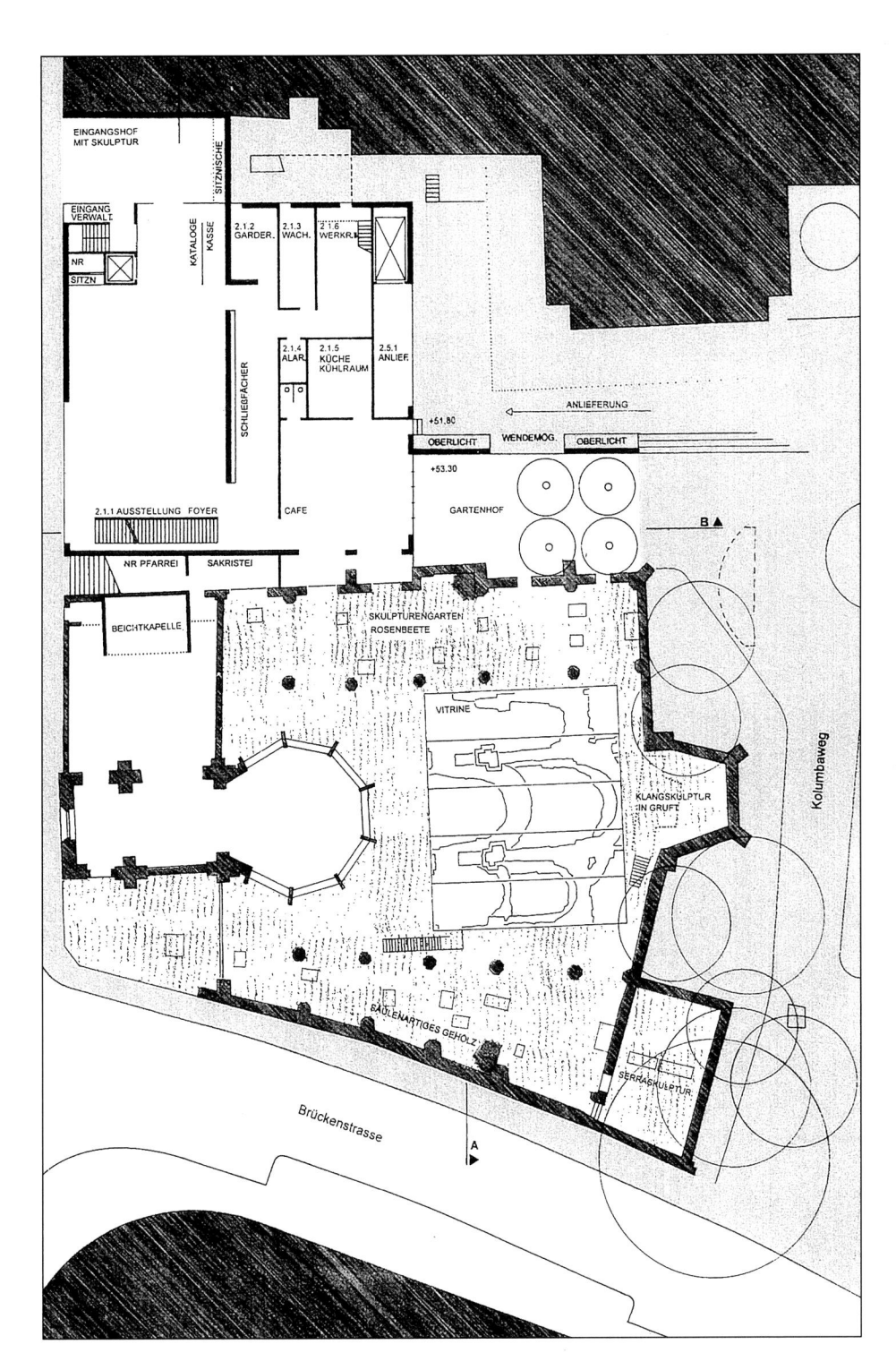

## Diözesanmuseum, Köln

Das Museum wird aufgefaßt als Haus mit seinen klassischen Elementen: Eingangshof, Halle und einer Folge von Haupt- und Nebenräumen in den oberen Geschossen. Von dort aus fällt der Blick in den vorgelagerten Skulpturengarten innerhalb der Kirchenruine.

Das Gebäude ist durch schmale Fensterschlitze aufgeschnitten, der Hauptraum im oberen Geschoß erhält eine großzügige Ausleuchtung mit indirekt gelenktem Oberlicht.

Die Außenwände sind mit Ziegeln bekleidet, die das Thema der nach dem Krieg ausgemauerten Bögen aufnehmen und im Museumsbau fortsetzen.

Auf dem ehemaligen Kirchengelände St. Kolumba wird die Ruine als umschlossener Hohlraum belassen, jedoch – im Gegensatz zur zweiten Kölner Kirchenruine St. Alban – als stiller arkadischer Garten aufgefaßt. In diesem ‚hortus conclusus' liegt als begehbare Vitrine der zentrale Ausgrabungsteil, der über eine unterirdische Anbindung an das vorgelagerte Museum auch die letzte Station der Ausstellungsflächen bildet.

*1. Obergeschoß*    *2. Obergeschoß*    *3. Obergeschoß*

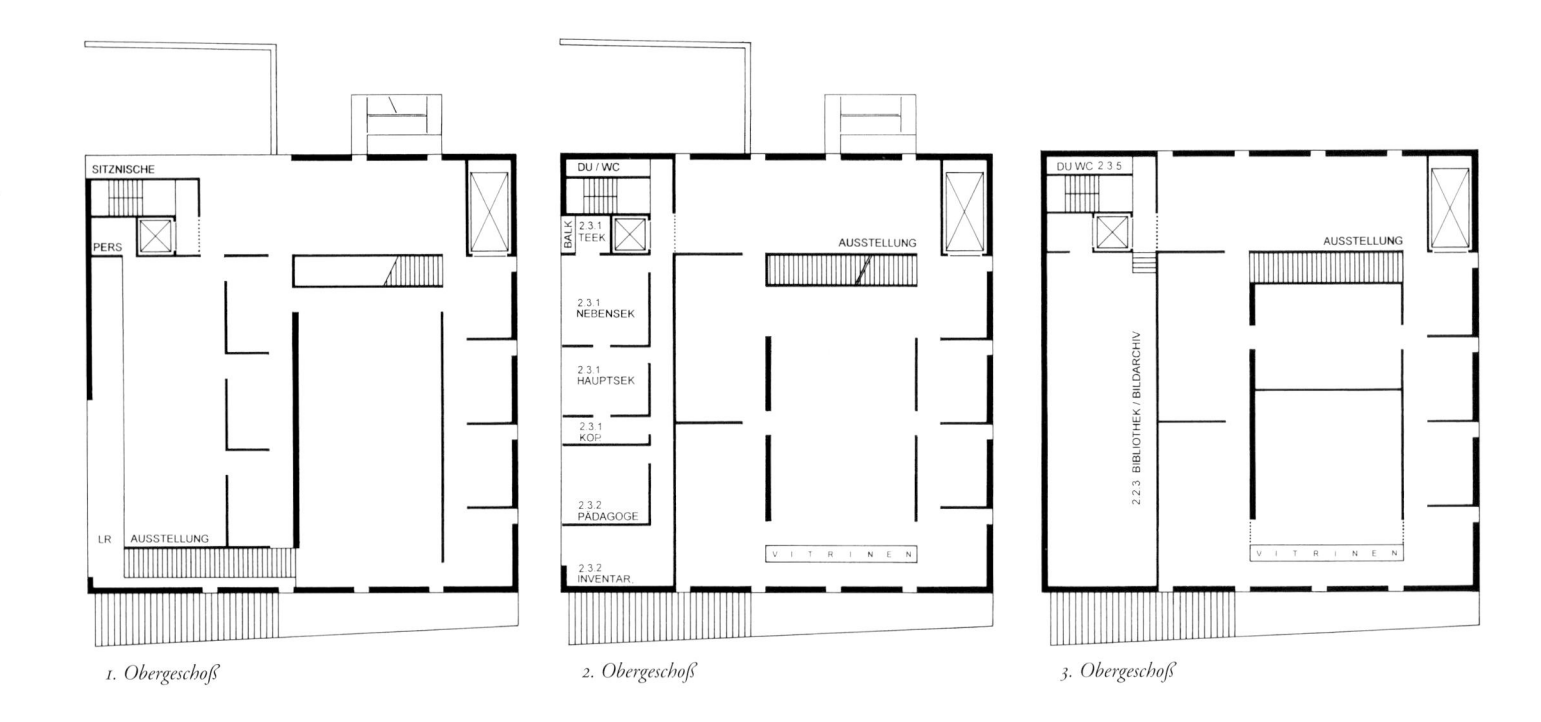

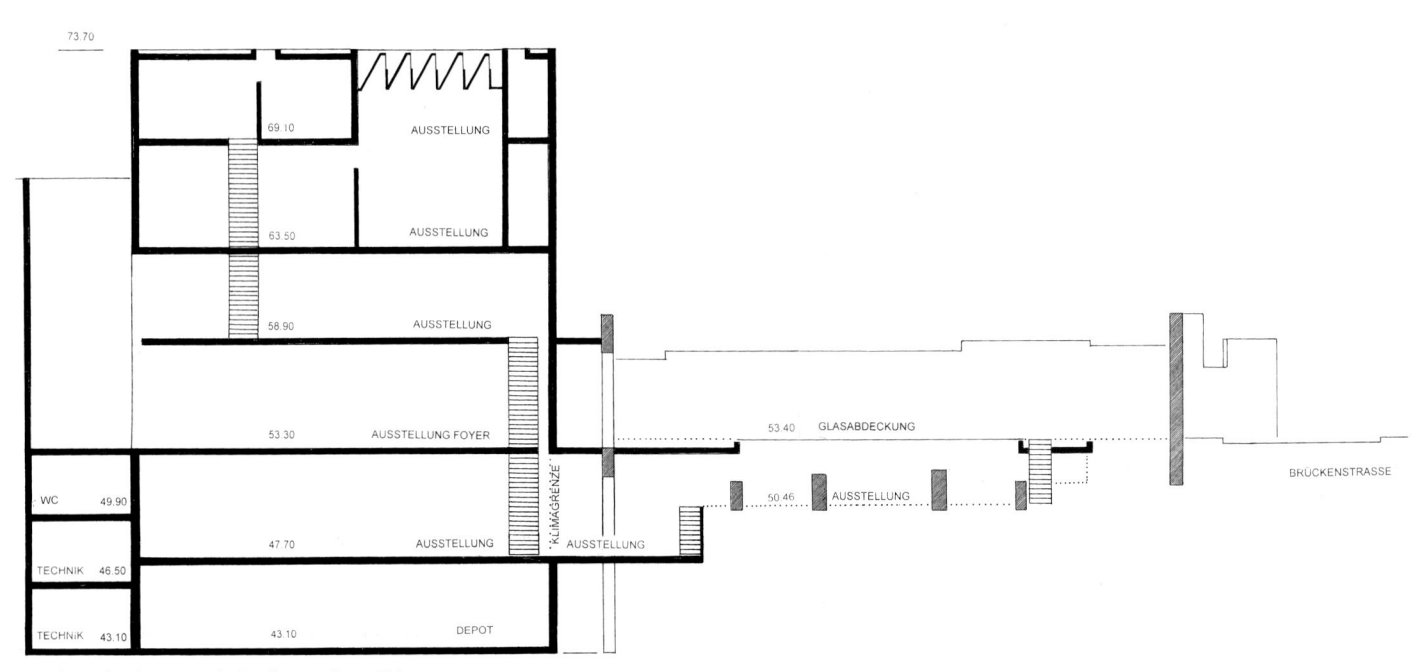

*Schnitt durch Eingangshof und Ausgrabungsfeld*

*Detailschnitt Ausstellungsräume*

*Südfassade*

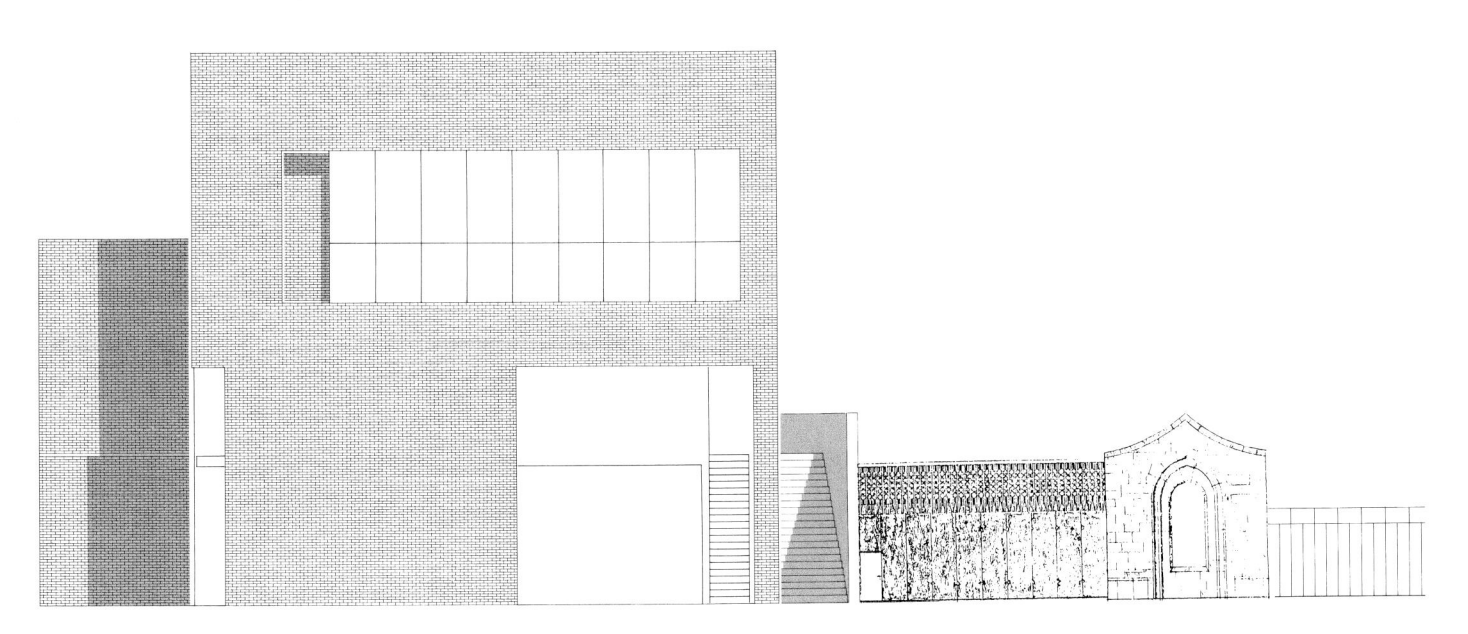

*Westfassade*

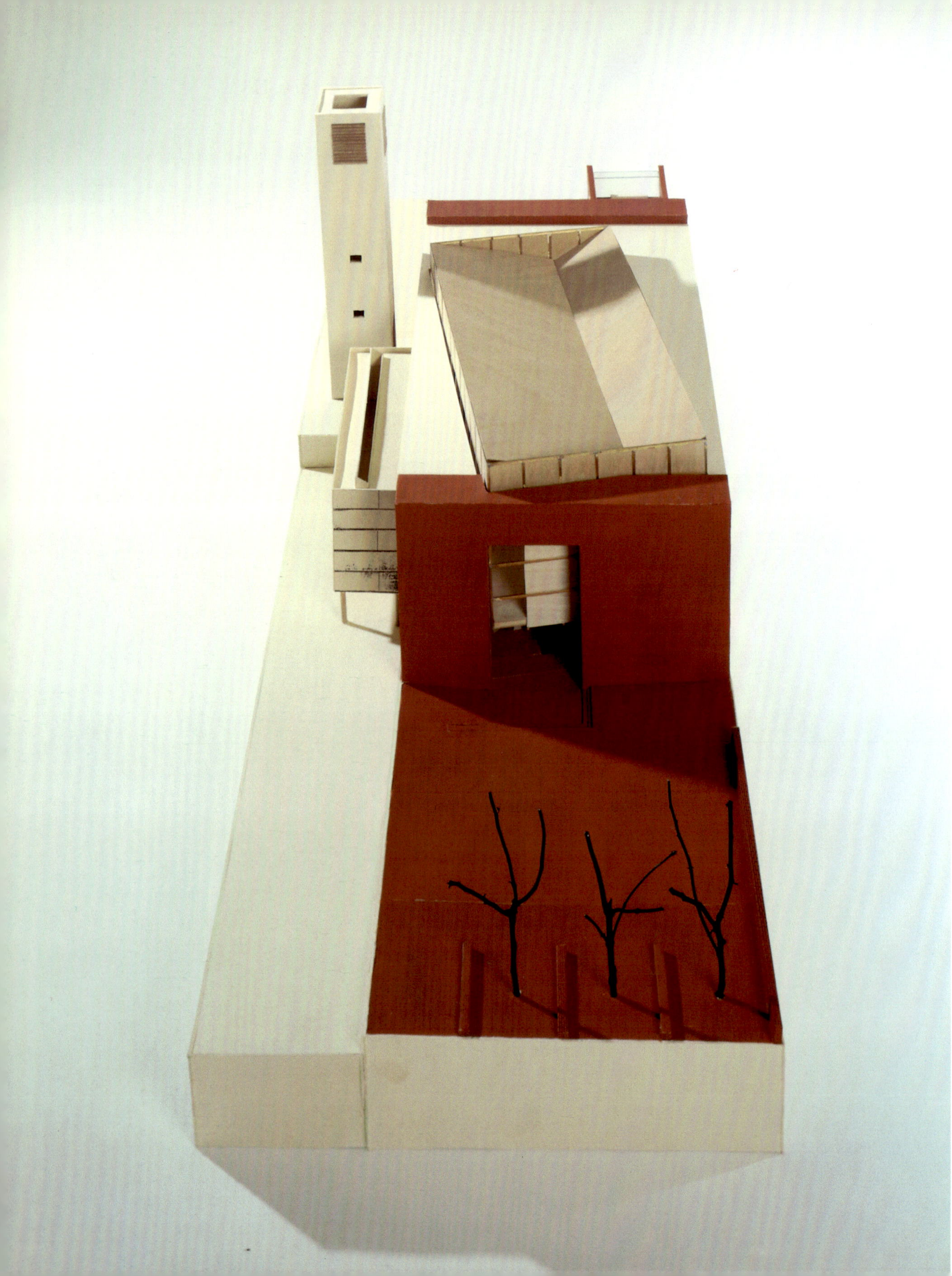

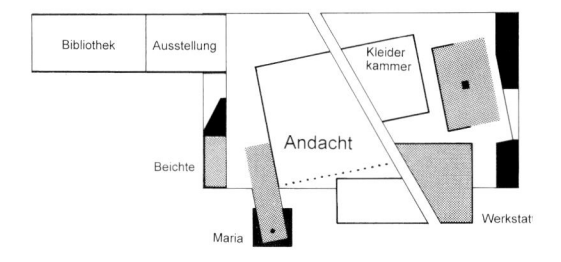

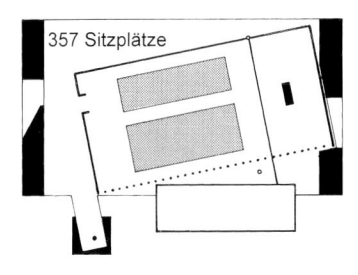

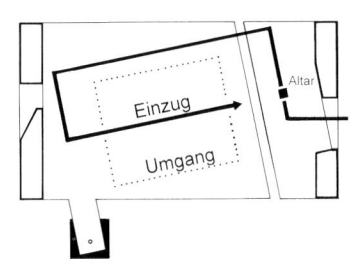

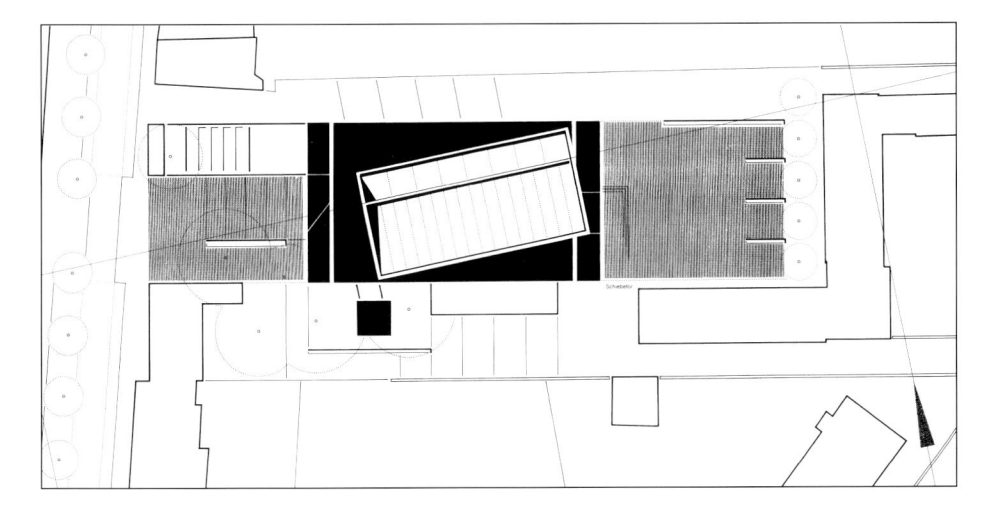

# St. Theodor, Köln

Der Kirchenbau aus den 50er Jahren ist baufällig geworden und soll durch einen Neubau ersetzt werden. Lediglich der Turm bleibt erhalten und ist in das Neubaukonzept mit einbezogen worden.

Der Entwurf der Kirche besteht aus drei Räumen, die in ihrem Bezug zueinander die Pfarrkirche bilden: der Vorplatz, der Pfarrhof und der ‚überdeckte' Kirchenraum mit dem eingestellten geosteten Gottesdienstraum.

Jeder dieser Räume mit seinen spezifischen, für die Gemeinde wichtigen Angeboten wird mit den Anderen in Beziehung gesetzt durch die Faltung einer Ziegeloberfläche – Boden – Wand – Boden. Die Schwelle, die Wand als Tor, der Weg vom Pfarrplatz zum Pfarrhof werden neu definiert. Auf diesem Weg ist der Blick auf das Tabernakel von der Kirchenpforte aus von Bedeutung. Die Kirche ist Teil der ganz speziellen topographischen Situation. Aus dem Pfarrhof und dem Vorplatz stellen sich Wände auf, die mit dem Dach verbunden den Kirchenraum zu einem überdeckten Hallenraum schließen. In den Hallenraum eingestellt ist ein hölzernes Gehäuse, das dem Gottesdienst mit der Wandlung vorbehalten ist. Ein wichtiges Anliegen ist die Rückgewinnung der Kirche als ein geöffneter Raum, d. h. der Kirchenraum ist täglich zugänglich, ist Ort für Aktivitäten der Gemeinde, ohne daß die Ruhe des Gottesdienstraumes gefährdet ist. Als ein Gebäude aus Holz bildet es den Klangkörper der Gemeinde. Das Bild eines Kerns mit der Schale liegt nahe. Damit sucht der Entwurf die Möglichkeit einer Erweiterung des Kirchenraumes für Aktivitäten auszuloten ohne den Verzicht auf die Würde des Mahls. Die Ausrichtung des Altars nach Osten ergibt eine Verdrehung des inneren Körpers.

*Platz*            *Platz*

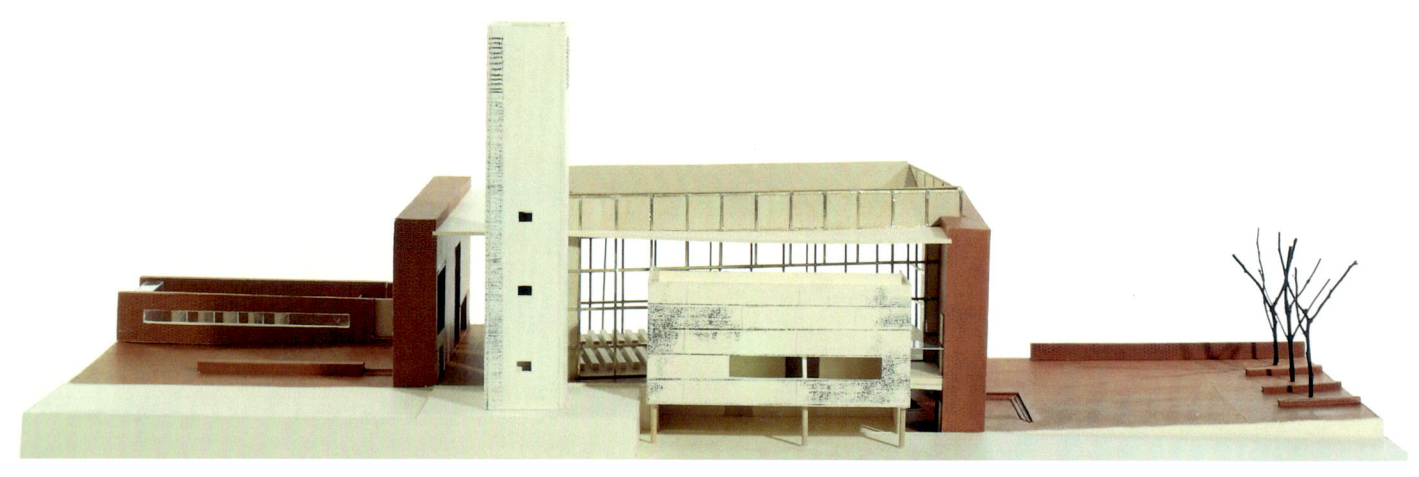

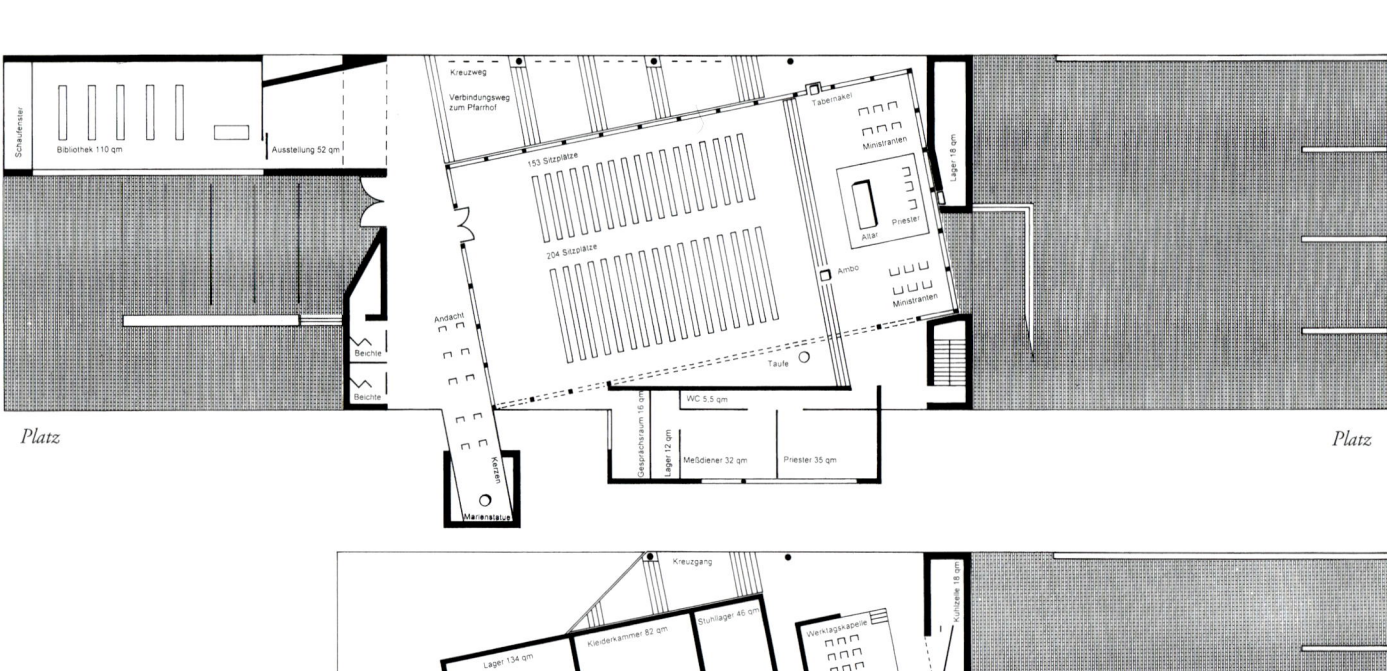

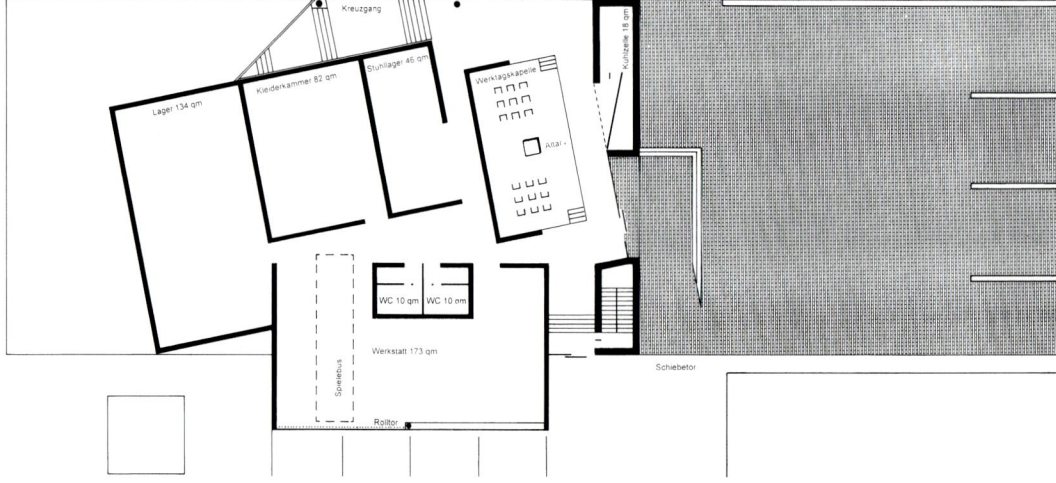

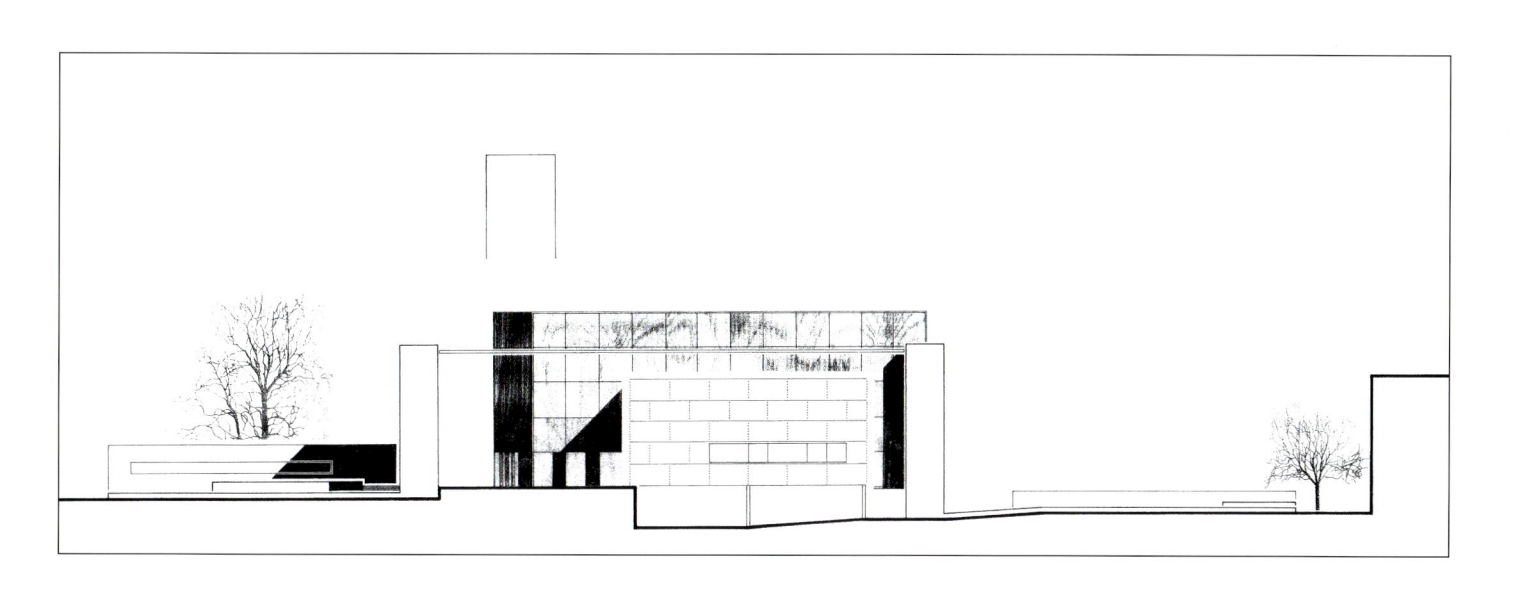

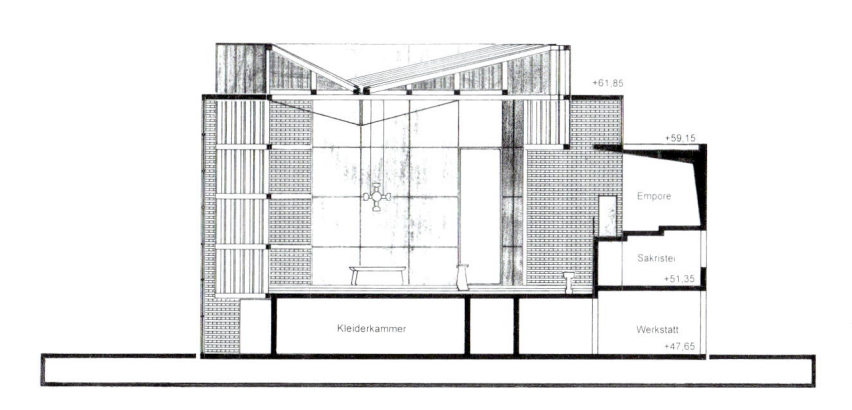

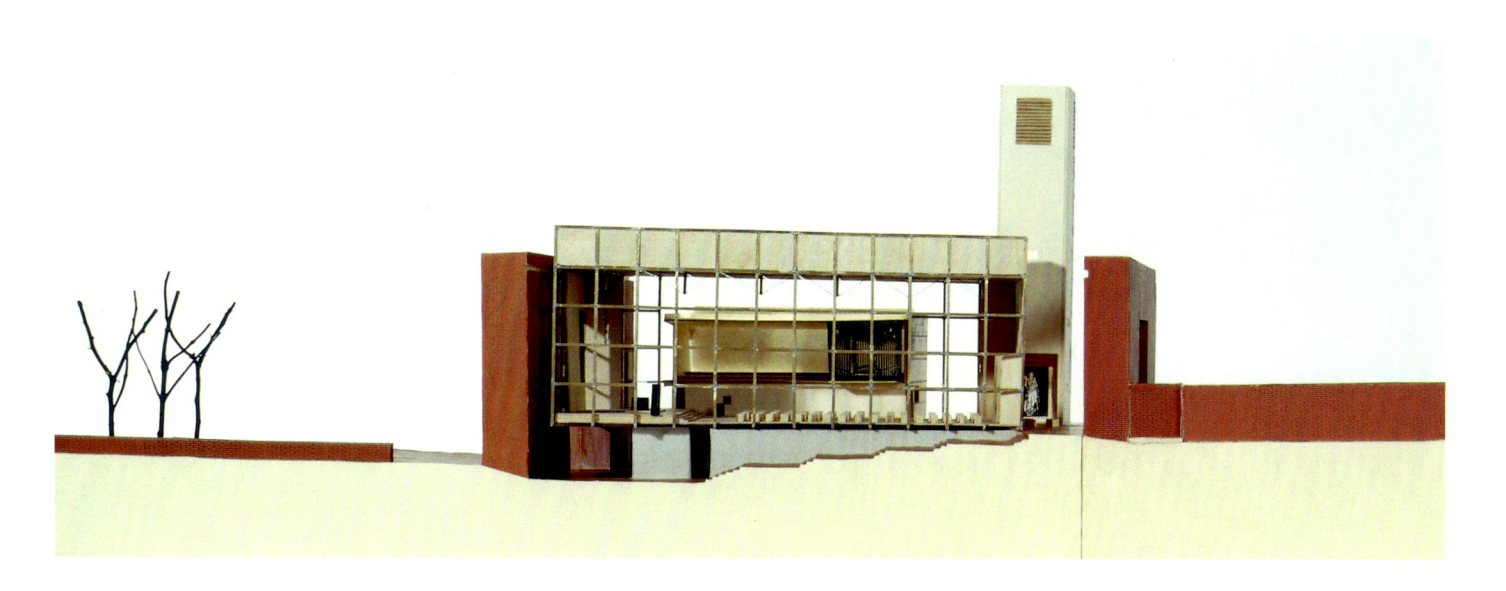

+61,85
+59,15
Empore
Sakristei
+51,35
Kleiderkammer
Werkstatt
+47,65

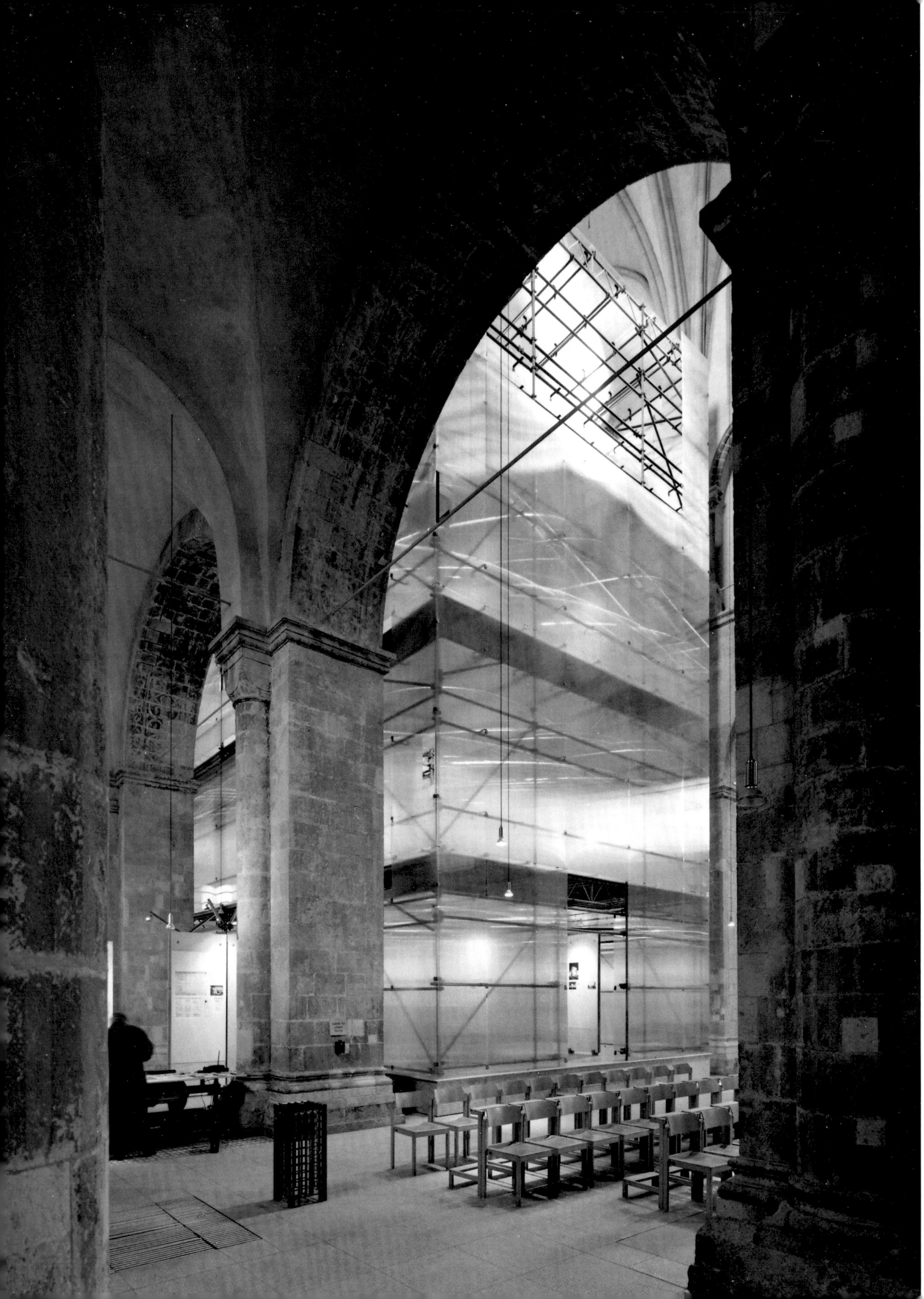

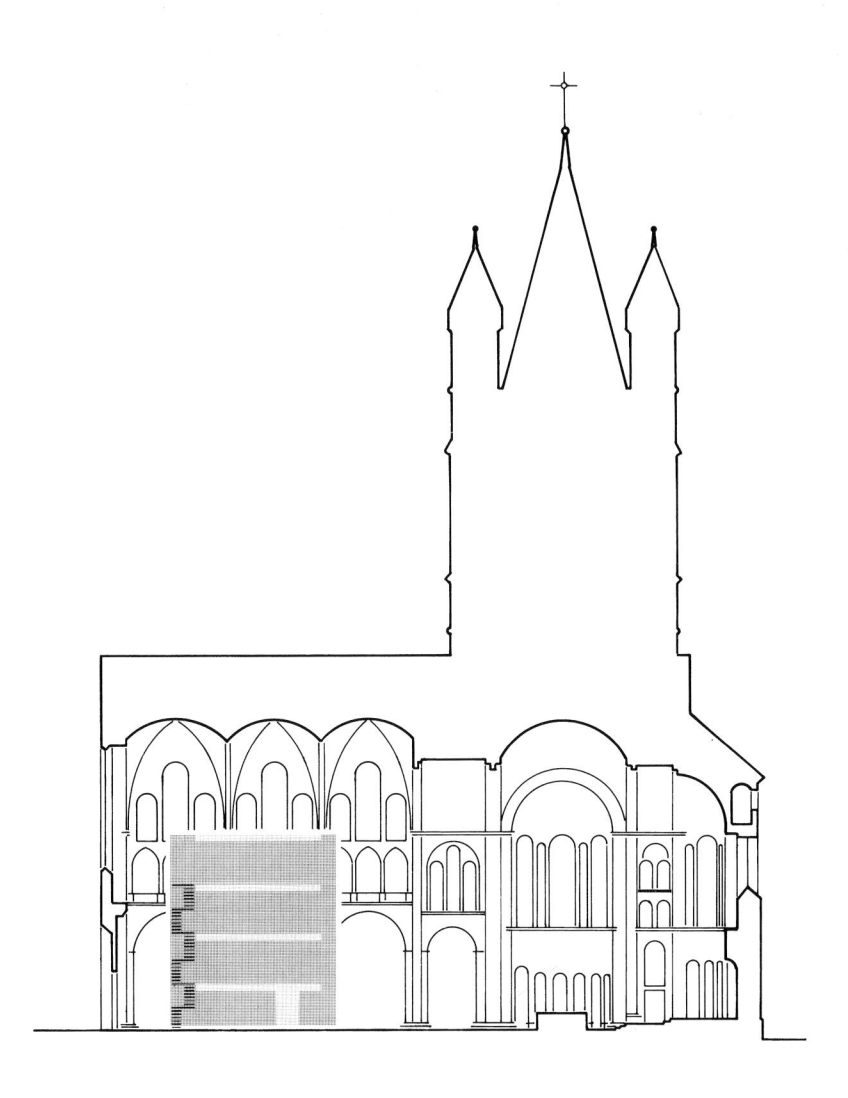

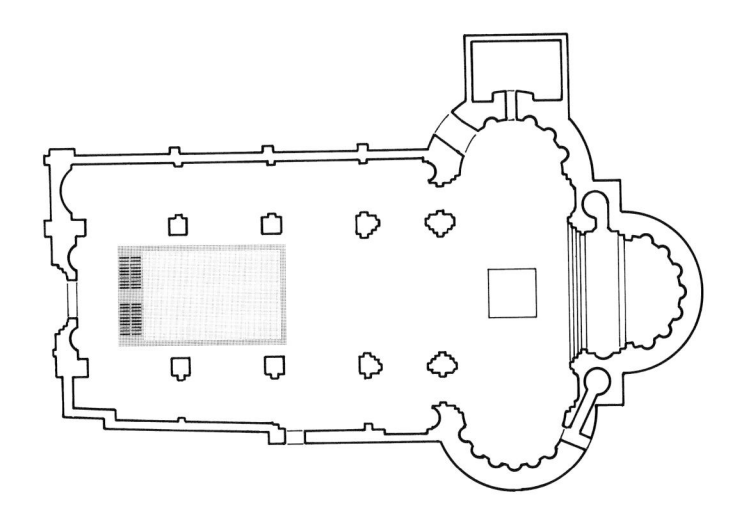

# Ausstellungsgebäude in Groß St. Martin, Köln

Groß St. Martin ist einer der zahlreichen romanischen Kirchenbauten Kölns, die im Krieg schwer beschädigt wurden. Von Margot und Joachim Schürmann wieder aufgebaut und ausgestaltet, sollte in Groß St. Martin eine Ausstellung über Rheinische Kirchenbauten nach 1945 stattfinden, allerdings ohne den Gottesdienstablauf zu stören.

Ein eingestelltes Haus analog einer ‚Casa sancta' zeigt eine Ausstellung über den rheinischen Kirchenbau der katholischen Kirche 1945–1995. Der viergeschossige begehbare Turmbau ist ein Gehäuse mit transluzenten Wänden, in dem wiederum Architekturmodelle das Thema des ‚Hauses im Haus' aufnehmen. Das Langhaus ist temporär räumlich besetzt, jedoch läßt die transluzide Beplankung des Einbaus nicht den Eindruck von Dauerhaftigkeit zu. Die durch die Lichtreflexe weiche Oberfläche nimmt die substantielle Gegenwart des Ausstellungsbaus weitgehend zurück zugunsten des umgebenden Kircheninnenraumes.

Die Gerüstkonstruktion ist beidseitig mit Makrolonplatten verkleidet. Ebenso ist unter den Bodenplatten eine abgehängte Decke aus den gleichen Platten vorgesehen. Der Wandaufbau stellt sich damit sowohl von innen als auch von außen als monolithisch semitransparent dar. Ein Volumen aus Licht.

Die Ausstellungstafeln sind gemeinsam mit Dr. Karl Josef Bollenbeck, Generalvikariat der Erzdiözese Köln, konzipiert und zusammengestellt worden. Die Ausstellung ist mit einem Katalog dokumentiert und in den letzten Jahren an folgenden Orten gezeigt worden: Rom, Lateran; Bologna, Pavillon esprit noveau; Budapest, Haus der Architekten.

116

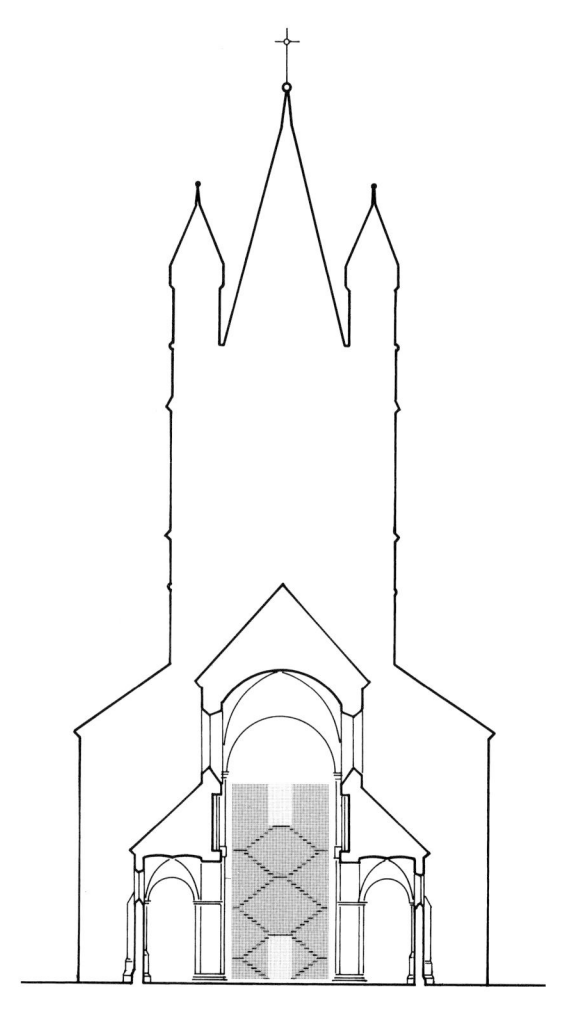

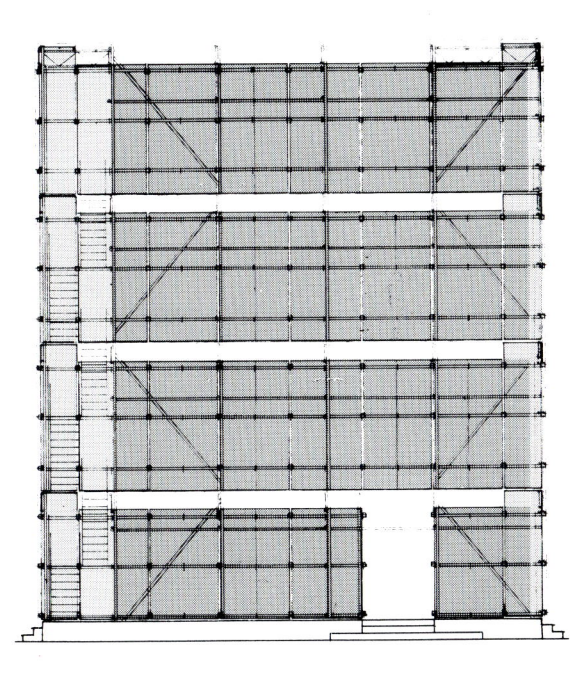

*Das Stangengerüst ist von innen und außen mit Makrolonplatten verkleidet*

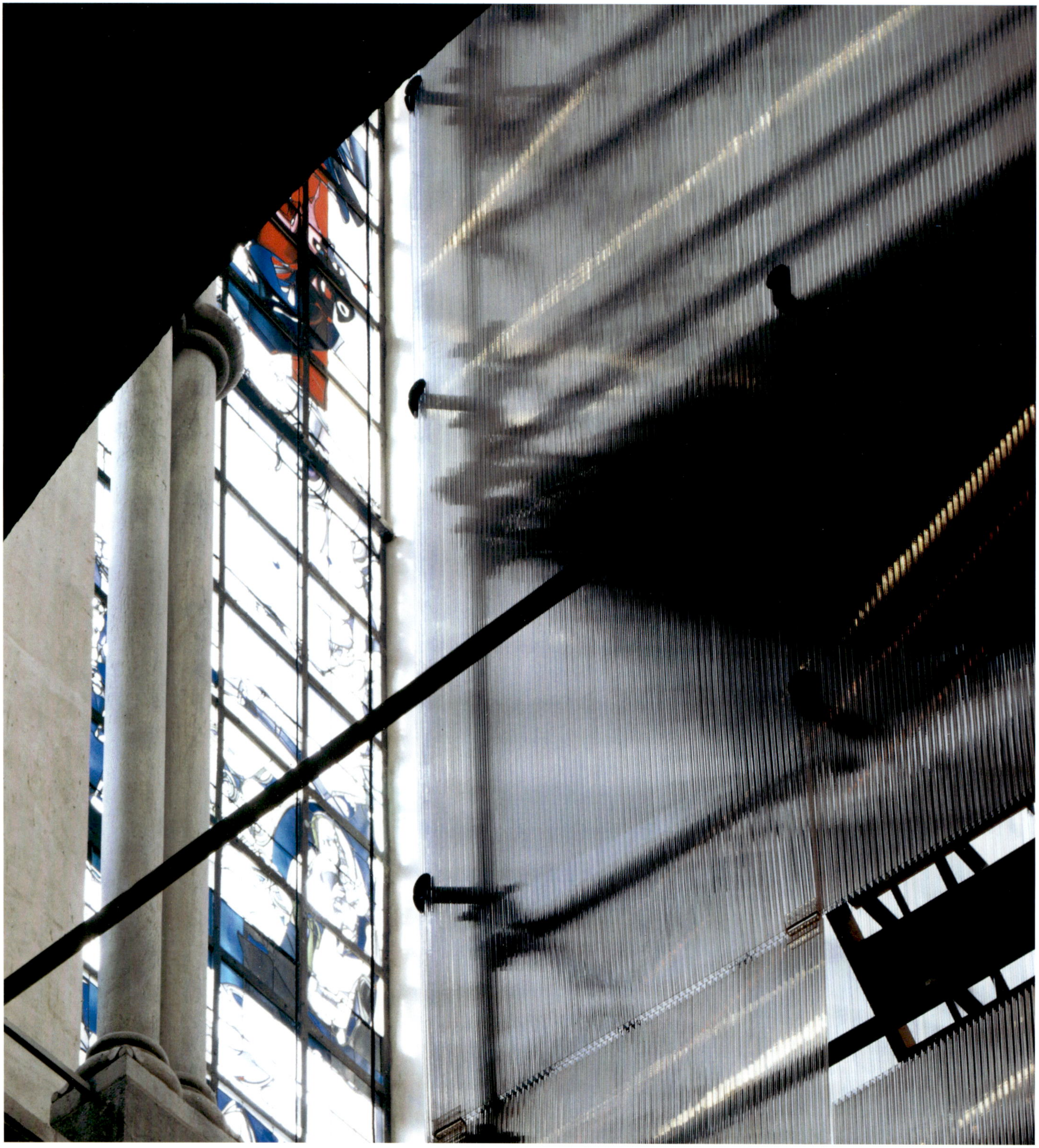

*Ausstellungstafeln*

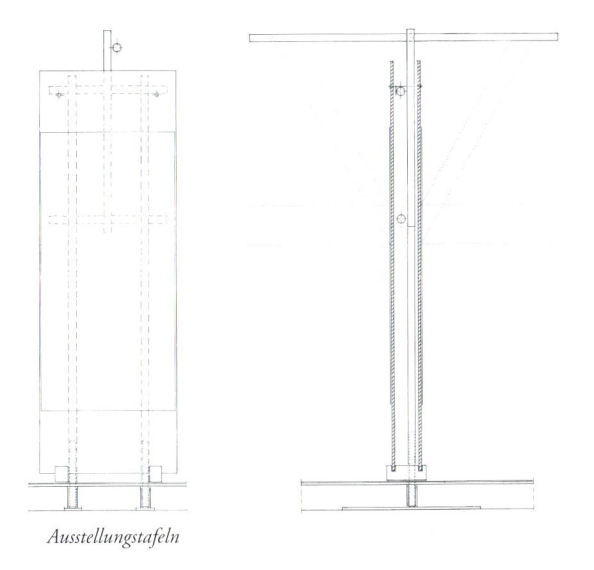

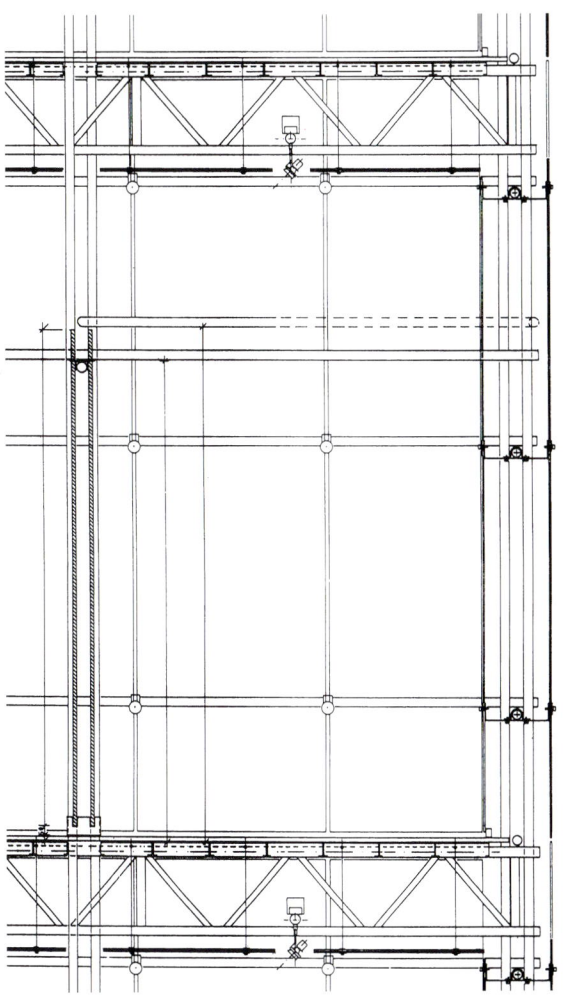

*Detailschnitt Turm*

119

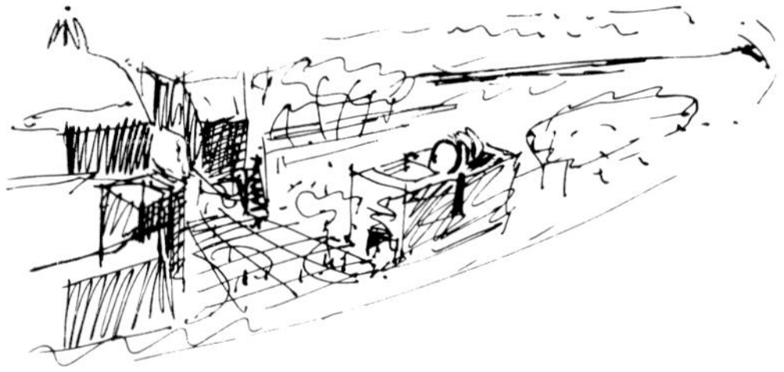

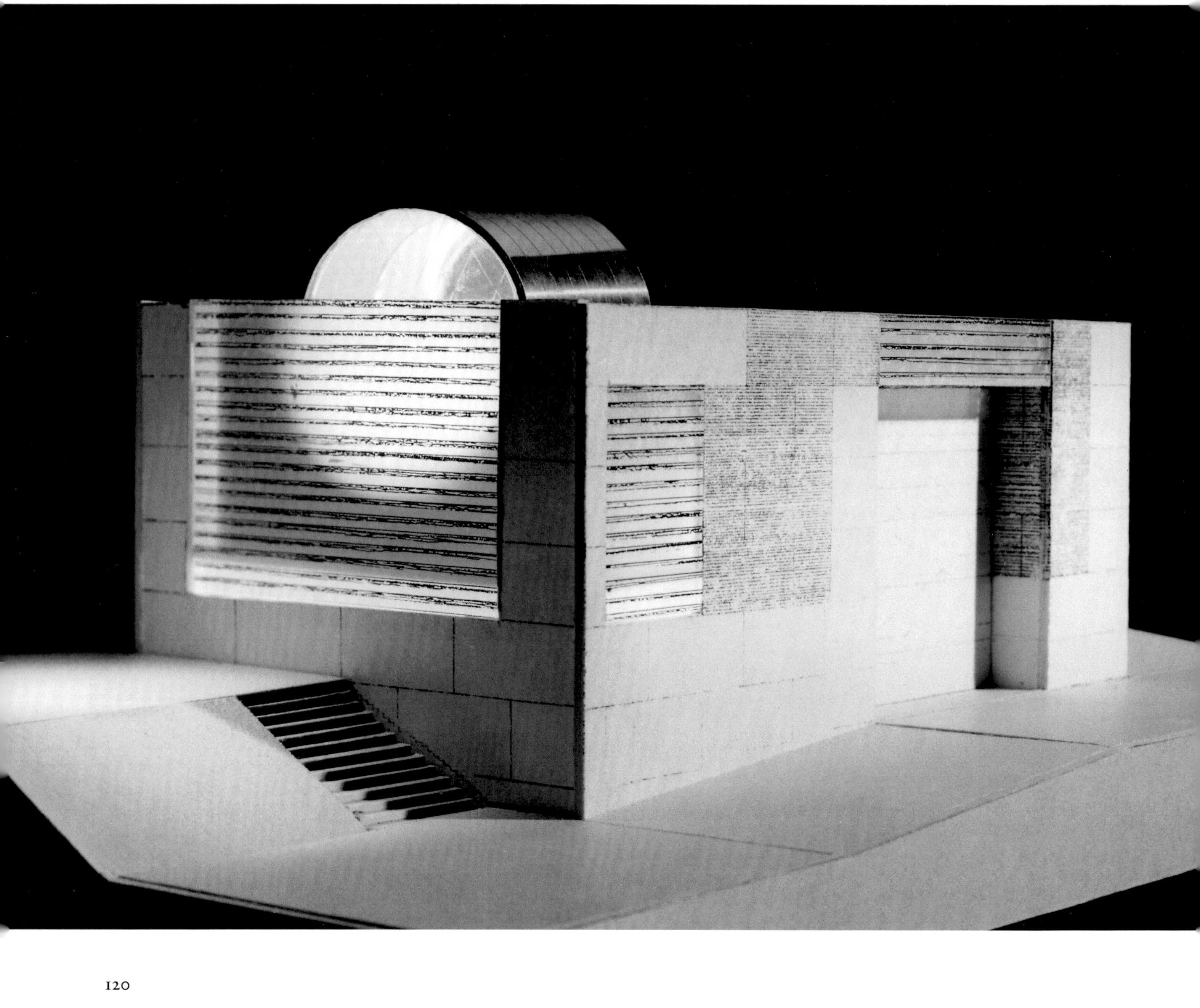

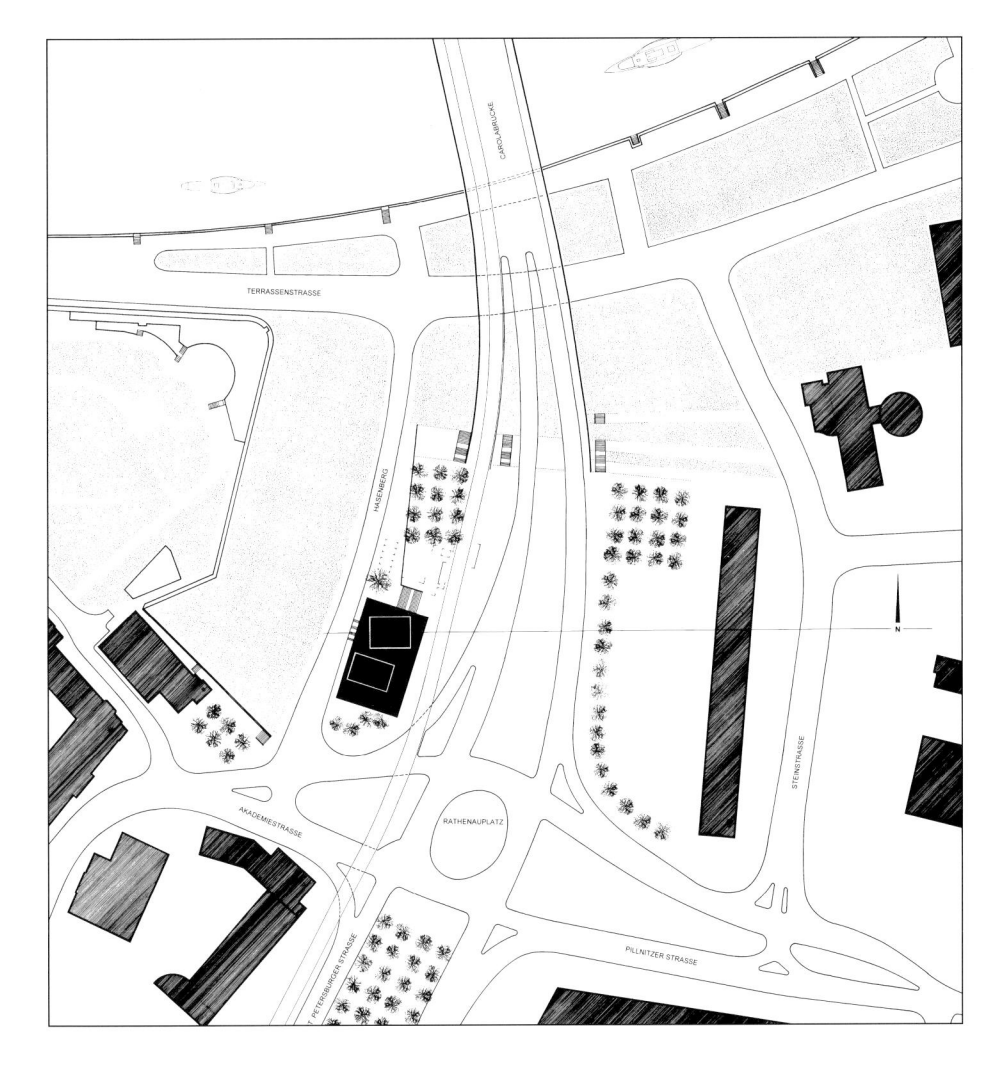

# Synagoge für Dresden

Die Synagoge ist ein ‚Haus', ein Volumen, ein Körper mit verschiedenen Räumen.

Innere Organisation

Ein umschlossenes Volumen (Synagogenraum) und ein offener Raum (Vorhalle) bestimmen das Gebäude.

Der Synagogenraum ist in seiner Längsachse streng nach Osten ausgerichtet und bildet im Gegensatz zu der mit Räumen umschlossenen Vorhalle zwischen sich und der Außenfassade einen nach oben geöffneten Hof. Durch die Holzlamellen der Außenfassade wird die Drehung des Raumes sichtbar. Die Längsrichtung des holzgetäfelten Synagogenraumes wird durchdrungen durch eine Quertonne mit den Fenstern aus transluzentem Naturstein, die das Tageslicht matt einfallen lassen. Das ausströmende Licht ergänzt die Halbtonne zu einem Kreis, der in dem Gebäude zu schweben scheint.

Die Analogie zu dem Quaderwerk des *Salomonischen Tempels* oder der *Stadtmauer Jerusalems* ist bewußt gewählt, auch in der Farbigkeit der Zuschlagstoffe. Das Haus als Bild der ‚Stadt' (Mauer und Kuppel).

*Eingangsgeschoß*

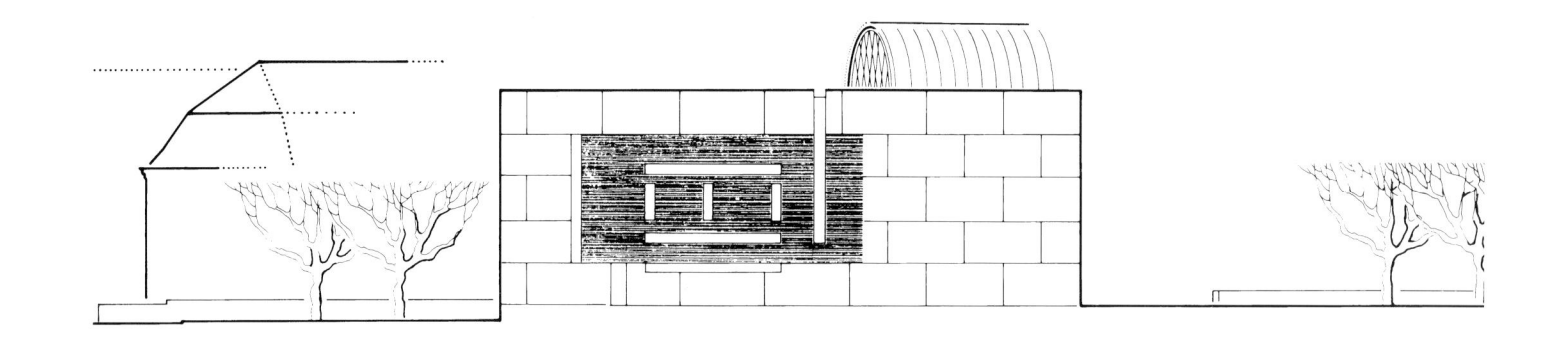

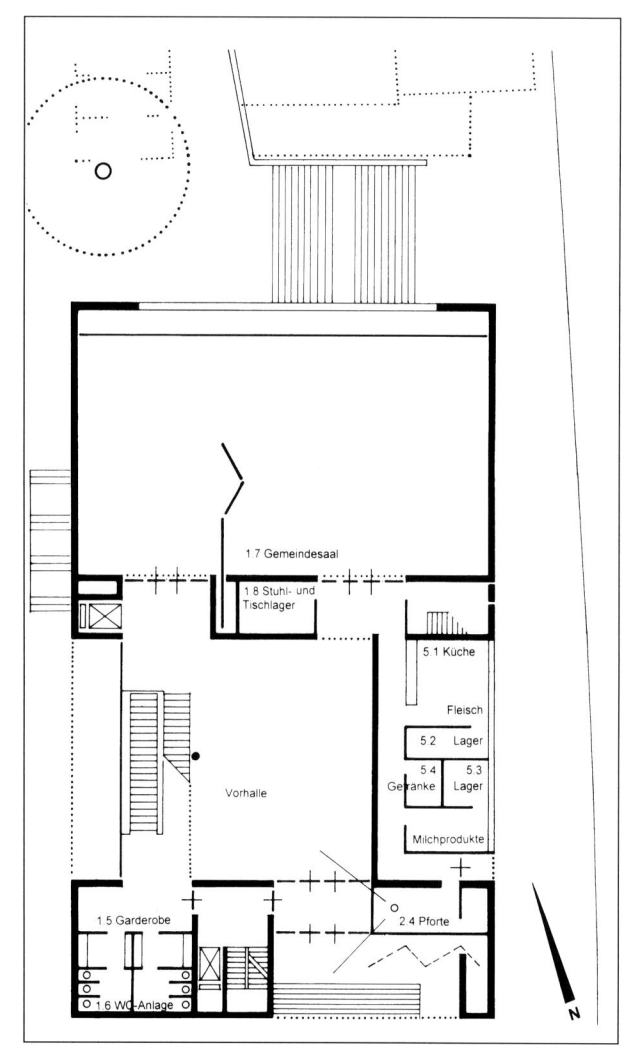

*1. Obergeschoß*

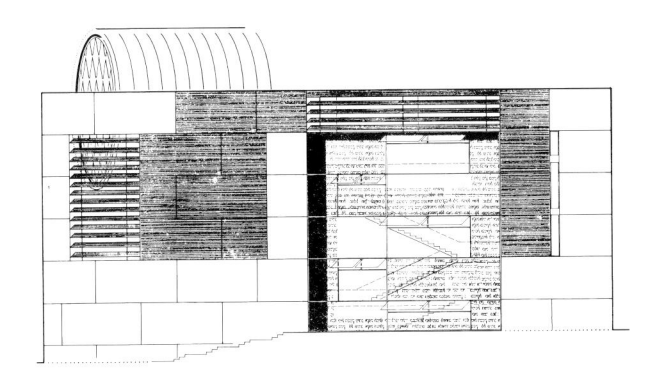

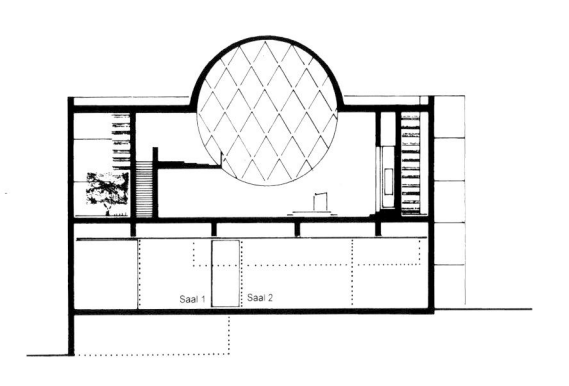

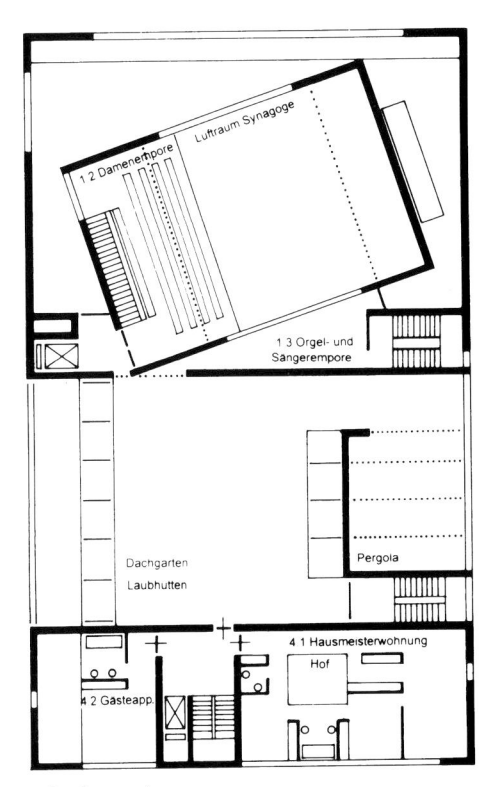

*Dachgartenebene*

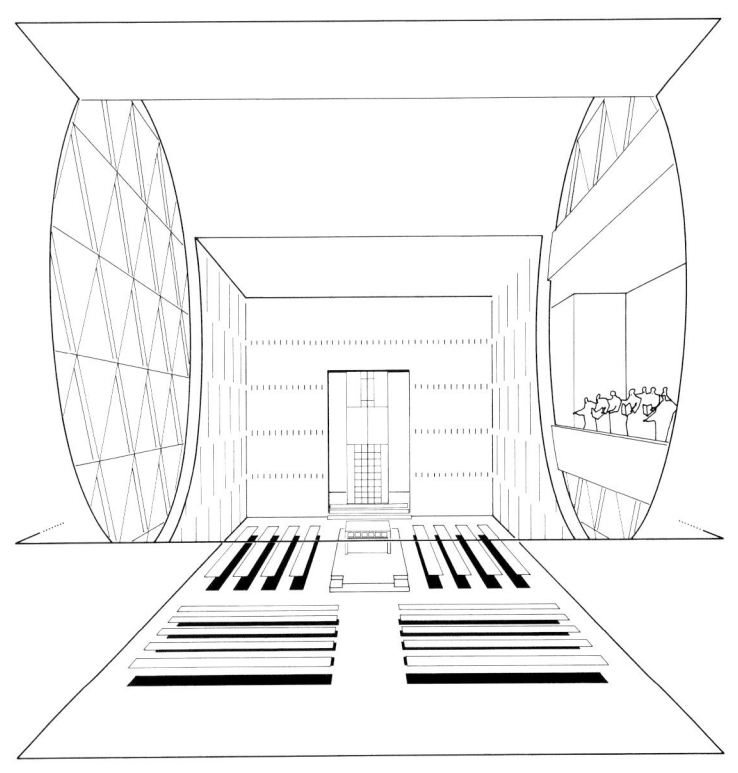

*Innenraumperspektive Synagogenraum*

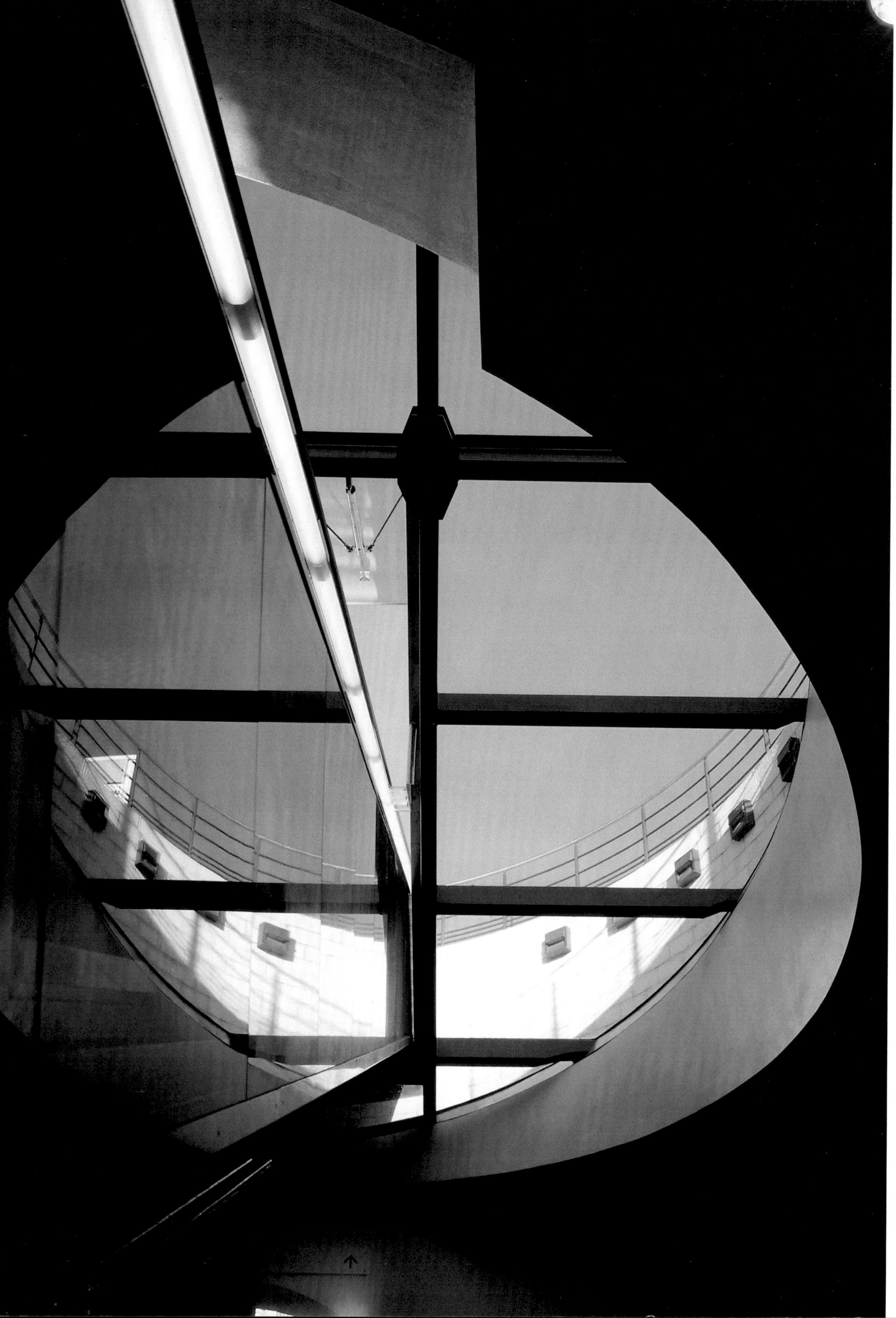

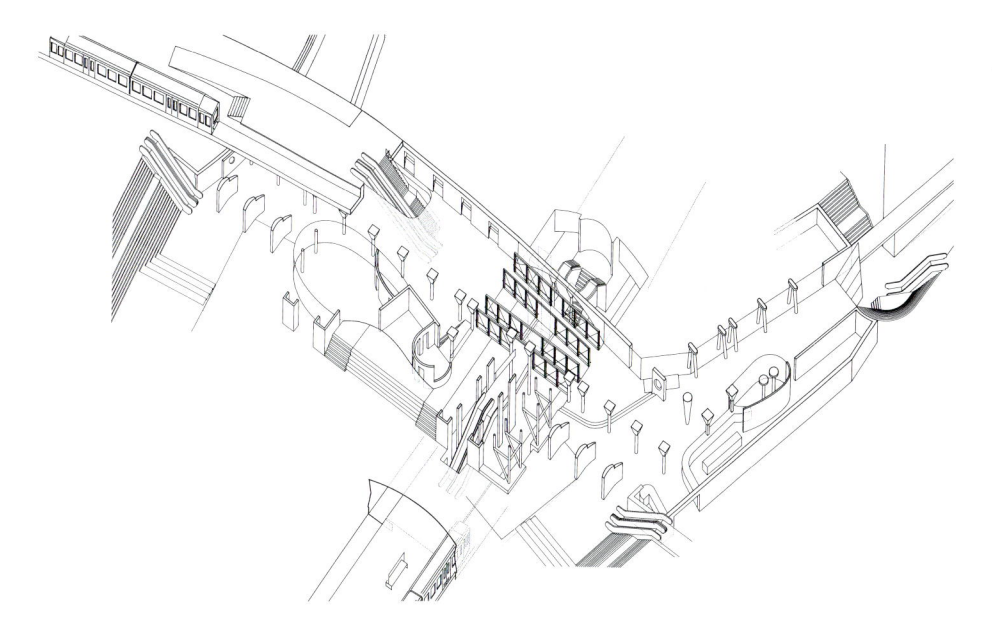

# U-Bahnhof
# Wiener Platz, Köln

Aufgabe war die Neufassung der Platzanlage, die bauliche Gestaltung der U-Bahnstation mit einer Verteilerebene für die Fußgängerströme und der Entwurf eines südlichen Platzabschlußes durch ein Bezirksrathaus.

Zwei Turmbauten dominieren den Stadtraum, trennen Platz- von Verkehrsflächen und rahmen den Blick auf die Zufahrt zur Mülheimer Brücke. Die gesamte Platzfläche ist zu den Türmen leicht geneigt.

Eine U-Bahn fährt in einem unterirdischen Raum. Das Wesen dieses Raumes ist es, nur von innen wahrgenommen zu werden.

In allen architektonischen Elementen ist die nach innen gestülpte Tektonik eines Tunnels oder Bergwerkes die thematische Leitidee. Gemeint sind damit die sichtbaren Stahlbetonrippen, die sich aus dem modellierten Wandquerschnitt ablösen, um den Tunnelbau rhythmisch zu gliedern, die kreisrunden Oberlichter, die flächenbündig in der Platzoberfläche liegen und dem Sonnenlicht gestatten, bis auf den Bahnsteig einzufallen. Die Wandflächen sind gekurvt, scheinen wie aus einer verborgenen Masse herausgeschliffen und geben Einschlüße frei. Die unterirdische Welt ist farbig durch die Wandflächen, nicht die Einbauten. Diese sind, soweit sie Stahlelemente darstellen, schwarz. Die Grundfarbe ist ein ‚creme', das im Licht weiche Konturen zeichnet, Wand und Decke verbinden sich.

Das räumliche Erlebnis beginnt an den Übergängen zwischen Innen- und Außenraum. Jeder dieser Orte ist entsprechend seiner topographischen Situation gestaltet – als Röhre, die einen Treppenraum wie eine Bohrung umgibt, als gekrümmte Wandscheiben, die ein Strom geschliffen hat.

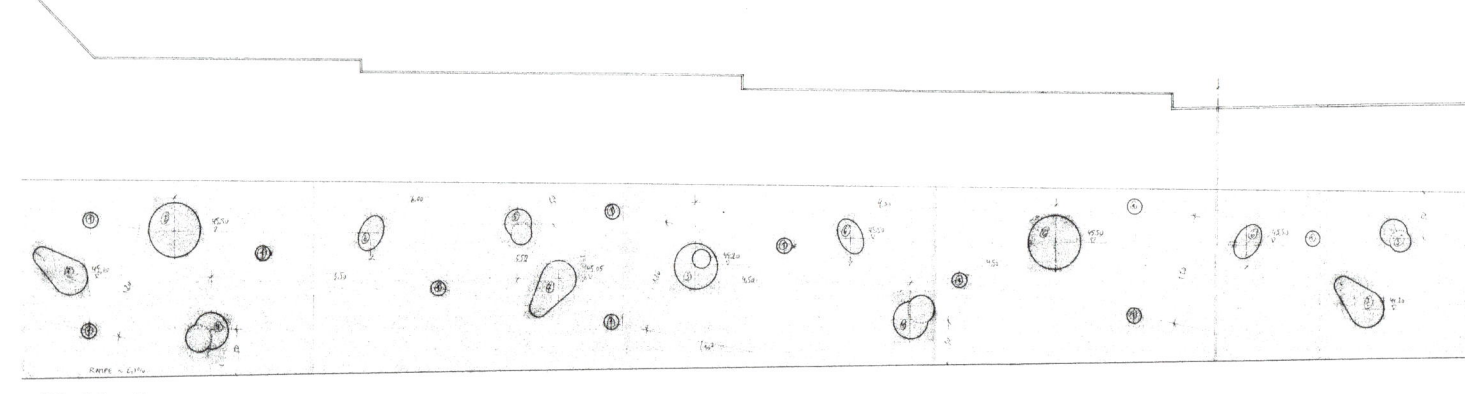

*Wandabwicklung*

127

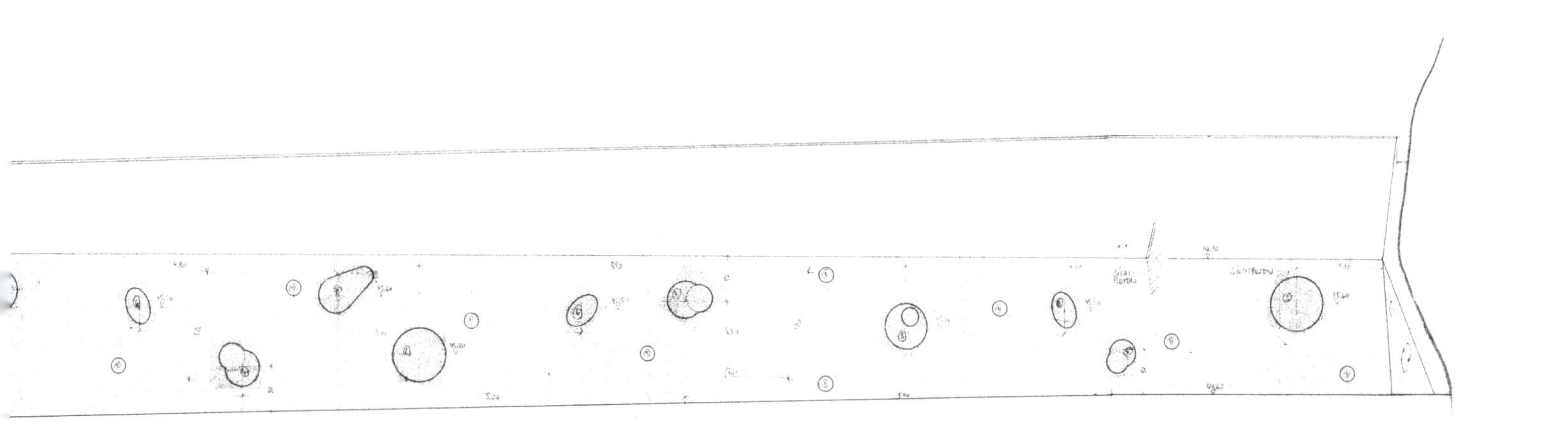

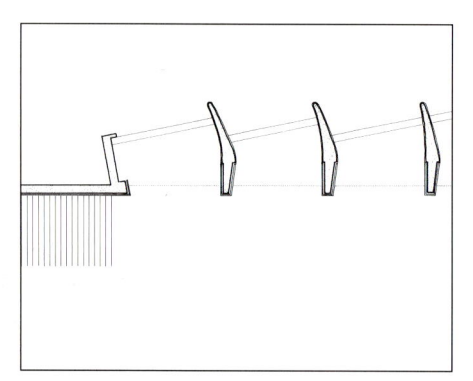

*Übergang vom Platz zur Verteilerebene durch Leitwände*

Wiener Platz

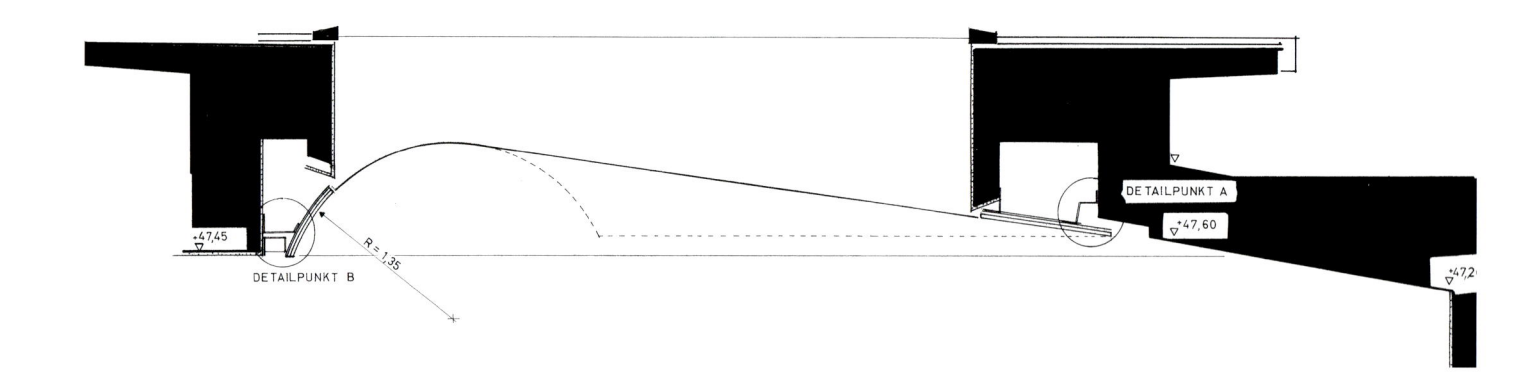

*Kurvierte Decke unter querliegendem Fahrsteig*

130

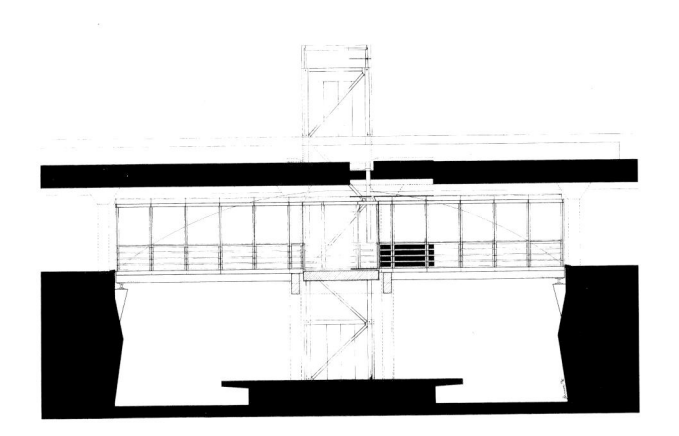

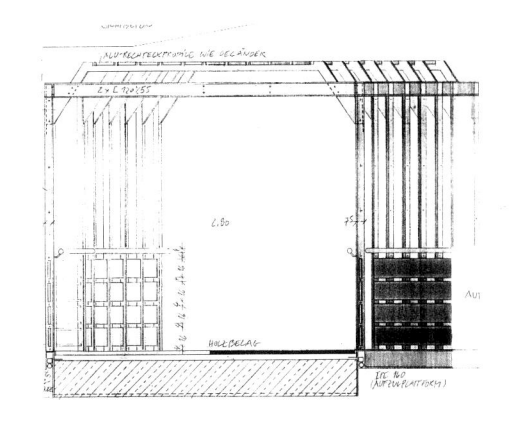

*Stahlbrücken über dem Fahrschacht*

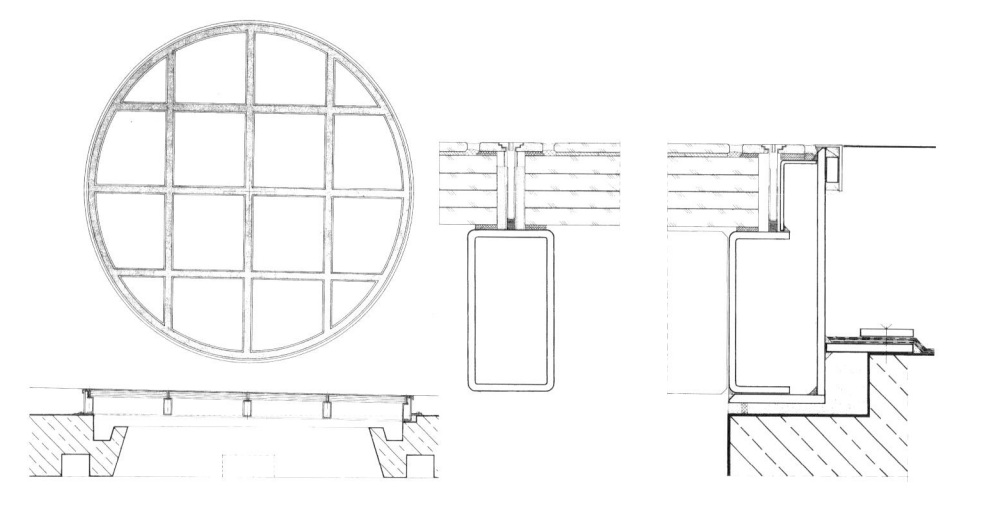

*In die Platzebene bündig
eingebaute Oberlichter*

*Ausgang Frankfurter Straße, Rohbau*

*Rippen aus Betonfertigteilen*

*Ausgang Richtung Buchheimer Straße*

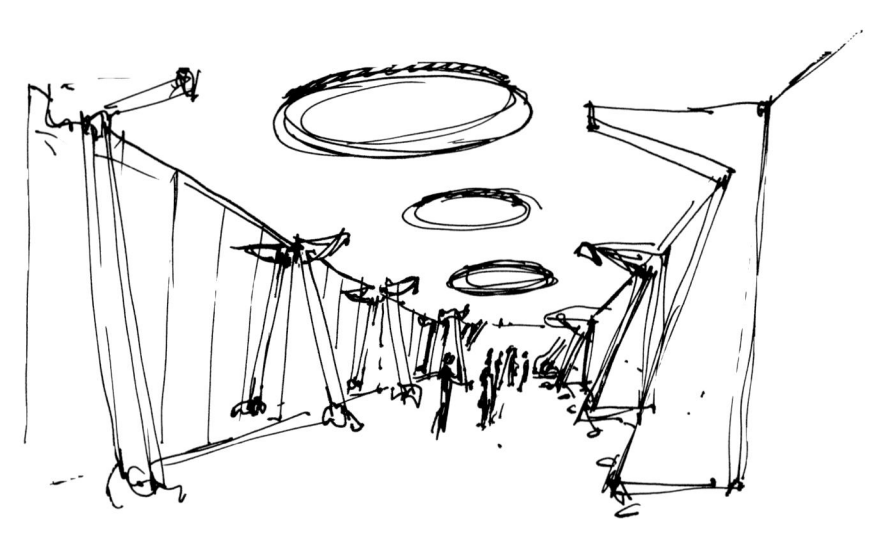

*Durchgang Buchheimer Straße mit kreisförmigem Lichtelement*

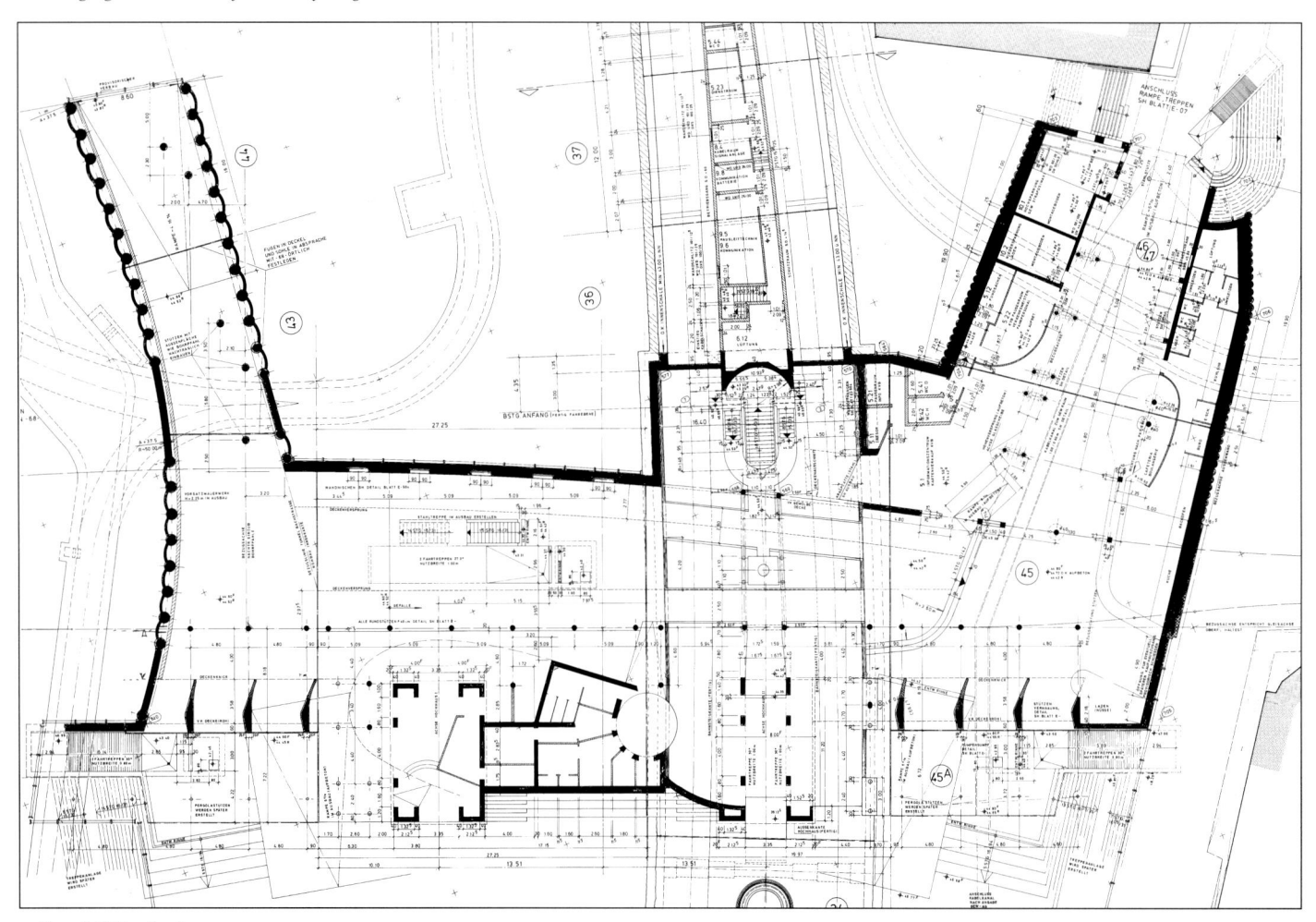

*Grundriß Verteilerebenen*

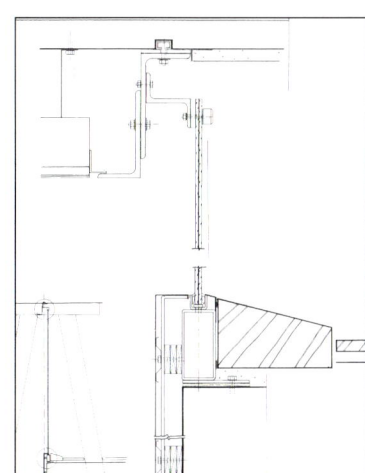

*Detail Glaswände*

*KVB Serviceeinrichtung, Blick in den Fahrebenenbereich*

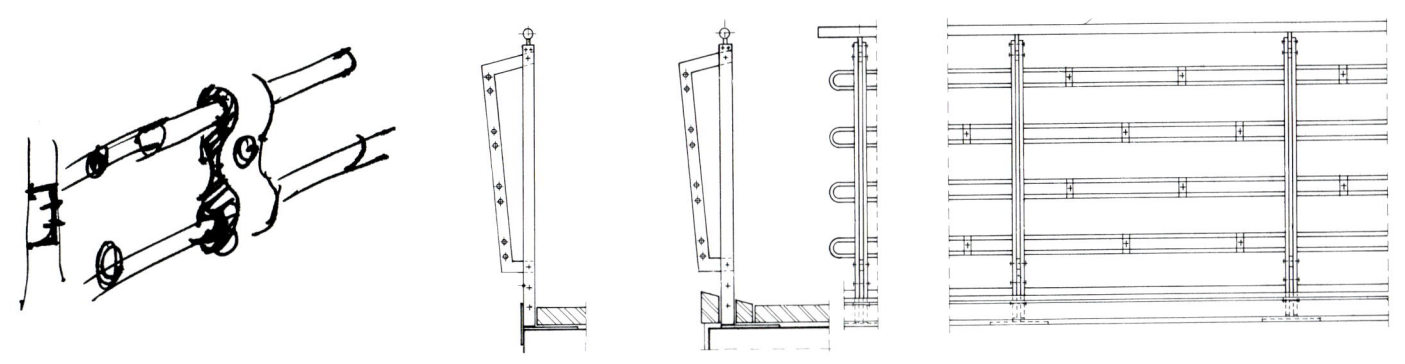

*Details Treppengeländer*

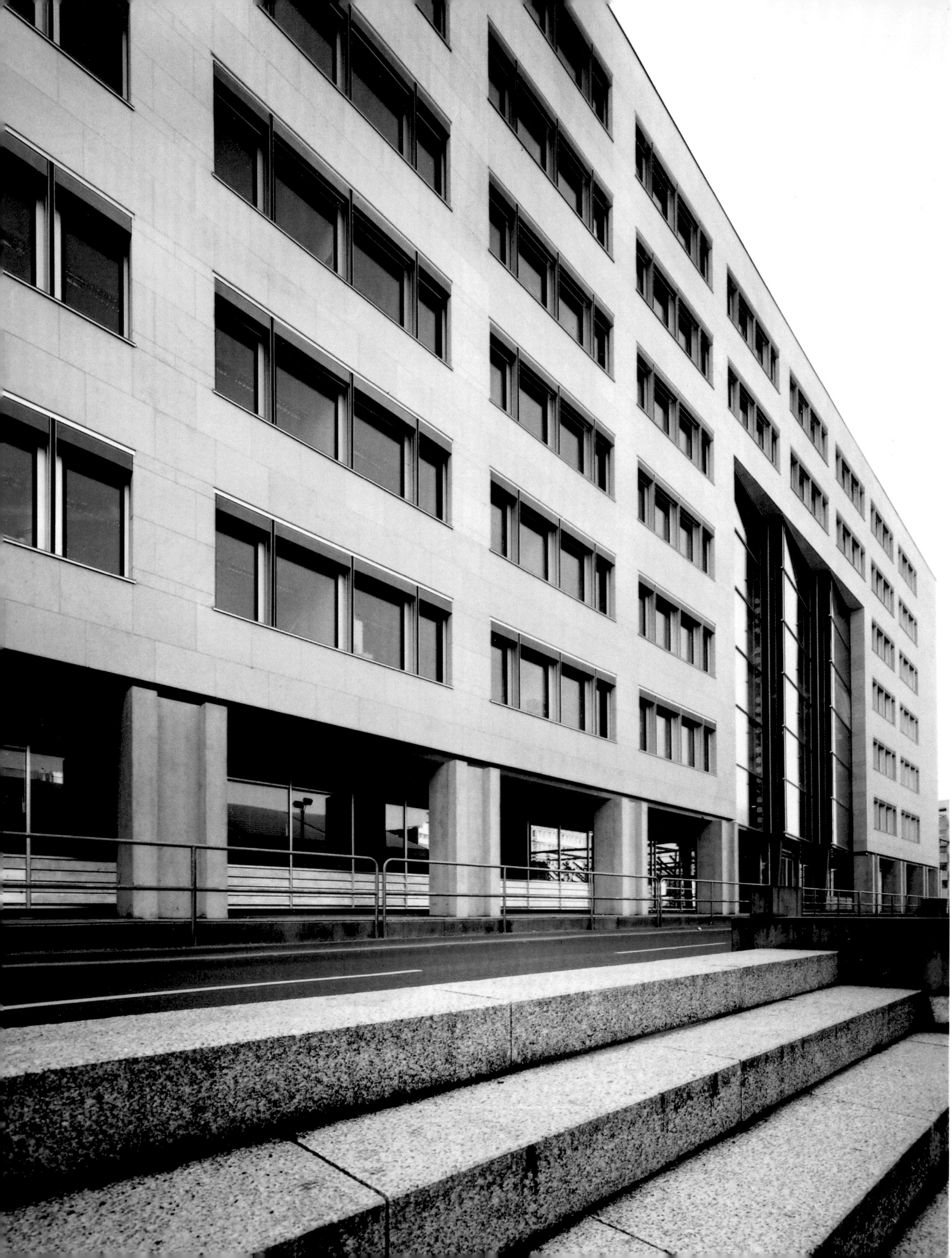

## Bezirksrathaus, Köln-Mülheim

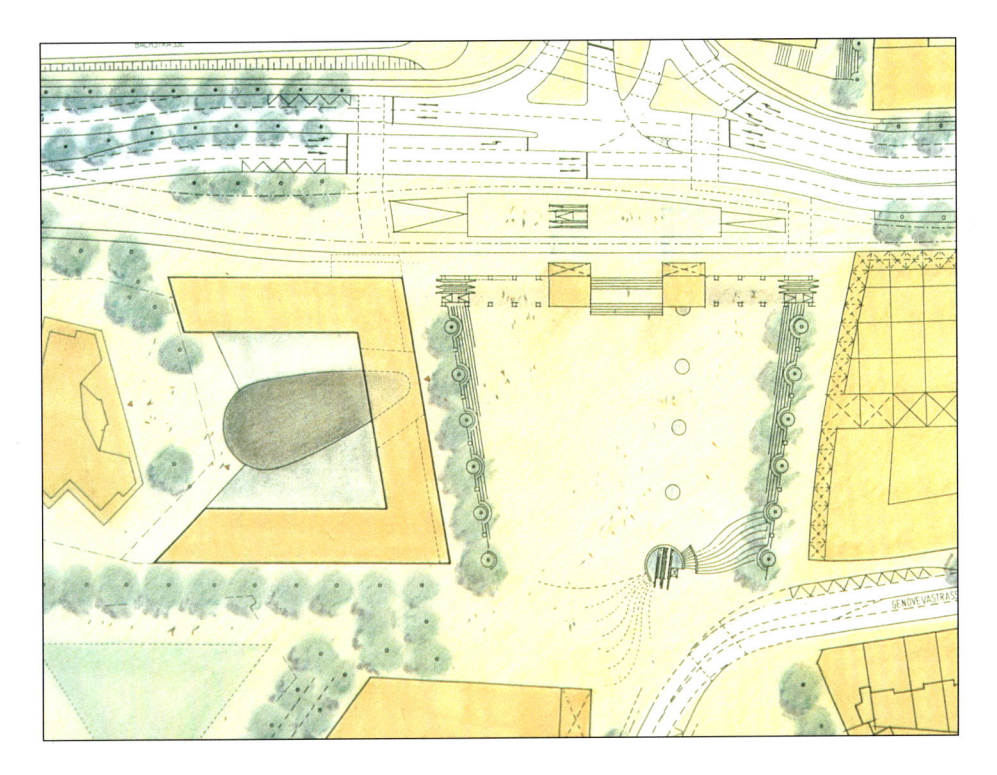

Das Bezirksrathaus bildet die südliche Platzwand des neuen Fußgängerzentrums. In diesem Gebäude sind neben den Verwaltungsfunktionen auch öffentliche Nutzungen wie eine Stadtbibliothek und die Volkshochschule mit einem Mehrzwecksaal untergebracht.

Ein 7-geschossiges, zweihüftiges Bürogebäude umschließt, zum rückwärtigen Hochhaus geöffnet, einen Innenhof, in den ein ellipsoider, die Volkshochschule beherbergender Baukörper eingestellt ist. Dieser durchstößt die Schale der Büroräume bis dicht vor die Fassade zum Platz und kennzeichnet damit den Hauptzugang zum Rathaus. Der öffentliche Raum des vorgelagerten ‚Wiener Platzes' fließt durch die riesenhaften gläsernen Türen, die den Blick auf den inneren Körper freigeben, in die Halle des Gebäudes hinein. Der Innenhof als Zwischenbereich zwischen der Gebäudeschale und dem inneren Körper wird mit einer spiegelnden und semitransparenten Decke überspannt und beinhaltet eine Bibliothek und die Meldehalle.

Das große, mit gleichförmig eingeschnittenen Fenstern – eben nicht Fensterbändern – körperhaft wirkende Natursteinvolumen ordnet den städtischen Raum. Ein urbaner Bau, dessen Masse vom Erdboden durch Stützen abgehoben wird und der zum Platz hin eine Arkade bildet.

Im Schutz des steinernen Schirmes ist die innere Ordnung sehr individuell, unter einem transluzenten Dach ordnen sich geschlossene und angeschnittene hölzerne oder farbige Raumkörper wie der Saal, die Kantine, die Meldehalle. Die VHS, die Schule des Individuums, ist ein frei kurvierter Metallkörper.

1 Haupteingang
2 Meldestelle
3 Veranstaltungs- und Sitzungssaal
4 Stadtbibliothek
5 Kantine
6 Verwaltung
7 Volkshochschule

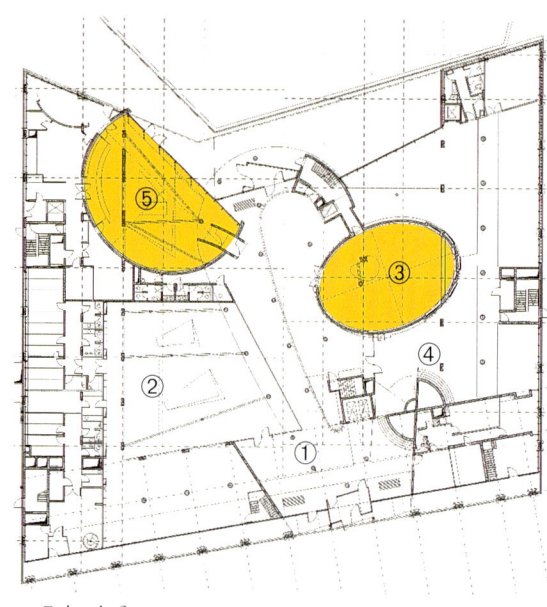

*Erdgeschoß*

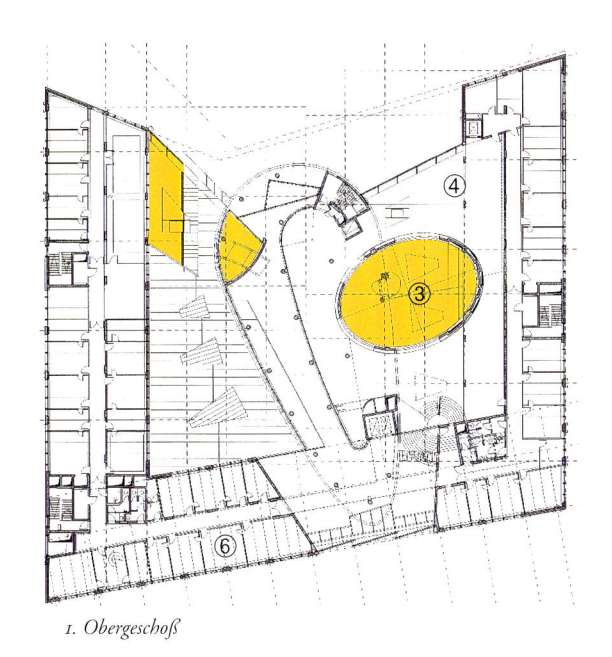

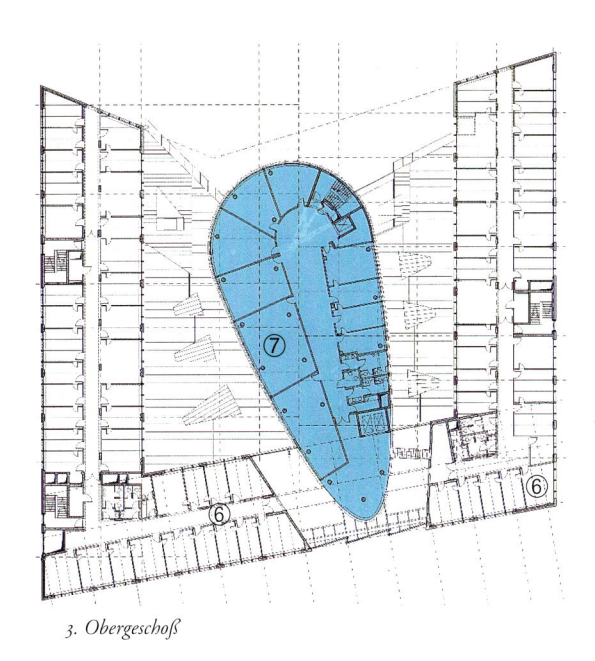

*1. Obergeschoß*  *3. Obergeschoß*

141

Ansicht  Schnitt

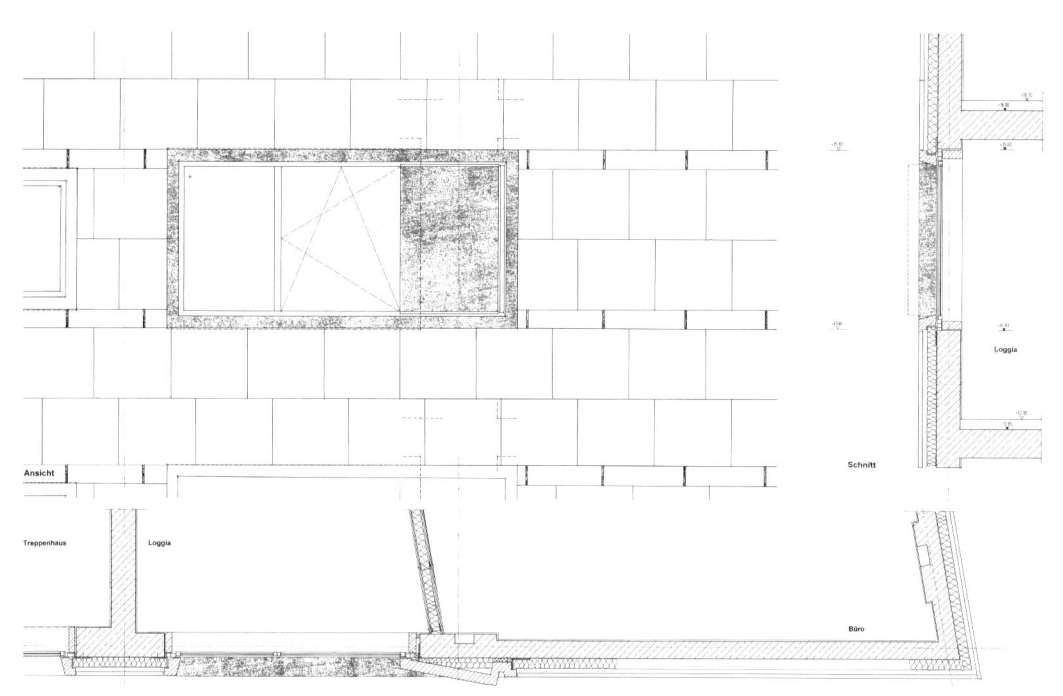

Treppenhaus  Loggia  Loggia  Büro

*Rahmen aus Betonfertigteilen*

142

*Detail Außenfassade*

*Ansicht zum Platz*

*Detail Innenhof*

*Fassade zum Platz*

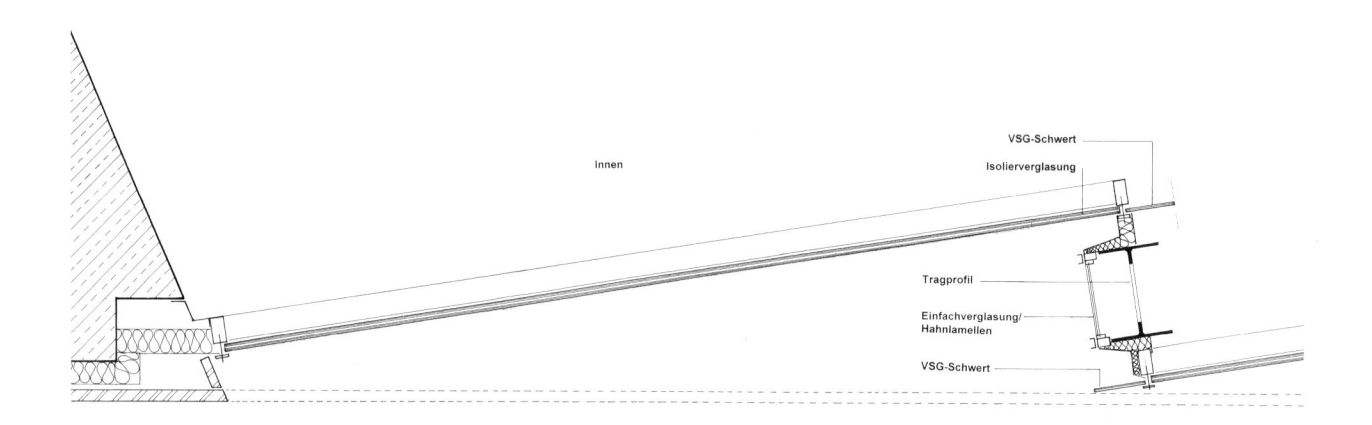

VSG-Schwert
Isolierverglasung
Innen
Tragprofil
Einfachverglasung/
Hahnlamellen
VSG-Schwert

‚Arche' aus Edelstahl hinter der Glasfassade

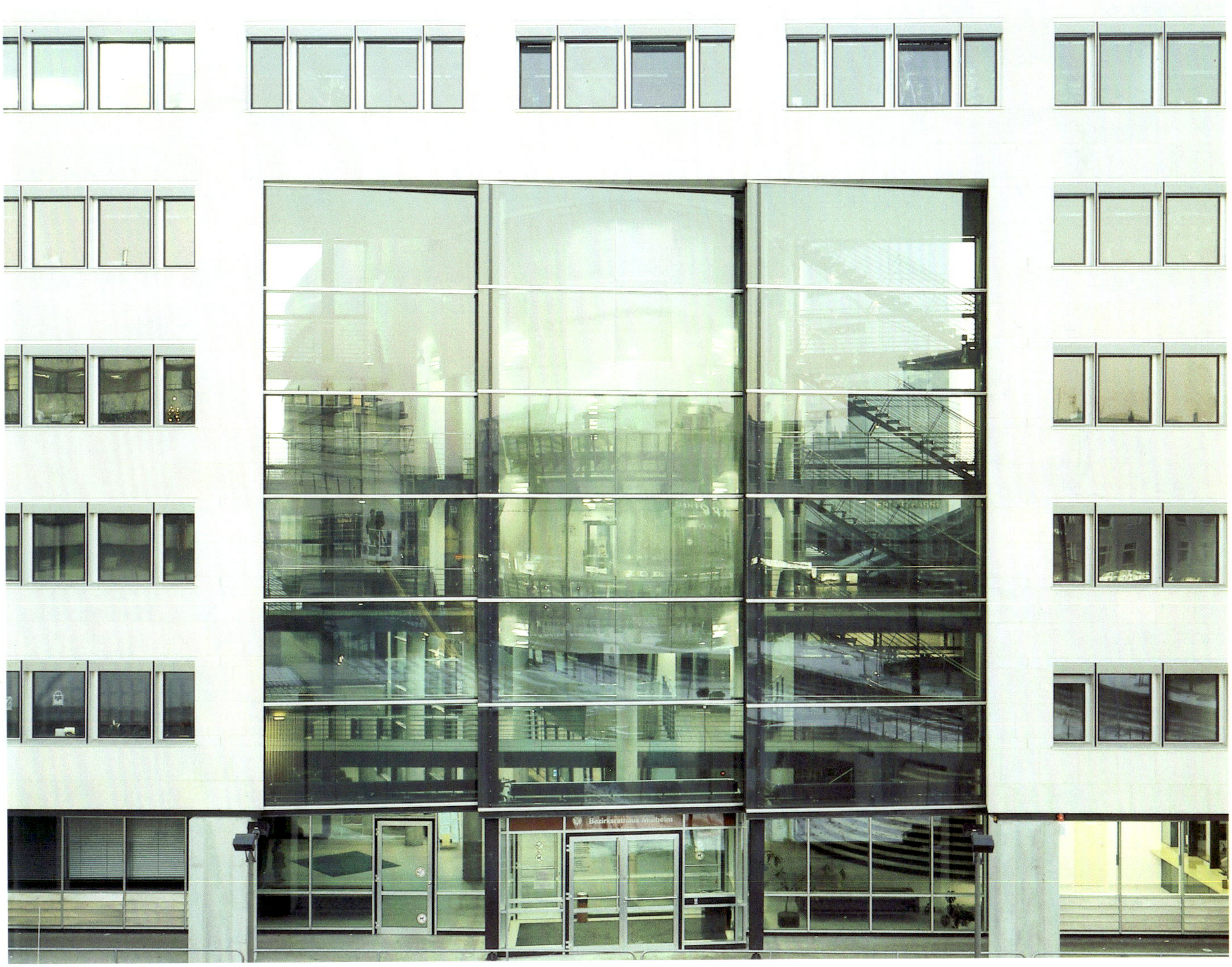

*Treppen im Luftraum*

*Brücken im Luftraum*

150

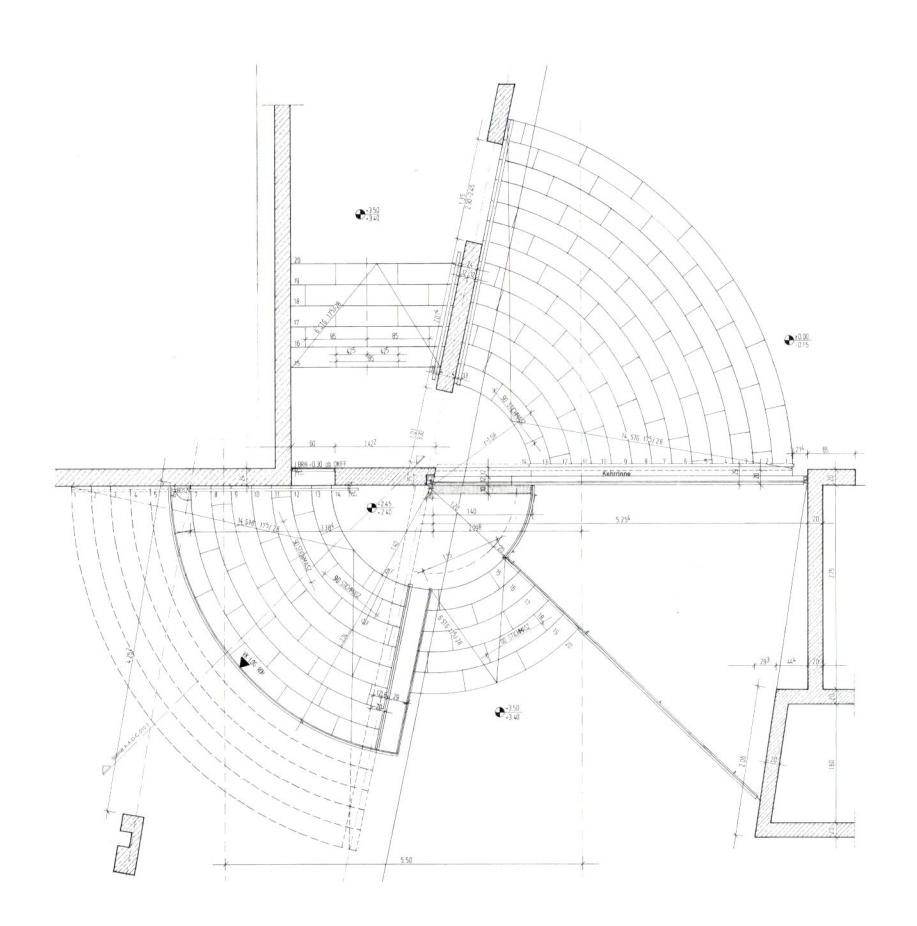

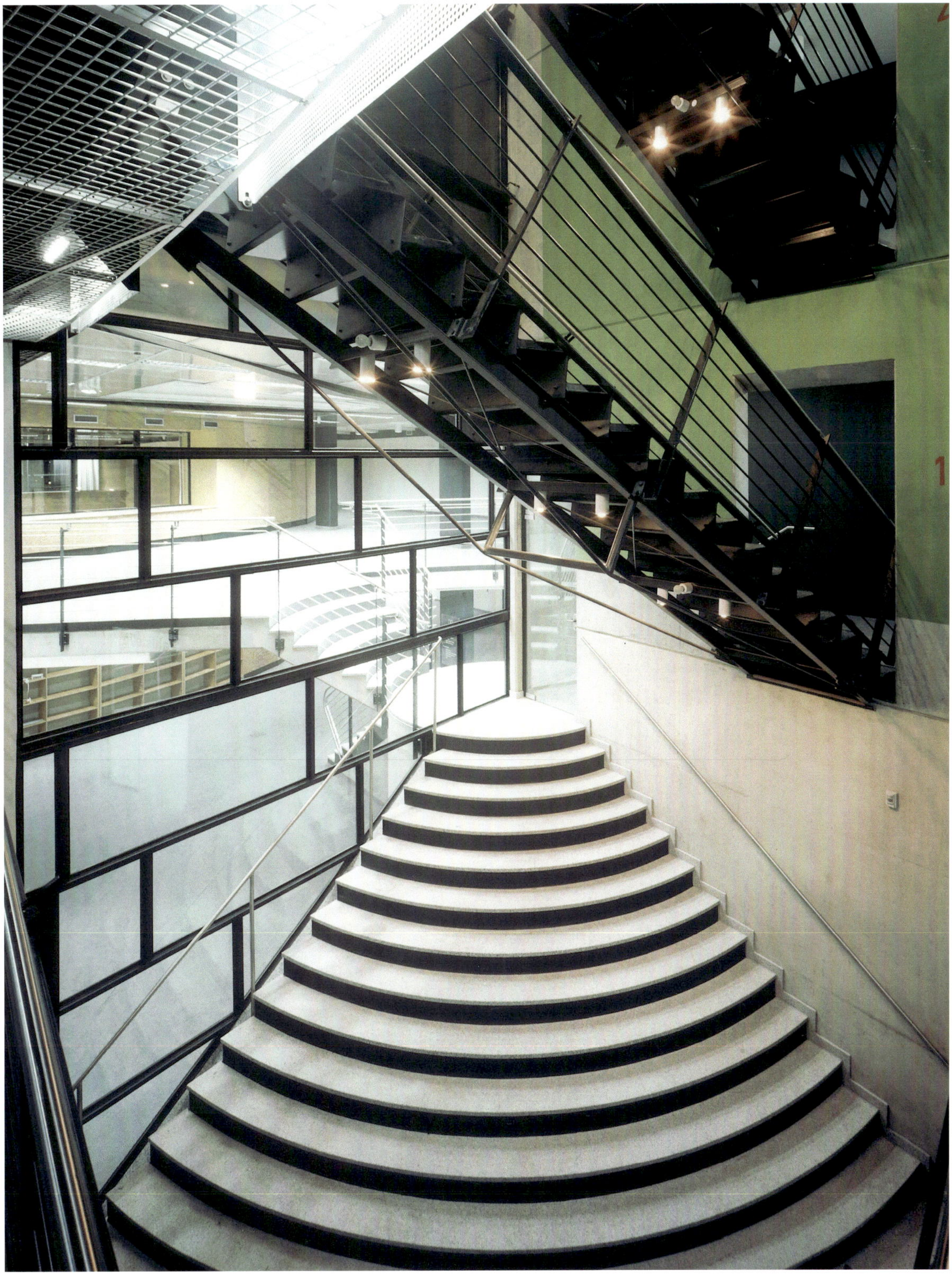

*Meldehalle mit transluzenter Decke*

*Pförtnerloge im Kiel der Arche*

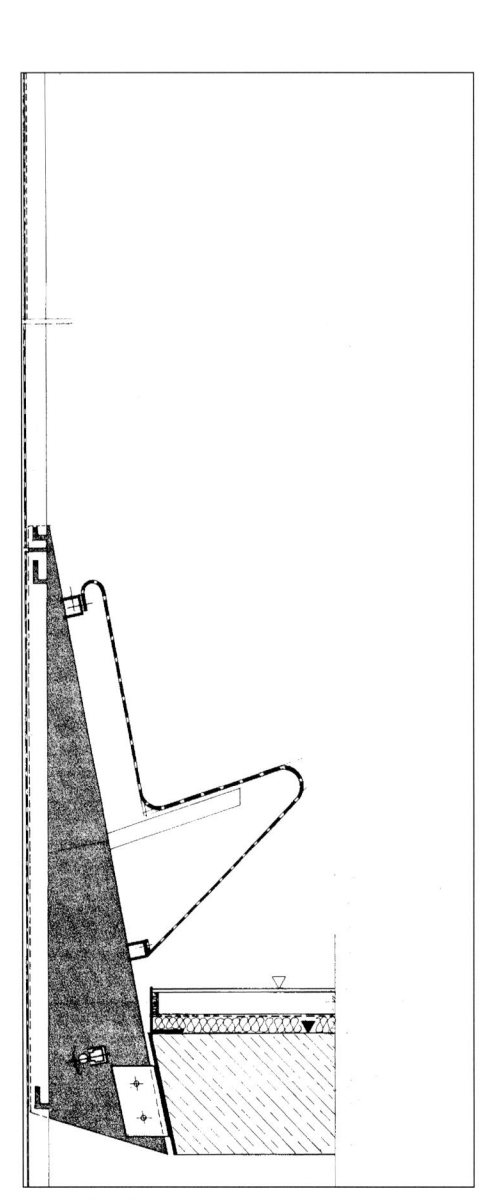

*Detail Sitzbank aus Edelstahl*

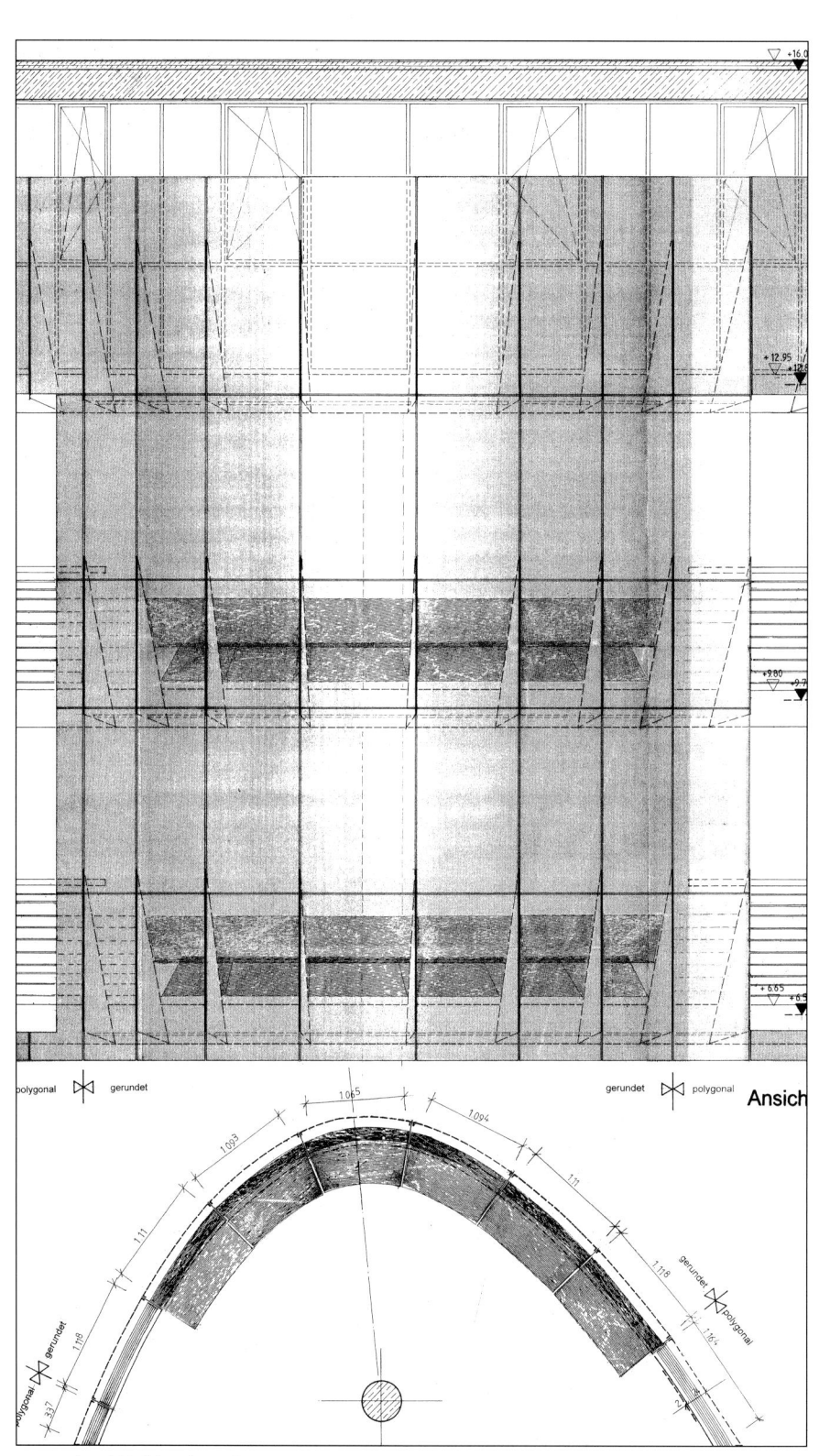

*Detail Lochblechfassade 'Arche'*

154

*Sitzgruppe vor dem Aufzug*

*Saal der Volkshochschule,*
*Regiekanzel in der Raummitte*

157

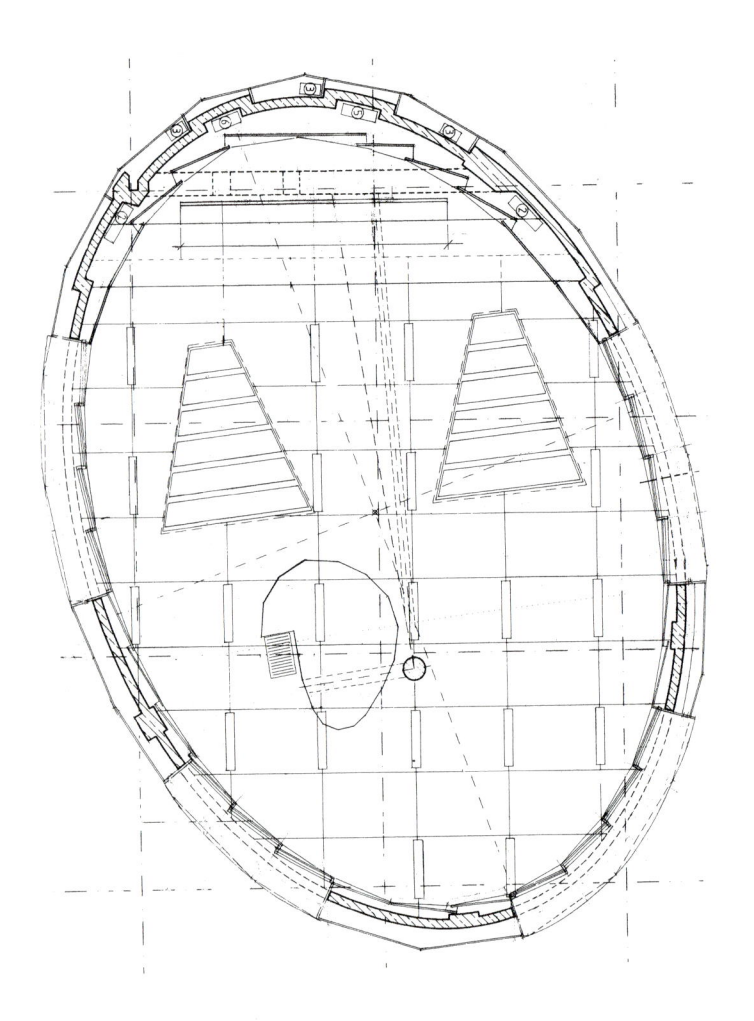

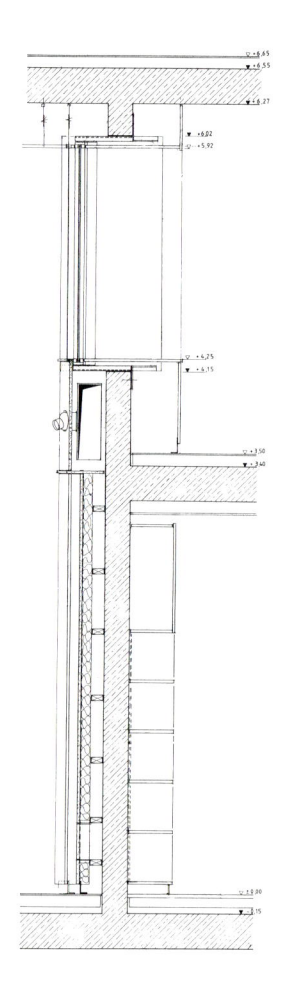

*Der holzverkleidete Saal im Bereich der Stadtbücherei*

*Im 1. Obergeschoß umgeben Leseplätze den Saal*

*Verdunkelbare Oberlichter*

*Grundriß Kantine*

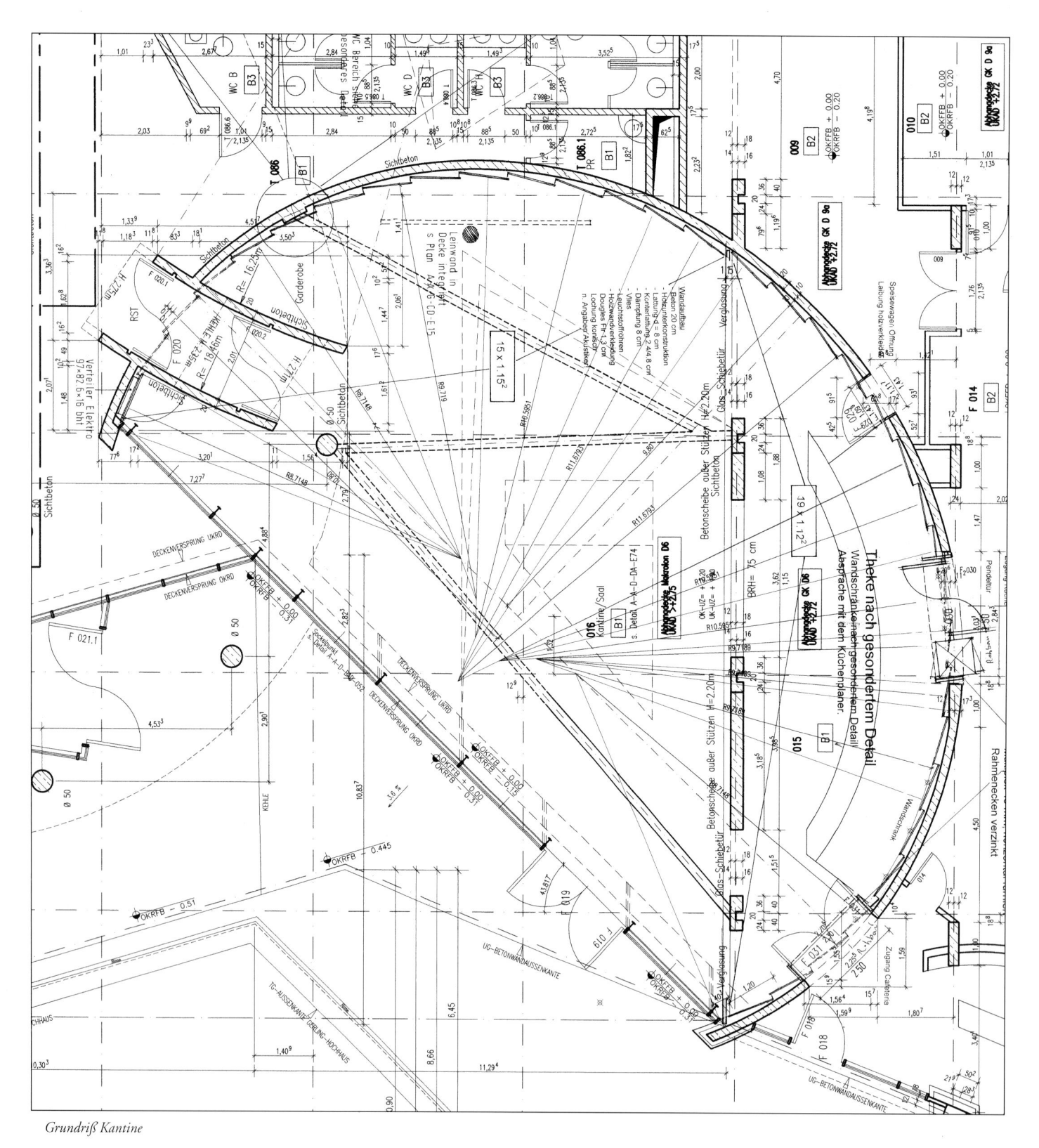

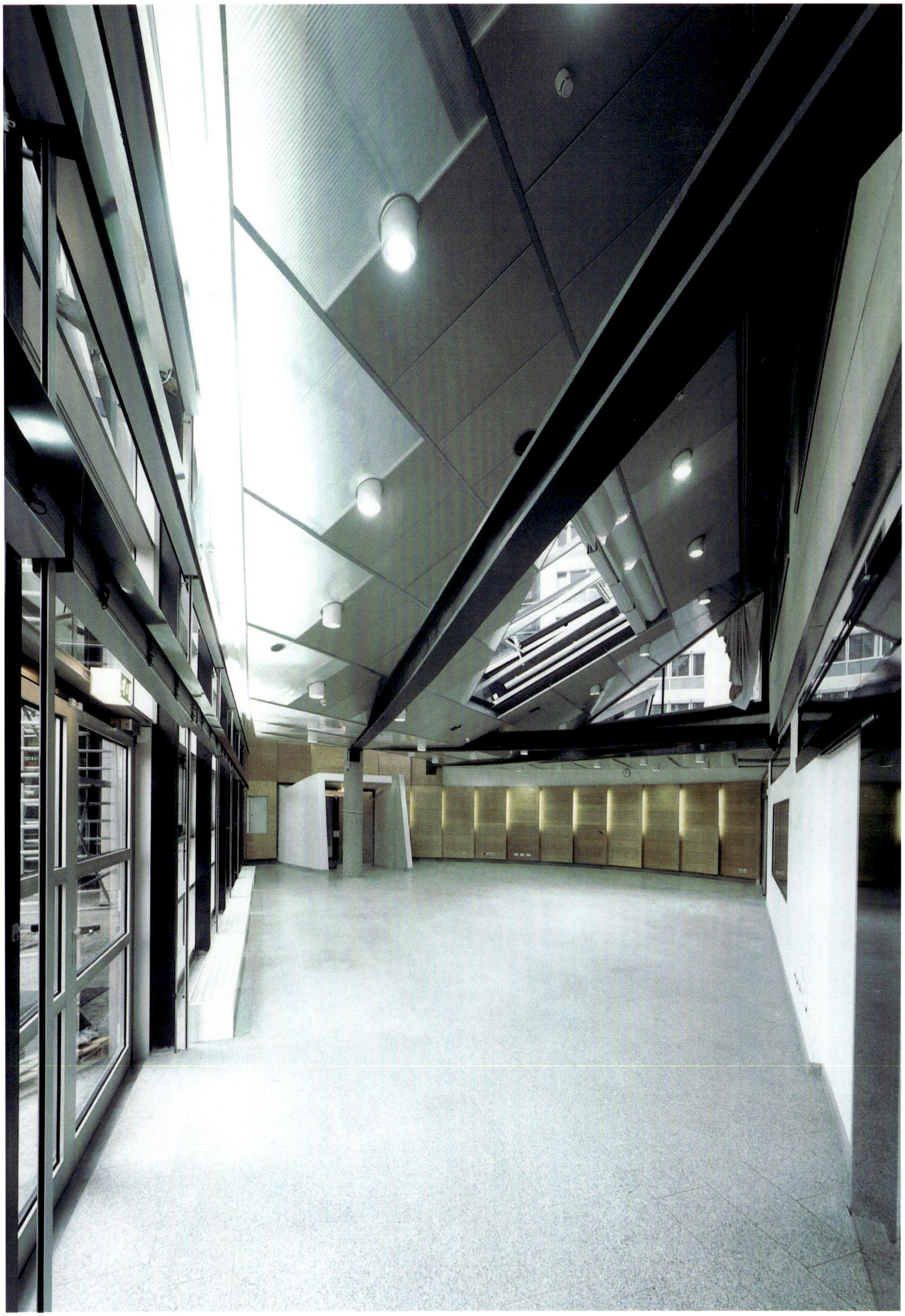

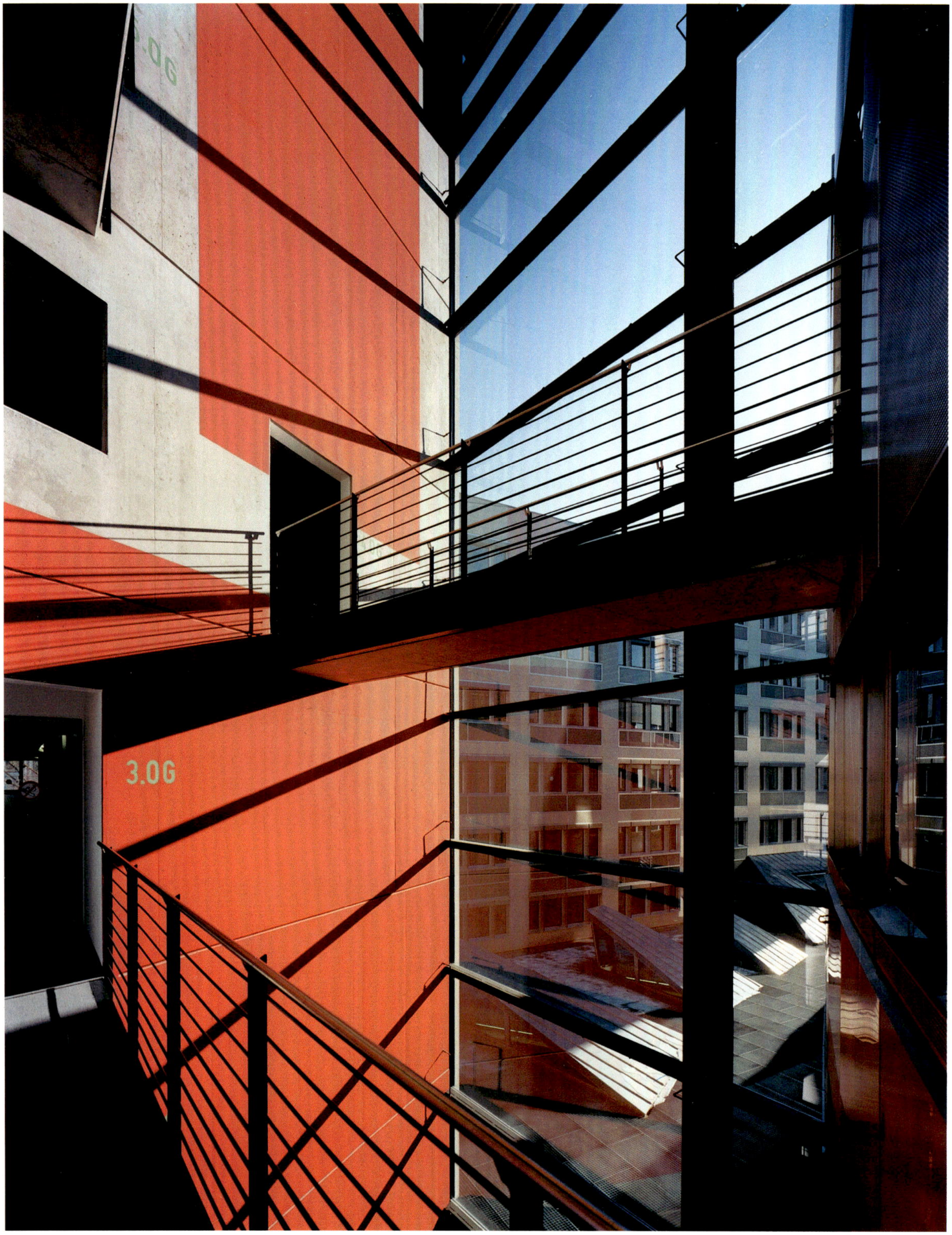
3.OG
3.OG

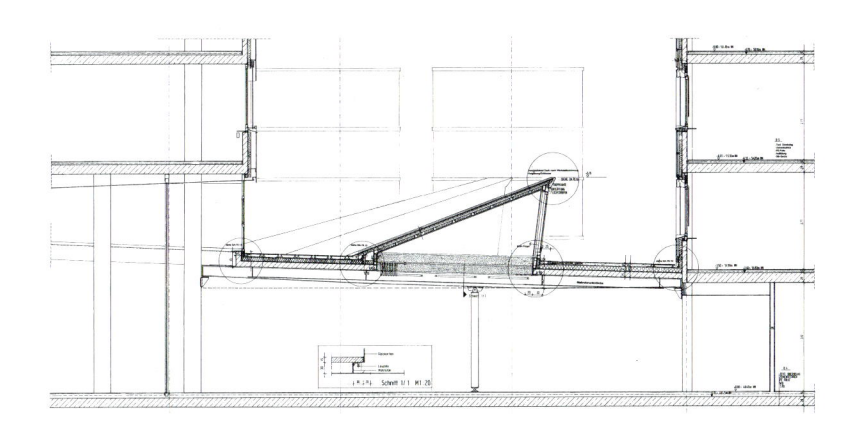

*Oberlichtöffnungen in der Decke; extensive Begrünung unter Gitterrosten*

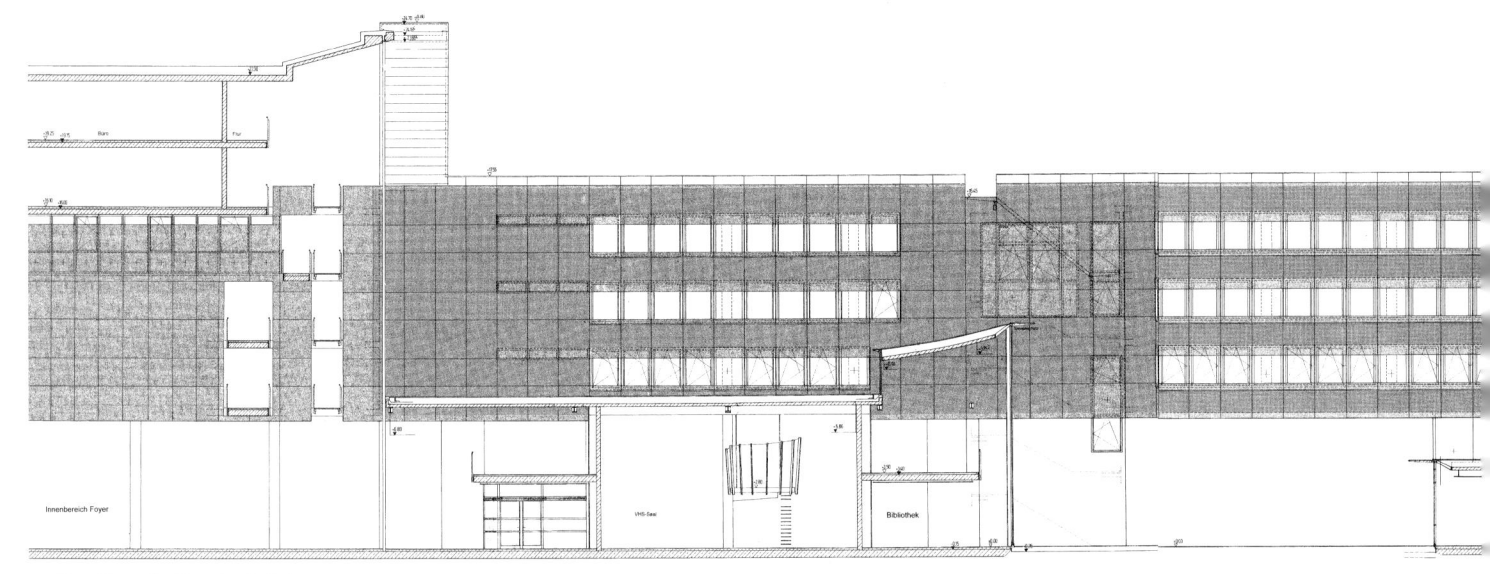

*Abwicklung der Fassade ‚Arche'*

*Die gelochten Abschnitte der Edelstahlfassade überlagern die Fensteröffnungen*

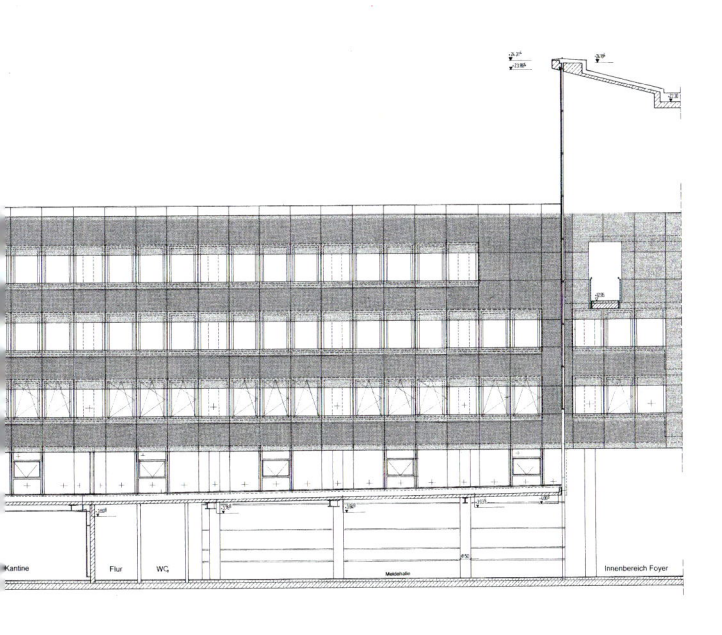

Kantine   Flur   WG   Mädchenumkleide   Innenbereich Foyer

**Johannes Kister**

| | |
|---|---|
| 1956 | in Stuttgart geboren |
| 1976–83 | Studium an der RWTH Aachen, Studienarbeiten und Diplom bei Prof. G. Böhm |
| 1982–83 | Mitarbeit bei „Suter und Suter" in Basel |
| 1983–88 | Mitarbeit bei J. und M. Schürmann in Köln |
| 1988 | Gründung „Kölner Bucht" |
| 1991 | Förderpreis des Landes NRW |
| 1992 | Gründung „Kister Scheithauer & Partner" |
| seit 1994 | Professur für Entwerfen und Baukonstruktion an der FH Anhalt am Bauhaus Dessau |
| seit 1997 | „Kister Scheithauer Gross" |

**Reinhard Scheithauer**

| | |
|---|---|
| 1950 | in Gotha geboren |
| 1971–75 | Architekturstudium an der FH Köln |
| 1976–82 | Staatl. Akademie für Bildende Künste, Düsseldorf, Freie Kunst bei Erwin Heerich, Ernst Kasper und James Stirling, Meisterschüler der Akademie |
| 1978–81 | Freie Mitarbeit bei „Haus-Rucker + Co" in Düsseldorf |
| 1982–88 | Freie Mitarbeit im Büro P. Kulka, Köln |
| 1988 | Gründung „Kölner Bucht" |
| 1991 | Förderpreis des Landes NRW |
| 1992 | Gründung „Kister Scheithauer & Partner" |
| seit 1997 | „Kister Scheithauer Gross" |

**Susanne Gross**

| | |
|---|---|
| 1960 | in Marburg geboren |
| 1979–86 | Studium an der RWTH Aachen |
| 1986–89 | Mitarbeit bei J. und M. Schürmann in Köln |
| 1989–90 | Mitarbeit bei „Skidmore, Owings & Merrill", London |
| 1990–94 | Aufbaustudium an der Kunstakademie Düsseldorf bei Ernst Kasper, Christian Megert, Laurids Ortner und Elia Zenghelis, Meisterschülerin der Akademie |
| 1990–97 | Wissenschaftliche Assistentin am Lehrstuhl für Städtebau der RWTH Aachen |
| seit 1995 | Partnerin bei „Kister Scheithauer & Partner" |
| seit 1997 | „Kister Scheithauer Gross" |

# 7 Bauten + Projekte

**MediaPark, Köln
Block 2**
Im Mediapark 7
50670 Köln

Wettbewerb 1991
Kister / Scheithauer
in „Kölner Bucht"

Ausführung 1994–1996
„Kister Scheithauer & Partner"

Bauherr:
SKI, ein Unternehmen der
Stadtsparkasse Köln

Mitarbeit:
*Ausführung:*
Hubert Wegener
Martina Müller
Christof Nellehsen
Markus Ewen
Sabine Wierlemann
Jeanette Kuner
Claudia Hoffmann
Jae Choe
Stanislaw Pasternak
Reinhard Hasselbach
Sharon Chung-Klatte
Jorge Nagashiro
*Wettbewerb:*
Regine Beckmann
Stanislaw Pasternak

**Coenaculum
Geschäftsstelle
der Diakonie, Köln**
Sürther Str. 169
50999 Köln-Michaelshoven

Ausführung 1989–1990
Johannes Kister
in „Kölner Bucht"

Bauherr:
Diakonie der Ev. Kirche

Mitarbeit:
Susanne Borsum

**Fachbereichsgebäude
Architekturhochschule Wismar**

Wettbewerb 1996, Ankauf

Mitarbeit:
Jens Lienau
Ingo Mieske
Stanislaw Pasternak

**Bibliothekszentrale
der Universität Potsdam**

Wettbewerb 2. Preis 1996

Mitarbeit:
Dietmar Huber
Mona El Khafif

**Erweiterung der
Architekturfakultät
der HAB Weimar**

Wettbewerb 1996, 4. Preis

Mitarbeit:
Christof Nellehesen
Claudia Hoffmann

**Bebauung Breslauer Platz, Köln**

Wettbewerb 2. Preis 1992
Susanne Gross

Mitarbeit:
Andrea Wallrath

**Parkhaus mit Büronutzung
Kaufhof Köln**
Cäcilienstraße
50667 Köln

Wettbewerb 1. Preis 1989
Kister / Scheithauer
in „Kölner Bucht"

Ausführung 1991–1993

Bauherr:
Kaufhof Holding AG
vertreten durch
Zentra-Grundstücksgesellschaft

Mitarbeit:
Stanislaw Pasternak
Susanne Borsum
Martin Slawik

**Biologicum der Martin-Luther-
Universität, Halle-Wittenberg**
Weinbergweg
06120 Halle (Saale)

Wettbewerb 1. Preis 1996

Planung 1996

Ausführung 1997–1999

Bauherr:
Land Sachsen-Anhalt
Staatshochbauamt Halle

Mitarbeit:
*Ausführung:*
Christian Böhmer
Martina Müller
Hubert Wegener
*Planung:*
Mercedes Barbero
Martina Müller
Christof Nellehsen
Hubert Wegener
*Wettbewerb:*
Claudia Hoffmann
Stanislaw Pasternak
Martin Schmidt

**Wallraf-Richartz-Museum,
Köln**

Wettbewerb 2. Preis 1996

Mitarbeit:
Ruth Krawinkel
Anne Beilmann
Stanislaw Pasternak

**Rautenstrauch-Joest-Museum, Köln**

Wettbewerb 2. Preis 1996

Mitarbeit:
Christof Nellehsen
Andrea Croé
Markus Ewen
Daniel Gatzlik
Jens Lienau
Ingo Mieske
Martina Müller
Stanislaw Pasternak

**Diözesanmusuem, Köln**

Wettbewerb 1997

Mitarbeit:
Markus Ewen
Stanislaw Pasternak

**St. Theodor, Köln-Vingst**

Wettbewerb 1997

Mitarbeit:
Jens Lienau
Ingo Mieske

**Ausstellung „Glaube und Raum" in Groß St. Martin, Köln**
An Groß St. Martin
50667 Köln

Ausführung 1995
„Kister Scheithauer & Partner"

Bauherr:
Erzbistum Köln

Mitarbeit:
Dirk Austmann
Stanislaw Pasternak

**Synagoge für Dresden**

Wettbewerb 1997

Mitarbeit:
Christof Nellehsen
Gabriele Hofmann

**U-Bahnhof Wiener Platz, Köln**
Wiener Platz
51065 Köln

Wettbewerb 1. Preis 1989
Johannes Kister und
Stefan Schmitz
in „Kölner Bucht"

Ausführung 1990–1997

Bauherr:
Stadt Köln verteten durch
Amt für Brücken- und
U-Bahnbau

Mitarbeit:
*Ausführung:*
Stanislaw Pasternak
*Vorplanung:*
Regine Beckmann

**Bezirksrathaus Köln-Mülheim**
Wiener Platz 2 a
51065 Köln

Entwurf 1990–1992
Johannes Kister
in „Kölner Bucht"

Ausführung 1994–1996
„Kister Scheithauer & Partner"

Bauherr:
DAL – Lanthan
Grundstücksverwaltungsgesellschaft

Mitarbeit:
*Projektleiter:*
Christian Böhmer
*Ausführung:*
Dietmar Huber
Thomas Dziudzia
Jorge Nagashiro
Dirk Austmann
Fred Keller
Jae Choe
Stanislaw Pasternak
*Vorplanung:*
Regine Beckmann

Officemanagement:
Clara Spieler
Sekretariat:
Eva Thole 1994–96

Rudolf Simmerer
1992 bis 1996 Gesellschafter in „Kister Scheithauer & Partner"

Landschaftsarchitektur:
Hegelmann und Dutt,
Saarbrücken für:
– Bibliothekszentrale Potsdam
– Biologicum Halle
– Diözesanmuseum Köln

Dank sagen möchten wir ganz besonders dem Vorsitzenden der Stadtsparkasse Köln, Herrn Gustav Adolf Schröder, ohne dessen vorbehaltlose Unterstützung das Buch nicht hätte entstehen können.

J.K., R.S., S.G.

Fotografie:

Boris Becker: Seite 81 o.

Martin Claßen: Seite 57 o. re., 57 Mitte li., 57 Mitte re., 57 u. li., 59, 61, 74, 79, 80, 81 u., 82, 83, 85, 86, 87, 114, 116, 119 o., 119 Mitte, 126, 127, 128 o., 128 u., 129, 130, 131, 132, 133, 135, 136 & 137.

Michael Fehlauer: vorderer Umschlag, Seite 13, 16, 18 u., 20 o., 21 o., 22, 23 u., 24, 25, 26, 27, 29, 30, 32, 33, 34, 36, 38, 39, 40, 42 li, 42 u., 43, 45, 46, 47, 50, 51, 62, 64, 65, 66, 69, 88, 90, 95, 99, 101, 102, 103, 104, 110, 112, 113 & 120.

Ingo E. Fischer: Seite 138, 139, 140, 141, 142, 143, 144, 145, 146, 148, 149, 153, 162 & 164.

Chris Kister: Seite 117, 118, 119 u., 147, 150, 151, 152, 155, 156, 158, 159, 161, 163 & 165.

Tomas Riehle: Seite 52, 53, 54, 55, 57 o. li., 67 u. re. & 58.

Jochen Splett: Seite 12, 18 o., 19, 20 u., 21 u., 23 o., 31, 37, 40 re., 41, 42 o. & 44.

Helmut Stahl: Seite 49 & 125.

Die Deutsche Bibliothek – CIP-Einheitsaufnahme

**Kister, Johannes:**
7 Bauten + Projekte 1989–1997 / Johannes Kister; Reinhard Scheithauer; Susanne Gross. Hrsg. von Kristin Feireiss. - Köln: König, 1998

© 1998 Kister Scheithauer Gross, die Autoren und Verlag der Buchhandlung Walther König, Köln

Redaktion:
Christof Nellehsen

Satz und Layout:
Silke Fahnert + Uwe Koch, Köln

Lithographie:
Typografik, Köln

Herstellung:
Druckerei Fries, Köln

ISBN 3-88375-275-4

Printed in Germany

Dank für die großzügige Unterstützung:

**DAL** DEUTSCHE ANLAGEN-LEASING GMBH

**HOCHTIEF**

MediaPark Köln-Entwicklungsgesellschaft mbH

**STADTSPARKASSE KÖLN**

Standort Köln – Immobilien GmbH Co. KG
Ein Unternehmen der Finanzgruppe Stadtsparkasse Köln